中国建筑业统计年鉴

CHINA STATISTICAL YEARBOOK ON CONSTRUCTION

国家统计局固定资产投资统计司 编

Compiled by the Department of Investment and Construction Statistics, National Bureau of Statistics

2010

U0865694

中国统计出版社
China Statistics Press

(京)新登字041号

图书在版编目（CIP）数据

中国建筑业统计年鉴. 2010 / 国家统计局固定资产投资统计司编. -- 北京 ：中国统计出版社，2011.4
ISBN 978-7-5037-6203-1

Ⅰ. ①中… Ⅱ. ①国… Ⅲ. ①建筑业－统计资料－中国－2010－年鉴 Ⅳ. ①F426.9-66

中国版本图书馆CIP数据核字(2011)第034043号

中国建筑业统计年鉴-2010

作　　者/国家统计局固定资产投资统计司
责任编辑/佘竞雄
装帧设计/李雪燕
出版发行/中国统计出版社
通信地址/北京市西城区月坛南街57号
邮政编码/100826
办公地址/北京市丰台区西三环南路甲6号
网　　址/www.stats.gov.cn/tjshujia
电　　话/邮购（010）63376907　书店（010）68783172
印　　刷/河北天普润印刷厂
经　　销/新华书店
开　　本/880×1230毫米　1/16
字　　数/650千字
印　　张/22.5
版　　别/2011年4月第1版
版　　次/2011年4月第1次印刷
书　　号/ISBN 978-7-5037-6203-1/F · 3009
定　　价/160.00元

版权所有。未经许可，本书的任何部分不准以任何方式在世界任何地区以任何文字翻印、拷贝、仿制或转载。
中国统计版图书，如有印装错误，本社发行部负责调换。

《中国建筑业统计年鉴－2010》编辑委员会

顾　　问　许宪春

主　　任　魏贵祥

副 主 任　赵培亚　　李万茂

编辑人员　李俊波　　罗毅飞　　张　刚

Editorial Board

Consultant: Xu Xianchun

Chairman: Wei Guixiang

Vice-Chairman: Zhao Peiya　Li Wanmao

Editorial Staff: Li Junbo　Luo Yifei　Zhang Gang

说　明

《中国建筑业统计年鉴—2010》是一部全面反映中国建筑业发展情况的权威资料。本书收集了全国和各省、自治区、直辖市2009年度有关建筑业发展方面的统计数据。

《中国建筑业统计年鉴—2010》资料直接由2009年全国建筑业统计报表基层数据库加工形成。为保证本年鉴数据与历史数据的可比性，2010年建筑业统计年鉴的范围是具有资质等级的所有独立核算的建筑业企业。具体包括：总承包建筑业企业、专业承包建筑业企业和劳务分包建筑业企业。

本年鉴资料分为五个部分：一、综合；二、按经济类型分组的建筑业企业；三、中央和地方建筑业企业；四、按资质等级分组的建筑业企业；五、各行业建筑业企业。每部分资料的编排，根据制度和实际工作要求，既有按经济类型的分组，又有按行业的分组。在各分组中又分别设置了反映建筑业总产值、各种用途的房屋建筑竣工面积、技术装备、实收资本、资产和负债、利润和税金等方面情况的表式。

使用本年鉴资料时请注意以下几点：

1．本年鉴资料的统计数据除第四部分以外，均不包括劳务分包建筑业企业数据。

2．本年鉴资料各项相加不等于总计均由于四舍五入的缘故。

3．本年鉴资料由国家统计局固定资产投资统计司编印并负责解释。

4．本年鉴对《中国建筑业统计年鉴—2009》中部分指标数据作了修正，具体内容见附录。

咨询电话：010-68782618，010-68782617，010-68782611

邮箱：tzjzc@gj.stats.cn

由于编辑时间比较仓促，本书难免存在一些不妥之处，欢迎广大读者批评指正。

目录

一、综　合

1-1　历年建筑业企业概况 …… (3)
1-2　各地区历年建筑业总产值 …… (4)
1-3　各地区历年建筑业增加值 …… (5)
1-4　各地区历年建筑业企业利税总额 …… (6)
1-5　各地区历年建筑业企业劳动生产率 …… (7)
1-6　各地区历年建筑业企业利润总额 …… (8)
1-7　按经济类型划分的建筑业企业主要经济指标 …… (9)
1-8　建筑业企业主要经济指标完成情况 …… (11)
1-9　各地区建筑业企业签订合同情况 …… (12)
1-10　各地区建筑业企业承包工程完成情况 …… (13)
1-11　各地区建筑业总产值和竣工产值 …… (14)
1-12　各地区建筑业企业房屋建筑面积 …… (15)
1-13　各地区按主要用途分的建筑业企业房屋建筑竣工面积 …… (16)
1-14　各地区按主要用途分的建筑业企业房屋建筑竣工价值 …… (18)
1-15　各地区建筑业企业施工机械设备情况 …… (20)
1-16　各地区建筑业企业建筑材料消耗情况 …… (21)
1-17　各地区建筑业企业主要生产效益指标 …… (22)
1-18　各地区建筑业企业营业额 …… (23)
1-19　各地区建筑业企业资产构成 …… (24)
1-20　各地区建筑业企业流动资产、无形及递延资产 …… (25)
1-21　各地区建筑业企业固定资产情况 …… (26)
1-22　各地区建筑业企业负债及所有者权益 …… (27)
1-23　各地区建筑业企业实收资本 …… (28)
1-24　各地区建筑业企业收入情况 …… (29)
1-25　各地区建筑业企业费用情况 …… (30)
1-26　各地区建筑业企业利润及税金情况 …… (31)
1-27　各地区建筑业企业应收工程款及企业亏损情况 …… (32)
1-28　各地区建筑业企业主要经济效益指标 …… (33)

二、按经济类型分组的建筑业企业

2-1　各地区国有建筑业企业签订合同情况 …… (37)
2-2　各地区国有建筑业企业承包工程完成情况 …… (38)
2-3　各地区国有建筑业总产值和竣工产值 …… (39)
2-4　各地区国有建筑业企业房屋建筑面积 …… (40)
2-5　各地区按主要用途分的国有建筑业企业房屋建筑竣工面积 …… (41)
2-6　各地区按主要用途分的国有建筑业企业房屋建筑竣工价值 …… (43)
2-7　各地区国有建筑业企业施工机械设备情况 …… (45)

2-8　各地区国有建筑业企业主要生产效益指标 …… (46)
2-9　各地区国有建筑业企业营业额 …… (47)
2-10　各地区国有建筑业企业资产构成 …… (48)
2-11　各地区国有建筑业企业流动资产、无形及递延资产 …… (49)
2-12　各地区国有建筑业企业固定资产情况 …… (50)
2-13　各地区国有建筑业企业负债及所有者权益 …… (51)
2-14　各地区国有建筑业企业实收资本 …… (52)
2-15　各地区国有建筑业企业收入情况 …… (53)
2-16　各地区国有建筑业企业费用情况 …… (54)
2-17　各地区国有建筑业企业利润及税金情况 …… (55)
2-18　各地区国有建筑业企业应收工程款及企业亏损情况 …… (56)
2-19　各地区国有建筑业企业主要经济效益指标 …… (57)
2-20　各地区集体建筑业企业签订合同情况 …… (58)
2-21　各地区集体建筑业企业承包工程完成情况 …… (59)
2-22　各地区集体建筑业总产值和竣工产值 …… (60)
2-23　各地区集体建筑业企业房屋建筑面积 …… (61)
2-24　各地区按主要用途分的集体建筑业企业房屋建筑竣工面积 …… (62)
2-25　各地区按主要用途分的集体建筑业企业房屋建筑竣工价值 …… (64)
2-26　各地区集体建筑业企业施工机械设备情况 …… (66)
2-27　各地区集体建筑业企业主要生产效益指标 …… (67)
2-28　各地区集体建筑业企业营业额 …… (68)
2-29　各地区集体建筑业企业资产构成 …… (69)
2-30　各地区集体建筑业企业流动资产、无形及递延资产 …… (70)
2-31　各地区集体建筑业企业固定资产情况 …… (71)
2-32　各地区集体建筑业企业负债及所有者权益 …… (72)
2-33　各地区集体建筑业企业实收资本 …… (73)
2-34　各地区集体建筑业企业收入情况 …… (74)
2-35　各地区集体建筑业企业费用情况 …… (75)
2-36　各地区集体建筑业企业利润及税金情况 …… (76)
2-37　各地区集体建筑业企业应收工程款及企业亏损情况 …… (77)
2-38　各地区集体建筑业企业主要经济效益指标 …… (78)
2-39　各地区私营建筑业企业签订合同情况 …… (79)
2-40　各地区私营建筑业企业承包工程完成情况 …… (80)
2-41　各地区私营建筑业总产值和竣工产值 …… (81)
2-42　各地区私营建筑业企业房屋建筑面积 …… (82)
2-43　各地区按主要用途分的私营建筑业企业房屋建筑竣工面积 …… (83)
2-44　各地区按主要用途分的私营建筑业企业房屋建筑竣工价值 …… (85)
2-45　各地区私营建筑业企业施工机械设备情况 …… (87)
2-46　各地区私营建筑业企业主要生产效益指标 …… (88)
2-47　各地区私营建筑业企业营业额 …… (89)
2-48　各地区私营建筑业企业资产构成 …… (90)
2-49　各地区私营建筑业企业流动资产、无形及递延资产 …… (91)
2-50　各地区私营建筑业企业固定资产情况 …… (92)
2-51　各地区私营建筑业企业负债及所有者权益 …… (93)
2-52　各地区私营建筑业企业实收资本 …… (94)
2-53　各地区私营建筑业企业收入情况 …… (95)
2-54　各地区私营建筑业企业费用情况 …… (96)
2-55　各地区私营建筑业企业利润及税金情况 …… (97)
2-56　各地区私营建筑业企业应收工程款及企业亏损情况 …… (98)
2-57　各地区私营建筑业企业主要经济效益指标 …… (99)
2-58　各地区联营建筑业企业签订合同情况 …… (100)
2-59　各地区联营建筑业企业承包工程完成情况 …… (101)
2-60　各地区联营建筑业总产值和竣工产值 …… (102)
2-61　各地区联营建筑业企业房屋建筑面积 …… (103)

2-62 各地区按主要用途分的联营建筑业企业房屋建筑竣工面积 …………………………… (104)
2-63 各地区按主要用途分的联营建筑业企业房屋建筑竣工价值 …………………………… (106)
2-64 各地区联营建筑业企业施工机械设备情况 …………………………… (108)
2-65 各地区联营建筑业企业主要生产效益指标 …………………………… (109)
2-66 各地区联营建筑业企业营业额 …………………………… (110)
2-67 各地区联营建筑业企业资产构成 …………………………… (111)
2-68 各地区联营建筑业企业流动资产、无形及递延资产 …………………………… (112)
2-69 各地区联营建筑业企业固定资产情况 …………………………… (113)
2-70 各地区联营建筑业企业负债及所有者权益 …………………………… (114)
2-71 各地区联营建筑业企业实收资本 …………………………… (115)
2-72 各地区联营建筑业企业收入情况 …………………………… (116)
2-73 各地区联营建筑业企业费用情况 …………………………… (117)
2-74 各地区联营建筑业企业利润及税金情况 …………………………… (118)
2-75 各地区联营建筑业企业应收工程款及企业亏损情况 …………………………… (119)
2-76 各地区联营建筑业企业主要经济效益指标 …………………………… (120)
2-77 各地区股份制建筑业企业签订合同情况 …………………………… (121)
2-78 各地区股份制建筑业企业承包工程完成情况 …………………………… (122)
2-79 各地区股份制建筑业总产值和竣工产值 …………………………… (123)
2-80 各地区股份制建筑业企业房屋建筑面积 …………………………… (124)
2-81 各地区按主要用途分的股份制建筑业企业房屋建筑竣工面积 …………………………… (125)
2-82 各地区按主要用途分的股份制建筑业企业房屋建筑竣工价值 …………………………… (127)
2-83 各地区股份制建筑业企业施工机械设备情况 …………………………… (129)
2-84 各地区股份制建筑业企业主要生产效益指标 …………………………… (130)
2-85 各地区股份制建筑业企业营业额 …………………………… (131)
2-86 各地区股份制建筑业企业资产构成 …………………………… (132)
2-87 各地区股份制建筑业企业流动资产、无形及递延资产 …………………………… (133)
2-88 各地区股份制建筑业企业固定资产情况 …………………………… (134)
2-89 各地区股份制建筑业企业负债及所有者权益 …………………………… (135)
2-90 各地区股份制建筑业企业实收资本 …………………………… (136)
2-91 各地区股份制建筑业企业收入情况 …………………………… (137)
2-92 各地区股份制建筑业企业费用情况 …………………………… (138)
2-93 各地区股份制建筑业企业利润及税金情况 …………………………… (139)
2-94 各地区股份制建筑业企业应收工程款及企业亏损情况 …………………………… (140)
2-95 各地区股份制建筑业企业主要经济效益指标 …………………………… (141)
2-96 各地区外商投资建筑业企业签订合同情况 …………………………… (142)
2-97 各地区外商投资建筑业企业承包工程完成情况 …………………………… (143)
2-98 各地区外商投资建筑业总产值和竣工产值 …………………………… (144)
2-99 各地区外商投资建筑业企业房屋建筑面积 …………………………… (145)
2-100 各地区按主要用途分的外商投资建筑业企业房屋建筑竣工面积 …………………………… (146)
2-101 各地区按主要用途分的外商投资建筑业企业房屋建筑竣工价值 …………………………… (148)
2-102 各地区外商投资建筑业企业施工机械设备情况 …………………………… (150)
2-103 各地区外商投资建筑业企业主要生产效益指标 …………………………… (151)
2-104 各地区外商投资建筑业企业营业额 …………………………… (152)
2-105 各地区外商投资建筑业企业资产构成 …………………………… (153)
2-106 各地区外商投资建筑业企业流动资产、无形及递延资产 …………………………… (154)
2-107 各地区外商投资建筑业企业固定资产情况 …………………………… (155)
2-108 各地区外商投资建筑业企业负债及所有者权益 …………………………… (156)
2-109 各地区外商投资建筑业企业实收资本 …………………………… (157)
2-110 各地区外商投资建筑业企业收入情况 …………………………… (158)
2-111 各地区外商投资建筑业企业费用情况 …………………………… (159)
2-112 各地区外商投资建筑业企业利润及税金情况 …………………………… (160)
2-113 各地区外商投资建筑业企业应收工程款及企业亏损情况 …………………………… (161)
2-114 各地区外商投资建筑业企业主要经济效益指标 …………………………… (162)
2-115 各地区港澳台商投资建筑业企业签订合同情况 …………………………… (163)

2-116 各地区港澳台商投资建筑业企业承包工程完成情况 …… (164)
2-117 各地区港澳台商投资建筑业总产值和竣工产值 …… (165)
2-118 各地区港澳台商投资建筑业企业房屋建筑面积 …… (166)
2-119 各地区按主要用途分的港澳台商投资建筑业企业房屋建筑竣工面积 …… (167)
2-120 各地区按主要用途分的港澳台商投资建筑业企业房屋建筑竣工价值 …… (169)
2-121 各地区港澳台商投资建筑业企业施工机械设备情况 …… (171)
2-122 各地区港澳台商投资建筑业企业主要生产效益指标 …… (172)
2-123 各地区港澳台商投资建筑业企业营业额 …… (173)
2-124 各地区港澳台商投资建筑业企业资产构成 …… (174)
2-125 各地区港澳台商投资建筑业企业流动资产、无形及递延资产 …… (175)
2-126 各地区港澳台商投资建筑业企业固定资产情况 …… (176)
2-127 各地区港澳台商投资建筑业企业负债及所有者权益 …… (177)
2-128各地区港澳台商投资建筑业企业实收资本 …… (178)
2-129各地区港澳台商投资建筑业企业收入情况 …… (179)
2-130各地区港澳台商投资建筑业企业费用情况 …… (180)
2-131各地区港澳台商投资建筑业企业利润及税金情况 …… (181)
2-132各地区港澳台商投资建筑业企业应收工程款及企业亏损情况 …… (182)
2-133各地区港澳台商投资建筑业企业主要经济效益指标 …… (183)

三、中央和地方建筑业企业

3-1 各地区中央建筑业企业签订合同情况 …… (187)
3-2 各地区中央建筑业企业承包工程完成情况 …… (188)
3-3 各地区中央建筑业总产值和竣工产值 …… (189)
3-4 各地区中央建筑业企业房屋建筑面积 …… (190)
3-5 各地区按主要用途分的中央建筑业企业房屋建筑竣工面积 …… (191)
3-6 各地区按主要用途分的中央建筑业企业房屋建筑竣工价值 …… (193)
3-7 各地区中央建筑业企业施工机械设备情况 …… (195)
3-8 各地区中央建筑业企业主要生产效益指标 …… (196)
3-9 各地区中央建筑业企业营业额 …… (197)
3-10 各地区中央建筑业企业资产构成 …… (198)
3-11 各地区中央建筑业企业流动资产、无形及递延资产 …… (199)
3-12 各地区中央建筑业企业固定资产情况 …… (200)
3-13 各地区中央建筑业企业负债及所有者权益 …… (201)
3-14 各地区中央建筑业企业实收资本 …… (202)
3-15 各地区中央建筑业企业收入情况 …… (203)
3-16 各地区中央建筑业企业费用情况 …… (204)
3-17 各地区中央建筑业企业利润及税金情况 …… (205)
3-18 各地区中央建筑业企业应收工程款及企业亏损情况 …… (206)
3-19 各地区中央建筑业企业主要经济效益指标 …… (207)
3-20 各地区地方建筑业企业签订合同情况 …… (208)
3-21 各地区地方建筑业企业承包工程完成情况 …… (209)
3-22 各地区地方建筑业总产值和竣工产值 …… (210)
3-23 各地区地方建筑业企业房屋建筑面积 …… (211)
3-24 各地区按主要用途分的地方建筑业企业房屋建筑竣工面积 …… (212)
3-25 各地区按主要用途分的地方建筑业企业房屋建筑竣工价值 …… (214)
3-26 各地区地方建筑业企业施工机械设备情况 …… (216)
3-27 各地区地方建筑业企业主要生产效益指标 …… (217)
3-28 各地区地方建筑业企业营业额 …… (218)
3-29 各地区地方建筑业企业资产构成 …… (219)
3-30 各地区地方建筑业企业流动资产、无形及递延资产 …… (220)
3-31 各地区地方建筑业企业固定资产情况 …… (221)
3-32 各地区地方建筑业企业负债及所有者权益 …… (222)

3-33 各地区地方建筑业企业实收资本 …………………………………………………… (223)
3-34 各地区地方建筑业企业收入情况 …………………………………………………… (224)
3-35 各地区地方建筑业企业费用情况 …………………………………………………… (225)
3-36 各地区地方建筑业企业利润及税金情况 …………………………………………… (226)
3-37 各地区地方建筑业企业应收工程款及企业亏损情况 ……………………………… (227)
3-38 各地区地方建筑业企业主要经济效益指标 ………………………………………… (228)

四、按资质等级分组的建筑业企业

4-1 各地区总承包建筑业企业签订合同情况 ……………………………………………… (231)
4-2 各地区总承包建筑业企业承包工程完成情况 ………………………………………… (232)
4-3 各地区总承包建筑业总产值和竣工产值 ……………………………………………… (233)
4-4 各地区总承包建筑业企业房屋建筑面积 ……………………………………………… (234)
4-5 各地区按主要用途分的总承包建筑业企业房屋建筑竣工面积 ……………………… (235)
4-6 各地区按主要用途分的总承包建筑业企业房屋建筑竣工价值 ……………………… (237)
4-7 各地区总承包建筑业企业施工机械设备情况 ………………………………………… (239)
4-8 各地区总承包建筑业企业主要生产效益指标 ………………………………………… (240)
4-9 各地区总承包建筑业企业营业额 ……………………………………………………… (241)
4-10 各地区总承包建筑业企业资产构成 …………………………………………………… (242)
4-11 各地区总承包建筑业企业流动资产、无形及递延资产 ……………………………… (243)
4-12 各地区总承包建筑业企业固定资产情况 ……………………………………………… (244)
4-13 各地区总承包建筑业企业负债及所有者权益 ………………………………………… (245)
4-14 各地区总承包建筑业企业实收资本 …………………………………………………… (246)
4-15 各地区总承包建筑业企业收入情况 …………………………………………………… (247)
4-16 各地区总承包建筑业企业费用情况 …………………………………………………… (248)
4-17 各地区总承包建筑业企业利润及税金情况 …………………………………………… (249)
4-18 各地区总承包建筑业企业应收工程款及企业亏损情况 ……………………………… (250)
4-19 各地区总承包建筑业企业主要经济效益指标 ………………………………………… (251)
4-20 各地区按资质等级划分的总承包建筑业企业单位数 ………………………………… (252)
4-21 各地区按资质等级划分的总承包建筑业企业从业人员 ……………………………… (253)
4-22 各地区按资质等级划分的总承包建筑业总产值 ……………………………………… (254)
4-23 各地区按资质等级划分的总承包建筑业企业签订的合同额 ………………………… (255)
4-24 各地区按资质等级划分的总承包建筑业企业竣工产值 ……………………………… (256)
4-25 各地区按资质等级划分的总承包建筑业企业房屋施工面积 ………………………… (257)
4-26 各地区按资质等级划分的总承包建筑业企业房屋竣工面积 ………………………… (258)
4-27 各地区按资质等级划分的总承包建筑业企业施工机械设备台数 …………………… (259)
4-28 各地区按资质等级划分的总承包建筑业企业施工机械设备总功率 ………………… (260)
4-29 各地区按资质等级划分的总承包建筑业企业实收资本 ……………………………… (261)
4-30 各地区按资质等级划分的总承包建筑业企业资产 …………………………………… (262)
4-31 各地区按资质等级划分的总承包建筑业企业所有者权益 …………………………… (263)
4-32 各地区按资质等级划分的总承包建筑业企业负债 …………………………………… (264)
4-33 各地区按资质等级划分的总承包建筑业企业总收入 ………………………………… (265)
4-34 各地区按资质等级划分的总承包建筑业企业利税总额 ……………………………… (266)
4-35 各地区按资质等级划分的总承包建筑业企业利润总额 ……………………………… (267)
4-36 各地区按资质等级划分的总承包建筑业企业工程结算利润 ………………………… (268)
4-37 各地区按资质等级划分的总承包建筑业企业税金总额 ……………………………… (269)
4-38 各地区按资质等级划分的总承包建筑业企业工程结算收入 ………………………… (270)
4-39 各地区按资质等级划分的总承包建筑业企业管理费用 ……………………………… (271)
4-40 各地区按资质等级划分的总承包建筑业企业财务费用 ……………………………… (272)
4-41 各地区按资质等级划分的总承包建筑业企业应收工程款 …………………………… (273)
4-42 各地区专业承包建筑业企业签订合同情况 …………………………………………… (274)
4-43 各地区专业承包建筑业企业承包工程完成情况 ……………………………………… (275)
4-44 各地区专业承包建筑业总产值和竣工产值 …………………………………………… (276)

4-45 各地区专业承包建筑业企业房屋建筑面积 …… (277)
4-46 各地区按主要用途分的专业承包建筑业企业房屋建筑竣工面积 …… (278)
4-47 各地区按主要用途分的专业承包建筑业企业房屋建筑竣工价值 …… (280)
4-48 各地区专业承包建筑业企业施工机械设备情况 …… (282)
4-49 各地区专业承包建筑业企业主要生产效益指标 …… (283)
4-50 各地区专业承包建筑业企业营业额 …… (284)
4-51 各地区专业承包建筑业企业资产构成 …… (285)
4-52 各地区专业承包建筑业企业流动资产、无形及递延资产 …… (286)
4-53 各地区专业承包建筑业企业固定资产情况 …… (287)
4-54 各地区专业承包建筑业企业负债及所有者权益 …… (288)
4-55 各地区专业承包建筑业企业实收资本 …… (289)
4-56 各地区专业承包建筑业企业收入情况 …… (290)
4-57 各地区专业承包建筑业企业费用情况 …… (291)
4-58 各地区专业承包建筑业企业利润及税金情况 …… (292)
4-59 各地区专业承包建筑业企业应收工程款及企业亏损情况 …… (293)
4-60 各地区专业承包建筑业企业主要经济效益指标 …… (294)
4-61 各地区按资质等级划分的专业承包建筑业企业单位数 …… (295)
4-62 各地区按资质等级划分的专业承包建筑业企业从业人员 …… (296)
4-63 各地区按资质等级划分的专业承包建筑业总产值 …… (297)
4-64 各地区按资质等级划分的专业承包建筑业企业签订的合同额 …… (298)
4-65 各地区按资质等级划分的专业承包建筑业企业竣工产值 …… (299)
4-66 各地区按资质等级划分的专业承包建筑业企业房屋施工面积 …… (300)
4-67 各地区按资质等级划分的专业承包建筑业企业房屋竣工面积 …… (301)
4-68 各地区按资质等级划分的专业承包建筑业企业施工机械设备台数 …… (302)
4-69 各地区按资质等级划分的专业承包建筑业企业施工机械设备总功率 …… (303)
4-70 各地区按资质等级划分的专业承包建筑业企业实收资本 …… (304)
4-71 各地区按资质等级划分的专业承包建筑业企业资产 …… (305)
4-72 各地区按资质等级划分的专业承包建筑业企业所有者权益 …… (306)
4-73 各地区按资质等级划分的专业承包建筑业企业负债 …… (307)
4-74 各地区按资质等级划分的专业承包建筑业企业总收入 …… (308)
4-75 各地区按资质等级划分的专业承包建筑业企业利税总额 …… (309)
4-76 各地区按资质等级划分的专业承包建筑业企业利润总额 …… (310)
4-77 各地区按资质等级划分的专业承包建筑业企业工程结算利润 …… (311)
4-78 各地区按资质等级划分的专业承包建筑业企业税金总额 …… (312)
4-79 各地区按资质等级划分的专业承包建筑业企业工程结算收入 …… (313)
4-80 各地区按资质等级划分的专业承包建筑业企业管理费用 …… (314)
4-81 各地区按资质等级划分的专业承包建筑业企业财务费用 …… (315)
4-82 各地区按资质等级划分的专业承包建筑业企业应收工程款 …… (316)
4-83 各地区劳务分包建筑业企业生产经营情况 …… (317)
4-84 各地区劳务分包建筑业企业个数和人员情况 …… (318)

五、各行业建筑业企业

5-1 各行业建筑业企业签订合同情况 …… (321)
5-2 各行业建筑业企业承包工程完成情况 …… (321)
5-3 各行业建筑业总产值和竣工产值 …… (322)
5-4 各行业建筑业企业房屋建筑面积 …… (323)
5-5 各行业建筑业企业施工机械设备情况 …… (323)
5-6 按主要用途分的各行业建筑业企业房屋建筑竣工面积 …… (324)
5-7 按主要用途分的各行业建筑业企业房屋建筑竣工价值 …… (325)
5-8 各行业建筑业企业主要生产效益指标 …… (326)
5-9 各行业建筑业企业营业额 …… (326)
5-10 各行业建筑业企业资产构成 …… (327)

5-11　各行业建筑业企业流动资产、无形及递延资产 …………………………………… (327)
5-12　各行业建筑业企业固定资产情况 ……………………………………………… (328)
5-13　各行业建筑业企业负债及所有者权益 ………………………………………… (328)
5-14　各行业建筑业企业实收资本 …………………………………………………… (329)
5-15　各行业建筑业企业收入情况 …………………………………………………… (329)
5-16　各行业建筑业企业费用情况 …………………………………………………… (330)
5-17　各行业建筑业企业利润及税金情况 …………………………………………… (330)
5-18　各行业建筑业企业应收工程款及企业亏损情况 ……………………………… (331)
5-19　各行业建筑业企业主要经济效益指标 ………………………………………… (331)

附录　《中国建筑业统计年鉴—2009》修正表

附录1　各地区总承包建筑业企业签订合同情况 ………………………………………… (335)
附录2　各地区总承包建筑业企业承包工程完成情况 …………………………………… (336)
附录3　各地区总承包建筑业总产值和竣工产值 ………………………………………… (337)
附录4　各地区按主要用途分的总承包建筑业企业房屋建筑竣工价值 ………………… (338)
附录5　各地区总承包建筑业企业主要生产效益指标 …………………………………… (340)
附录6　各地区总承包建筑业企业营业额 ………………………………………………… (341)
附录7　各地区总承包建筑业企业应收工程款及企业亏损情况 ………………………… (342)
附录8　各地区总承包建筑业企业主要经济效益指标 …………………………………… (343)

一、综　合

1-1　历年建筑业企业概况

年　份	总　计	国有企业	集体企业	港澳台商投资企业	外商投资企业	其　他
企业单位数(个)						
1985	11150	3385	7765			
1990	13327	4275	9052			
1995	24133	7531	15348	329	312	613
1996	41364	9109	29044	417	388	2406
1997	44017	9650	29872	491	454	3550
1998	45634	9458	28410	629	337	6800
1999	47234	9394	27197	664	341	9638
2000	47518	9030	24756	635	319	12778
2001	45893	8264	19096	622	274	17637
2002	47820	7536	13177	632	279	26196
2003	48688	6638	10425	535	287	30803
2004	59018	6513	8959	511	386	42649
2005	58750	6007	8090	516	388	43749
2006	60166	5555	7051	479	370	46711
2007	62074	5319	6614	482	365	49294
2008	71095	5315	5843	474	363	59100
2009	70817	5009	5352	444	351	59661
从业人员(万人)						
1985	911.5	576.7	334.8			
1990	1010.7	621.0	389.7			
1995	1497.9	824.3	631.9	5.0	5.4	31.3
1996	2121.9	855.9	1171.4	8.7	8.6	77.3
1997	2101.5	828.6	1148.2	8.2	9.6	106.9
1998	2030.0	738.4	1057.3	9.3	5.1	219.9
1999	2020.1	690.6	993.1	11.5	6.1	318.9
2000	1994.3	635.6	887.5	8.2	4.4	458.6
2001	2110.7	590.7	739.9	7.7	4.3	768.1
2002	2245.2	543.8	579.2	7.4	4.5	1110.4
2003	2414.3	524.3	505.6	7.0	6.0	1371.3
2004	2500.3	467.4	386.4	6.8	8.1	1631.6
2005	2699.9	480.0	361.6	8.6	10.8	1838.9
2006	2878.2	467.6	332.0	8.9	8.1	2061.6
2007	3133.7	470.1	317.0	9.8	11.4	2325.4
2008	3315.0	472.1	266.8	10.5	9.2	2556.4
2009	3672.6	518.9	246.8	10.9	10.2	2885.7
建筑业总产值(亿元)						
1985	675.10	474.51	200.59			
1990	1345.01	935.19	409.82			
1995	5793.75	3670.25	1899.47	33.60	33.19	157.24
1996	8282.25	4160.21	3695.68	46.85	50.51	329.00
1997	9126.48	4526.52	3925.81	63.72	70.49	539.94
1998	10061.99	4571.44	4012.01	91.94	62.52	1324.08
1999	11152.86	4861.38	4081.79	91.97	64.43	2053.29
2000	12497.60	5053.79	4035.84	99.18	67.49	3241.30
2001	15361.56	5362.81	3775.89	102.55	73.06	6047.25
2002	18527.18	5582.86	3338.50	113.87	91.38	9400.57
2003	23083.87	6060.23	3270.73	123.71	129.39	13499.81
2004	29021.45	7325.61	2756.12	137.03	202.46	18600.23
2005	34552.10	8432.03	2815.20	172.54	249.03	22883.30
2006	41557.16	9218.56	2904.48	240.52	274.87	28918.73
2007	51043.71	10630.90	3153.65	281.95	396.32	36580.90
2008	62036.81	12231.66	3216.43	321.07	387.14	45880.52
2009	76807.74	15190.05	3281.75	334.59	415.17	57586.19

注：1.本表1985年至1992年数据为全民和集体所有制建筑业企业数据；1993年至1995年数据为各种经济成分的建制镇以上建筑业企业数据；1996年至2001年数据为资质等级(旧资质)四级及四级以上建筑业企业数据；2002年及以后数据为所有具有资质等级的施工总承包、专业承包建筑业企业(不含劳务分包建筑业企业)数据。因此存在着与以前各年不可比因素,以下各表同。

2.从业人员数1993年至1997年为年平均人数。

1-2 各地区历年建筑业总产值

单位：万元

地　区	2004	2005	2006	2007	2008	2009
全国总计	**290214510**	**345520968**	**415571580**	**510437142**	**620368061**	**768077416**
北　京	16569591	18940436	21679223	25767692	30661699	40597023
天　津	6537068	7543702	9839320	12219419	14537854	19114753
河　北	10040393	12852931	14487321	16146909	20448127	25250461
山　西	7125750	8492165	9396737	10607041	13554415	18261040
内蒙古	3545091	3813045	4670050	6811038	7800495	9647255
辽　宁	12451481	14816528	17749853	21000402	25051692	33846476
吉　林	4111106	4855820	6076923	7383391	9946512	11428418
黑龙江	5159832	5728956	6998354	8758778	10367525	13423856
上　海	16888002	18892463	22853847	25241801	32457716	38305439
江　苏	36556163	43689494	54248484	70105724	86015120	102651097
浙　江	38956437	47187431	56556054	69717052	81560602	95887214
安　徽	7887558	9635410	11682365	15169772	18546416	22395727
福　建	6716323	8739771	11619868	15441660	18527395	22041266
江　西	4617693	5660408	6688948	7861404	10329422	13232428
山　东	19690062	25090992	27918123	32890450	38219345	45791538
河　南	8171347	10661498	15309254	21517230	28240535	35964867
湖　北	11121338	13493165	16670029	21108043	26050816	34218927
湖　南	10278915	12193493	14628766	18288148	21154431	25074020
广　东	19008399	21995888	25925822	29995140	32702756	38092967
广　西	3286644	4252101	5128328	6127370	7532102	9343756
海　南	585834	596925	649436	821834	1111837	1439442
重　庆	6902774	7835658	8950918	11287118	14963195	19152495
四　川	13093829	14690022	17532322	21099840	25929480	33374469
贵　州	2554529	2712254	3123428	3487908	3936721	5239069
云　南	4482520	5393669	6723538	7566795	9069053	11962204
西　藏	290802	406118	493615	602941	729087	949320
陕　西	5230766	6585112	8304149	11730972	16511806	23091424
甘　肃	2938853	3134016	3443287	4369039	4812744	5798859
青　海	886406	909337	1083718	1254431	1429970	2043419
宁　夏	1111913	1129649	1308381	1549487	1915448	2592247
新　疆	3417093	3592513	3831120	4508314	6253747	7865941

1-3 各地区历年建筑业增加值

单位：万元

地区	2004	2005	2006	2007	2008	2009
全国总计	**56157837**	**68997130**	**81163870**	**99443523**	**124889453**	**156198171**
北京	2254726	2842418	2984634	3338391	3737458	4681944
天津	962170	1112972	1298281	1717835	2124318	2578760
河北	2090625	2224625	2502678	2852563	4228769	4448083
山西	1181453	1300114	1416761	1776833	2117930	2603555
内蒙古	951318	1086085	1390352	1825748	1967289	2836211
辽宁	2350859	3740812	4470258	5258371	5937975	7686803
吉林	773526	914531	1049834	1311528	2138655	2369263
黑龙江	1056119	1111511	1138654	1245296	2475749	3779597
上海	2555131	3004728	3593972	3596431	4497900	5490998
江苏	7182840	9111895	11341223	14916160	17218560	23226742
浙江	7570554	9433162	11171857	13577522	15211075	18296301
安徽	1642821	2059716	2647204	3381737	4201294	5401505
福建	1352426	2058206	2766576	3990185	4999209	6843049
江西	896632	1156546	1296605	1521384	2301203	2624373
山东	4431309	5619079	6228957	6820080	9040732	10398656
河南	1757295	2400746	3139219	4478541	6497922	8316141
湖北	2031426	2391055	2864967	3787283	4850441	6007806
湖南	2127828	2480593	3017749	3562607	4411407	4929387
广东	3951611	4757223	5035198	6063680	6975411	8217055
广西	702543	898093	988159	1163287	1624181	1915039
海南	125703	129188	119330	112450	232416	214458
重庆	1523812	1714340	1940450	2339444	3108658	5047547
四川	2678796	2901029	3501955	4138417	5508921	6315258
贵州	524574	552401	621803	685982	728452	933283
云南	840071	962823	1400669	1413970	1640438	1964924
西藏	74479	96805	123275	121040	146752	238767
陕西	812929	1059230	1050820	2029378	3880798	4905743
甘肃	638115	719034	766832	901083	1077617	1281414
青海	173105	202605	235772	278968	332610	445584
宁夏	276254	282562	311014	340006	438380	650092
新疆	666786	671702	748815	897324	1236931	1549833

1-4 各地区历年建筑业企业利税总额

单位：万元

地　　区	2004	2005	2006	2007	2008	2009
全国总计	**16554384**	**20664572**	**25945621**	**32753973**	**44668222**	**53724409**
北　京	931362	1266684	1726304	1894535	1708015	3141972
天　津	323474	398120	566935	773199	940439	1144292
河　北	606942	686111	830856	967798	1439150	1589887
山　西	315410	374024	400536	547712	668027	847101
内蒙古	261704	317599	481267	646896	892945	1099952
辽　宁	695685	1119990	1190225	1562609	1789113	2320038
吉　林	177521	190965	291544	328347	783982	807812
黑龙江	223541	245188	305123	343990	1520636	1332707
上　海	1226833	1338429	1832951	1650359	2275505	2683512
江　苏	1795798	2379509	3246374	4500081	6240701	7135595
浙　江	2175151	2774163	3311754	4021244	4644242	5674568
安　徽	433945	513639	720796	921499	1325599	1632055
福　建	388138	509765	710183	941528	1224010	1563460
江　西	217852	352670	363621	466450	851715	907325
山　东	1253724	1660544	1928110	2221146	3043218	3626570
河　南	468077	625556	878976	1317768	1923243	2477967
湖　北	667822	740222	1033263	1475615	1882179	2457391
湖　南	610514	731564	914984	1220569	2027763	1802272
广　东	1437161	1643901	1914326	2565563	2892377	3283550
广　西	165677	220868	277643	330526	433786	521097
海　南	49380	44174	34920	36649	96800	108956
重　庆	401924	454920	577690	760353	1523773	1684830
四　川	678693	774353	916464	1208255	1614206	2012606
贵　州	130300	129803	138372	163222	209978	252224
云　南	235271	362133	415954	509000	586614	756243
西　藏	26312	44882	49739	71434	71176	160296
陕　西	236011	321776	380880	637659	1174751	1602454
甘　肃	161628	186053	222769	301931	362609	389746
青　海	32344	35497	40717	69768	95960	131149
宁　夏	51892	57696	66134	78005	97603	155169
新　疆	174299	163776	176214	220265	328108	421612

1-5 各地区历年建筑业企业劳动生产率

按建筑业增加值计算　　　　单位：元/人

地　区	2004	2005	2006	2007	2008	2009
全国总计	**20887**	**23427**	**25741**	**28853**	**32574**	**37640**
北　京	20180	23803	22746	24672	26991	28825
天　津	25232	28472	33713	37939	42814	43476
河　北	18347	18719	20452	23824	30716	34103
山　西	20040	20803	22427	26975	27168	30388
内蒙古	23827	23317	27858	26658	28370	37886
辽　宁	19910	29271	31067	34477	36317	36589
吉　林	18141	20870	22238	23758	30195	33886
黑龙江	16745	17722	17823	19782	30391	41143
上　海	25671	28994	32875	32703	40675	44770
江　苏	23517	26624	29864	34125	34980	42976
浙　江	27910	30270	31551	33888	35279	37885
安　徽	17982	21109	24153	28180	29800	37683
福　建	23762	28397	34326	38025	35184	43883
江　西	16720	18762	21006	24270	33773	33036
山　东	18562	20673	22066	23682	30246	33990
河　南	17613	18768	22285	25692	32310	37632
湖　北	19852	21722	25092	29989	35970	41145
湖　南	18870	21511	24110	26945	29738	33463
广　东	25699	28617	30295	34166	40790	46819
广　西	20351	21270	24281	26397	34613	38143
海　南	17301	19038	16186	15772	27938	21739
重　庆	18571	20763	22122	24999	25496	41902
四　川	16022	16619	19393	21098	25198	27020
贵　州	18819	19889	22690	24928	25544	29266
云　南	16920	17469	22214	22108	25062	27758
西　藏	24731	27280	26101	25674	23006	47493
陕　西	18886	21881	19883	31620	40545	50752
甘　肃	14364	15680	16052	20125	23237	26116
青　海	16489	19532	22915	26692	33668	37275
宁　夏	17650	18603	20079	21360	25504	31773
新　疆	21197	21357	24058	25552	30562	34743

1-6 各地区历年建筑业企业利润总额

单位：万元

地 区	2004	2005	2006	2007	2008	2009
全国总计	**7192468**	**9066623**	**11930744**	**15611225**	**22018389**	**27187552**
北 京	379578	612127	965927	960256	563900	1751412
天 津	125943	170137	257934	379212	475404	541986
河 北	246200	293377	314160	446521	718905	744754
山 西	78450	93202	95632	194566	231736	305611
内蒙古	127165	162376	284220	353363	535344	744024
辽 宁	293520	543863	581665	836847	883503	1188891
吉 林	42391	24960	75164	102742	412464	387217
黑龙江	44850	52342	76641	98029	457660	558203
上 海	668703	669130	1033681	794137	1173802	1374680
江 苏	820677	1119457	1643108	2368712	3576635	4005428
浙 江	997326	1324144	1525409	1887292	2145188	2744547
安 徽	152987	180314	255471	378253	633363	744093
福 建	157343	196898	308881	375532	519579	656737
江 西	73777	155667	134849	188502	390995	421176
山 东	647971	867836	1032536	1190084	1805303	2065115
河 南	191762	255655	371502	574939	935863	1187183
湖 北	284090	266394	403378	698837	934029	1265479
湖 南	255705	287689	376586	545656	1121171	845523
广 东	689142	705824	901868	1388555	1456891	1731648
广 西	48715	67651	104571	126343	152533	197764
海 南	30235	25874	14982	14616	56759	55232
重 庆	180833	199481	282921	386178	891940	978968
四 川	276323	276916	334670	466176	716297	950778
贵 州	43502	38331	32989	41893	64525	66331
云 南	90420	187724	186984	266333	279106	386664
西 藏	17795	28184	31165	52895	45873	120700
陕 西	69938	100824	121210	224647	492568	738954
甘 肃	68473	86565	97915	152143	157718	153089
青 海	6063	5797	8892	24468	36330	54420
宁 夏	16779	21055	21223	25225	31935	63217
新 疆	65813	46830	54611	68277	121073	157728

1-7 按经济类型划分的建筑业企业主要经济指标

指　标		合　计	内资企业	#国有	#集体
企业个数	(个)	70817	70022	5009	5352
从业人员	(万人)	3672.56	3651.46	518.92	246.79
自有固定资产原价	(亿元)	11631.38	11509.88	2804.44	598.65
自有固定资产净价	(亿元)	7591.92	7516.28	1701.61	402.49
自有施工机械设备年末总台数	(万台)	973.49	968.04	138.80	83.70
自有施工机械设备年末净值	(亿元)	3704.98	3684.21	792.74	175.51
自有施工机械设备年末总功率	(万千瓦)	19022.56	18936.40	3620.36	1677.51
建筑业总产值	(亿元)	76807.74	76057.98	15190.05	3281.75
建筑业增加值	(亿元)	15619.82			
#本年固定资产折旧	(亿元)	756.31	748.36	189.37	29.92
主营业务应付工资	(亿元)	8151.78	8088.57	1323.33	436.49
主营业务应付福利费	(亿元)	633.78	628.82	85.00	36.72
工程结算税金及附加	(亿元)	2524.60	2503.51	528.86	114.24
管理费用中的税金	(亿元)	129.08	127.82	23.24	9.26
住房公积金及住房补贴	(亿元)	152.51	151.12	63.43	6.22
房屋建筑施工面积	(万平方米)	588593.91	584387.61	72681.00	36380.95
房屋建筑竣工面积	(万平方米)	245401.64	244180.47	21765.36	18783.17
利润总额	(亿元)	2718.76	2677.77	365.62	136.29
税金总额	(亿元)	2653.69	2631.33	552.10	123.50
劳动生产率					
按总产值计算	(元/人)	185087	184604	244193	124255
按增加值计算	(元/人)	37640			
技术装备率	(元/人)	10088	10090	15277	7112
动力装备率	(千瓦/人)	5.2	5.2	7.0	6.8
房屋建筑面积竣工率	(%)	41.7	41.8	29.9	51.6
产值利润率	(%)	3.5	3.5	2.4	4.2
产值利税率	(%)	7.0	7.0	6.0	7.9

1-7 续表

指 标		港澳台商投资企业	#港澳台商独资企业	外商投资企业	#外商独资企业
企业个数	(个)	444	111	351	96
从业人员	(万人)	10.86	2.27	10.24	2.44
自有固定资产原价	(亿元)	54.11	11.91	67.39	13.93
自有固定资产净价	(亿元)	32.16	7.72	43.48	9.53
自有施工机械设备年末总台数	(万台)	2.87	0.47	2.58	0.55
自有施工机械设备年末净值	(亿元)	11.29	2.56	9.47	1.99
自有施工机械设备年末总功率	(万千瓦)	43.81	11.43	42.34	7.72
建筑业总产值	(亿元)	334.59	68.62	415.17	111.49
建筑业增加值	(亿元)				
#本年固定资产折旧	(亿元)	3.85	0.78	4.10	1.01
主营业务应付工资	(亿元)	28.84	7.48	34.37	8.40
主营业务应付福利费	(亿元)	2.66	0.68	2.30	0.86
工程结算税金及附加	(亿元)	9.31	1.92	11.79	3.32
管理费用中的税金	(亿元)	0.71	0.16	0.55	0.14
住房公积金及住房补贴	(亿元)	0.57	0.13	0.82	0.37
房屋建筑施工面积	(万平方米)	1662.04	225.71	2544.26	843.20
房屋建筑竣工面积	(万平方米)	545.09	47.83	676.08	271.44
利润总额	(亿元)	18.46	5.18	22.53	8.11
税金总额	(亿元)	10.02	2.08	12.33	3.46
劳动生产率					
按总产值计算	(元/人)	226730	190926	277053	346895
按增加值计算	(元/人)				
技术装备率	(元/人)	10402	11314	9252	8159
动力装备率	(千瓦/人)	4.0	5.0	4.1	3.2
房屋建筑面积竣工率	(%)	32.8	21.2	26.6	32.2
产值利润率	(%)	5.5	7.6	5.4	7.3
产值利税率	(%)	8.5	10.6	8.4	10.4

1-8 建筑业企业主要经济指标完成情况

指　　标	计量单位	2009年	2008年	2009年比2008年增减(%)
建筑业总产值	亿元	76807.7	62036.8	23.8
建筑业增加值	亿元	15619.8	12489.0	25.1
#本年提取的固定资产折旧	亿元	756.3	715.8	5.7
主营业务应付工资	亿元	8151.8	7501.4	8.7
主营业务应付福利费	亿元	633.8	652.3	-2.8
工程结算税金及附加	亿元	2524.6	2147.6	17.6
管理费用中的税金	亿元	129.1	117.3	10.0
住房公积金及住房补贴	亿元	152.5	127.6	19.5
房屋建筑施工面积	万平方米	588593.9	530518.6	10.9
房屋建筑竣工面积	万平方米	245401.6	223591.6	9.8
年末自有施工机械设备净值	亿元	3705.0	3286.9	12.7
年末自有施工机械设备总功率	万千瓦	19022.6	18195.4	4.5
实收资本	亿元	13284.3	11887.2	11.8
资产合计	亿元	62164.4	51711.9	20.2
#流动资产	亿元	47479.0	38943.8	21.9
固定资产	亿元	8918.4	7779.3	14.6
负债合计	亿元	40915.7	34035.0	20.2
#流动负债	亿元	38396.1	32217.6	19.2
长期负债	亿元	2519.6	1817.4	38.6
资产负债率	%	65.8	65.8	
税金总额	亿元	2653.7	2265.0	17.2
利润总额	亿元	2718.8	2201.8	23.5
按建筑业总产值计算的劳动生产率	元/人	185087	161805	
按建筑业增加值计算的劳动生产率	元/人	37640	32444	
房屋建筑面积竣工率	%	41.7	42.1	
技术装备率	元/人	10088	9915	
动力装备率	千瓦/人	5.2	5.5	
产值利税率	%	7.0	7.2	
产值利润率	%	3.5	3.5	
人均利税	元/人	12946	11650	
建筑业企业个数	个	70817	71095	-0.4
计算建筑业劳动生产率的平均人数	万人	4149.8	3834.1	8.2

1-9 各地区建筑业企业签订合同情况

单位：万元

地　区	合同总额	上年结转合同额	本年新签合同额
全国总计	**1335290317**	**482805742**	**852484574**
北　京	92655639	36296491	56359148
天　津	39480321	14878695	24601626
河　北	41201314	14445607	26755707
山　西	36509352	15691958	20817393
内蒙古	13384733	3468657	9916076
辽　宁	49470549	15641837	33828712
吉　林	17939554	4926694	13012860
黑龙江	18625332	5361071	13264261
上　海	74845801	30240629	44605172
江　苏	137024087	41624272	95399814
浙　江	161970406	61553935	100416472
安　徽	39662448	12165149	27497299
福　建	39656077	14710806	24945272
江　西	21366781	7490112	13876669
山　东	67976727	20539243	47437484
河　南	55845721	16157280	39688442
湖　北	70691421	28971030	41720392
湖　南	50333145	19668415	30664730
广　东	87575941	37876164	49699778
广　西	17963419	6358586	11604833
海　南	2561403	979935	1581468
重　庆	33927796	12139578	21788218
四　川	58078975	21547564	36531411
贵　州	10514295	4157898	6356397
云　南	19705553	6338945	13366608
西　藏	1206554	268960	937594
陕　西	45224003	19437729	25786274
甘　肃	9550887	3300639	6250248
青　海	4072096	1780744	2291352
宁　夏	3796333	927307	2869026
新　疆	12473655	3859814	8613841

1-10 各地区建筑业企业承包工程完成情况

单位：万元

地 区	直接从建设单位承揽工程完成的产值	自行完成施工产值	分包出去工程的产值	从建设单位以外承揽工程完成的产值
全国总计	**758794517**	**736165747**	**22628770**	**31911670**
北 京	42137411	36179967	5957444	4417057
天 津	19352936	17522815	1830121	1591937
河 北	24756899	24729469	27430	520992
山 西	18156707	17978951	177757	282089
内蒙古	9592239	9561952	30286	85302
辽 宁	33777394	33542047	235347	304429
吉 林	11398096	11357899	40198	70520
黑龙江	13477406	13299900	177506	123957
上 海	38504703	34166046	4338656	4139393
江 苏	95647246	94838924	808322	7812174
浙 江	94242232	93145322	1096909	2741891
安 徽	22371912	22041448	330464	354279
福 建	21037663	20863404	174259	1177862
江 西	13068343	12954142	114202	278286
山 东	45452134	45100013	352121	691526
河 南	35590077	35355494	234583	609374
湖 北	33705458	33292088	413370	926840
湖 南	24477746	24367838	109909	706183
广 东	40476437	36264396	4212041	1828571
广 西	9200133	9088261	111872	255495
海 南	1436050	1432773	3278	6669
重 庆	18953927	18335716	618211	816779
四 川	33022705	32503027	519678	871442
贵 州	5213452	5201210	12241	37859
云 南	11444637	11414099	30537	548105
西 藏	944575	944375	200	4946
陕 西	23018163	22687125	331038	404299
甘 肃	5828756	5711588	117168	87271
青 海	1977041	1951541	25500	91878
宁 夏	2586819	2576485	10334	15762
新 疆	7945221	7757434	187787	108507

1-11 各地区建筑业总产值和竣工产值

单位：万元

地 区	建筑业总产值	#装饰装修产 值	#在外省完成的产值	按构成分组：建筑工程产 值	按构成分组：安装工程产 值	按构成分组：其他产值	竣工产值
全国总计	**768077416**	**43097821**	**229836317**	**672084181**	**73191440**	**22801796**	**472658038**
北 京	40597023	6313108	23750231	39085510	1149841	361672	20634738
天 津	19114753	522096	6684667	15762519	2263645	1088589	10625302
河 北	25250461	832966	6905959	21359945	2633555	1256961	14201628
山 西	18261040	481916	8124576	16275286	1517117	468636	6577468
内蒙古	9647255	162022	662446	8477399	675403	494453	6675016
辽 宁	33846476	1690759	5069100	28616034	4536802	693641	21115549
吉 林	11428418	219653	2655281	9851207	1236157	341054	8514272
黑龙江	13423856	366367	1443743	10569294	2306999	547564	7663130
上 海	38305439	3788127	11815208	31415023	5452597	1437819	21895667
江 苏	102651097	5145994	37405727	93901063	7945124	804910	81662732
浙 江	95887214	5895220	44195019	85474813	7767450	2644950	63544872
安 徽	22395727	902404	4497730	19507903	2039479	848346	12749142
福 建	22041266	1189893	8423673	19949872	1637957	453437	13877765
江 西	13232428	508732	3366756	11721381	875617	635429	8285527
山 东	45791538	2060018	5596702	37039807	7487115	1264616	26835450
河 南	35964867	2148857	9058374	31124123	3571110	1269634	20730412
湖 北	34218927	1268419	11550416	29844018	2793252	1581657	18907267
湖 南	25074020	777136	6738030	21712138	1721083	1640800	15946207
广 东	38092967	5676557	7505629	32979888	4201448	911631	23731977
广 西	9343756	275063	926217	7891838	1105426	346492	6052402
海 南	1439442	51356	29207	1334841	71917	32684	744807
重 庆	19152495	654254	3376573	16954917	1570267	627311	11603393
四 川	33374469	1136217	7532610	29485074	2901991	987404	18900572
贵 州	5239069	53956	1226734	4468995	532507	237567	2056249
云 南	11962204	242196	925991	10257249	1025228	679728	7433074
西 藏	949320	22921		861039	70524	17758	772881
陕 西	23091424	303937	8097251	20498248	2030626	562550	8981433
甘 肃	5798859	169739	898609	4789582	825390	183887	3604337
青 海	2043419	20980	697419	1613830	205435	224154	831983
宁 夏	2592247	43449	202298	2385017	172567	34663	2006282
新 疆	7865941	173507	474141	6876329	867812	121800	5496506

1-12 各地区建筑业企业房屋建筑面积

地区	房屋建筑施工面积(万平方米)	#本年新开工	#实行投标承包面积	#本年新开工	房屋建筑竣工面积(万平方米)	房屋建筑面积竣工率(%)
全国总计	**588593.9**	**300824.5**	**492144.1**	**260053.6**	**245401.6**	**41.7**
北京	22720.6	8584.0	21145.9	7989.8	5225.5	23.0
天津	6572.7	2646.0	5968.9	2371.5	2240.1	34.1
河北	17535.5	10216.9	15308.0	9125.4	7751.0	44.2
山西	6544.1	3192.6	5398.4	2909.7	2285.7	34.9
内蒙古	5823.4	3811.3	5138.8	3585.9	3140.6	53.9
辽宁	18760.5	12037.9	16427.5	10615.4	9228.4	49.2
吉林	5352.7	4570.4	4827.9	4220.3	3946.3	73.7
黑龙江	5001.4	3674.9	3766.2	2941.1	3420.1	68.4
上海	19069.9	7239.1	15989.9	6459.2	5719.9	30.0
江苏	99659.9	50747.2	89560.0	45275.7	43307.5	43.5
浙江	105607.4	49924.9	91038.5	43313.7	40239.7	38.1
安徽	18690.9	10720.7	14867.7	8913.9	8812.4	47.1
福建	21691.0	9704.0	16663.1	7569.1	7435.1	34.3
江西	12015.7	6357.9	8908.6	5420.8	5944.1	49.5
山东	38945.9	23062.8	32698.6	20245.7	16646.9	42.7
河南	24596.0	14905.4	21289.3	13256.7	11994.2	48.8
湖北	20499.3	11696.4	15984.6	9566.1	10280.7	50.2
湖南	22442.3	10833.5	20252.3	10316.3	10073.8	44.9
广东	30127.0	11995.7	17857.4	7926.0	11115.7	36.9
广西	9052.9	3905.9	6951.3	3125.8	3613.9	39.9
海南	1221.0	638.4	991.7	524.0	390.5	32.0
重庆	16475.8	8853.5	12284.3	7163.7	7473.2	45.4
四川	26220.8	13228.4	20017.5	11002.1	11393.5	43.5
贵州	4953.3	1863.4	4272.4	1620.4	1244.1	25.1
云南	7747.6	4190.6	5793.6	3493.8	3771.2	48.7
西藏	283.6	191.6	199.2	157.6	177.5	62.6
陕西	9046.3	4573.1	7932.2	4084.8	3128.2	34.6
甘肃	4178.2	2371.2	3408.4	2050.6	1724.4	41.3
青海	491.0	272.4	371.4	215.6	211.7	43.1
宁夏	2113.5	1253.8	2015.7	1214.3	948.0	44.9
新疆	5153.5	3560.5	4814.8	3378.6	2517.8	48.9

1-13 各地区按主要用途分的建筑业企业房屋建筑竣工面积

单位：万平方米

地 区	合 计	厂房、仓库	住 宅	办公用房	批发和零售用 房	住宿和餐饮用 房
全国总计	**245401.6**	**41270.4**	**151881.3**	**18642.4**	**4892.2**	**3451.2**
北 京	5225.5	502.2	2910.5	877.1	77.7	72.9
天 津	2240.1	613.3	1010.9	145.2	51.3	33.2
河 北	7751.0	1003.8	5172.8	593.3	72.1	79.3
山 西	2285.7	184.6	1607.3	174.7	50.6	26.0
内蒙古	3140.6	137.2	2379.4	195.0	55.7	63.1
辽 宁	9228.4	1423.5	6138.6	521.4	168.7	83.9
吉 林	3946.3	381.1	2949.6	357.0	44.9	20.1
黑龙江	3420.1	324.4	2297.8	178.1	96.5	19.6
上 海	5719.9	1796.3	2433.0	417.8	154.4	111.4
江 苏	43307.5	6538.5	29060.9	2830.9	985.6	653.1
浙 江	40239.7	11440.1	19836.2	3918.3	1031.3	768.9
安 徽	8812.4	1386.3	5479.8	706.5	93.2	72.4
福 建	7435.1	1555.4	4468.4	557.7	150.9	105.8
江 西	5944.1	861.7	3829.8	489.9	88.6	48.1
山 东	16646.9	3170.3	10413.8	1023.2	362.7	232.1
河 南	11994.2	1408.1	7774.5	1018.9	146.4	193.2
湖 北	10280.7	1714.5	6454.8	773.7	176.3	86.6
湖 南	10073.8	1077.2	6432.1	842.2	228.5	147.9
广 东	11115.7	2461.4	6250.7	755.8	234.3	146.9
广 西	3613.9	380.3	2392.8	260.1	40.6	46.0
海 南	390.5	11.7	276.5	20.6	11.0	10.6
重 庆	7473.2	707.1	5653.3	354.3	114.2	46.8
四 川	11393.5	1173.8	8066.0	464.1	198.5	158.3
贵 州	1244.1	94.7	759.0	103.7	34.2	9.6
云 南	3771.2	229.4	2308.9	321.7	93.4	75.6
西 藏	177.5	1.4	117.4	30.0	1.4	1.5
陕 西	3128.2	243.4	2093.1	312.6	24.0	38.7
甘 肃	1724.4	210.6	1073.8	119.0	43.7	24.3
青 海	211.7	4.8	140.3	21.0	0.8	2.5
宁 夏	948.0	73.7	614.3	65.1	34.0	10.0
新 疆	2517.8	159.8	1485.2	193.7	26.7	62.4

1-13 续表　　单位：万平方米

地　区	居民服务业用　房	教育用房	文化、体育和娱乐用房	卫生医疗用　房	科研用房	其他用房
全国总计	**2599.8**	**9103.8**	**2530.3**	**2580.7**	**758.8**	**7690.8**
北　京	77.7	220.9	129.6	55.3	63.5	238.0
天　津	14.2	57.6	55.0	29.2	8.5	221.8
河　北	106.5	253.4	36.6	55.5	20.8	357.0
山　西	28.8	132.3	16.0	23.1		42.4
内蒙古	27.7	125.5	31.2	20.2	0.4	105.2
辽　宁	91.5	264.3	65.8	70.9	25.0	374.7
吉　林	16.2	71.9	11.8	39.5	4.7	49.4
黑龙江	38.8	121.2	64.8	54.0	3.6	221.3
上　海	90.1	133.1	210.0	40.7	17.0	316.2
江　苏	516.5	1013.3	407.8	334.2	185.5	781.3
浙　江	348.5	947.9	406.4	333.3	190.1	1018.7
安　徽	92.4	527.1	52.9	106.1	7.9	287.7
福　建	43.9	259.7	58.7	46.8	20.4	167.4
江　西	103.9	228.9	46.1	50.5	4.4	192.2
山　东	209.4	346.3	151.9	90.0	31.1	616.0
河　南	149.6	583.2	88.1	193.5	22.6	416.2
湖　北	36.6	460.4	105.8	163.0	44.4	264.7
湖　南	132.4	461.7	96.5	240.8	19.3	395.2
广　东	145.1	413.4	126.1	101.2	32.9	447.9
广　西	29.8	211.3	30.0	58.0	5.8	159.2
海　南	3.5	32.9	6.4	7.1	0.3	9.8
重　庆	68.9	305.8	22.4	50.0	4.5	146.0
四　川	53.2	666.2	107.9	186.6	19.0	299.9
贵　州	25.9	129.4	18.8	28.0	3.3	37.5
云　南	40.6	374.6	60.6	52.2	11.8	202.4
西　藏	3.5	10.5	1.3	3.7	0.1	6.7
陕　西	26.7	193.4	48.5	33.7	4.0	110.1
甘　肃	20.6	125.8	23.2	33.9	1.6	47.7
青　海	3.8	25.2	1.3	5.8		6.2
宁　夏	4.0	82.2	11.3	5.1	0.4	47.9
新　疆	49.3	324.3	37.5	69.0	5.7	104.2

1-14 各地区按主要用途分的建筑业企业房屋建筑竣工价值

单位：万元

地 区	合 计	厂房、仓库	住 宅	办公用房	批发和零售用 房	住宿和餐饮用 房
全国总计	**260538538**	**40137733**	**155465555**	**23134259**	**5752885**	**4377298**
北 京	8961497	841579	4217346	1723305	124307	123644
天 津	3492091	824853	1472540	190493	72384	50154
河 北	7823400	1153008	4911116	622351	64509	101887
山 西	2353226	208611	1580715	198191	47991	29994
内蒙古	3414044	171723	2395754	277913	56834	93191
辽 宁	10270558	1725700	6342268	679245	189625	150610
吉 林	4082397	398893	2928443	430191	59577	24202
黑龙江	3912520	412740	2445897	245040	132518	26334
上 海	8699702	2212967	3219739	845464	280555	184658
江 苏	50016102	6967556	32857287	3710766	1233266	847847
浙 江	43883320	9739766	22656835	4909248	1357716	1146136
安 徽	7504068	1029006	4613206	699379	74145	87457
福 建	8086656	1380629	5043759	649580	167383	127989
江 西	4564381	661052	2865329	438344	75570	43976
山 东	15295589	2633057	9314834	1169735	377736	245480
河 南	10648847	1222198	6659883	1003644	134337	167369
湖 北	9604988	1581654	5734999	826227	165346	81651
湖 南	9346556	1043764	5737052	947831	197020	151520
广 东	12023280	2163502	6773950	1008993	262144	157951
广 西	3424057	439884	2159656	283854	39158	47307
海 南	453281	16283	317243	24154	13396	13393
重 庆	7052295	737644	5215987	375601	111467	45881
四 川	10845083	1119596	7445676	474087	199301	158292
贵 州	1097953	128524	591025	113547	45024	6761
云 南	3840223	243165	2291128	346886	84368	82580
西 藏	273279	1743	163448	68404	1655	2008
陕 西	3628967	349495	2247542	368255	20004	54316
甘 肃	2197808	432199	1162651	148857	100243	23775
青 海	232737	5613	142801	28034	768	3605
宁 夏	937125	71778	576908	80608	36669	13453
新 疆	2572507	219551	1380539	246032	27871	83880

1-14 续表

单位：万元

地区	居民服务业用房	教育用房	文化、体育和娱乐用房	卫生医疗用房	科研用房	其他用房
全国总计	**3205716**	**10362817**	**4003833**	**3280478**	**1110366**	**9707597**
北京	184831	406790	264043	141444	155489	778721
天津	29622	113203	113867	53167	14723	557085
河北	106826	287417	55913	107096	27704	385574
山西	30257	144797	18387	39880		54403
内蒙古	39463	161623	47768	52537	655	116582
辽宁	116472	354876	117360	87756	31878	474769
吉林	21603	82839	10269	40544	5857	79979
黑龙江	49014	163770	111356	85952	5258	234640
上海	254118	249540	520154	110470	59838	762199
江苏	661985	1446173	546316	451938	242993	1049976
浙江	425221	1098644	660164	441792	253001	1194799
安徽	59157	417445	99299	91855	8101	325018
福建	60872	324415	75187	60737	21161	174942
江西	58339	181493	41384	40702	5829	152363
山东	222934	351712	297806	111916	43328	527052
河南	123834	504434	90677	199940	30459	512073
湖北	40784	501085	147293	187525	45354	293070
湖南	119781	446727	117156	208469	18246	358992
广东	250414	487374	199517	183319	55731	480386
广西	25145	188361	29421	64236	8412	138623
海南	4084	35978	9620	7380	670	11081
重庆	59528	292319	21142	52111	3303	137314
四川	52258	741808	113779	206225	31839	302222
贵州	35911	107189	16455	19648	7036	26835
云南	36043	429698	69807	61182	16846	178520
西藏	4494	14835	1575	6132	35	8950
陕西	47332	230447	85867	35386	6337	183986
甘肃	20405	149887	50250	38853	2263	68424
青海	3809	29554	2347	7491	2	8714
宁夏	3814	99018	15268	6332	447	32832
新疆	57370	319368	54389	78464	7571	97474

1-15 各地区建筑业企业施工机械设备情况

地 区	年末自有施工机械设备总台数(台)	年末自有施工机械设备总功率(千瓦)	年末自有施工机械设备净值(万元)	技术装备率(元/人)	动力装备率(千瓦/人)
全国总计	**9734910**	**190225552**	**37049784**	**10088**	**5.2**
北 京	201744	5030933	1001209	17950	9.0
天 津	116658	4406359	1722188	41368	10.6
河 北	469494	8428740	1381585	11729	7.2
山 西	213787	5019076	1028510	14956	7.3
内蒙古	87896	1999551	429303	8634	4.0
辽 宁	386265	8824880	1717921	12980	6.7
吉 林	98686	1700955	334855	8825	4.5
黑龙江	159810	3589301	762805	11303	5.3
上 海	158725	3616825	1422378	16065	4.1
江 苏	1373391	28273520	4948687	9539	5.4
浙 江	845865	13584238	3133488	6426	2.8
安 徽	382323	5912810	1165210	8120	4.1
福 建	280451	5295243	1027036	6869	3.5
江 西	170201	2545739	529997	6877	3.3
山 东	728124	13799427	2510649	9082	5.0
河 南	650314	12045523	2180874	9726	5.4
湖 北	553443	12151249	2340656	16198	8.4
湖 南	468769	7687659	1304769	9010	5.3
广 东	732080	8591531	2075245	12014	5.0
广 西	209354	2929640	440539	8268	5.5
海 南	17430	430562	37160	3595	4.2
重 庆	189978	4189838	871109	7334	3.5
四 川	410377	6905262	1464992	6774	3.2
贵 州	62123	1132159	244498	7398	3.4
云 南	149963	2890296	680950	9991	4.2
西 藏	4775	140463	36507	9599	3.7
陕 西	277512	6463943	1071517	12122	7.3
甘 肃	160457	8435112	385043	8585	18.8
青 海	33552	999329	215865	23499	10.9
宁 夏	38332	865900	177896	25431	12.4
新 疆	103031	2339489	406348	20095	11.6

1-16 各地区建筑业企业建筑材料消耗情况

地 区	钢 材 (吨)	木 材 (立方米)	水 泥 (吨)	玻 璃 (重量箱)	玻 璃 (平方米)	铝 材 (吨)
全国总计	**365211484**	**135644205**	**1172860528**	**96524917**	**631080677**	**12456252**
北 京	15476946	3359884	32428706	1541654	7209542	120626
天 津	6500847	1126401	18299338	1387345	7227283	139571
河 北	11577043	3387699	44061043	1899038	23354967	655962
山 西	10147369	1050743	28406970	541259	4287321	176754
内蒙古	3678904	972778	14901065	995885	10044242	399901
辽 宁	32158629	4809578	44102772	4535218	27224408	208832
吉 林	4257716	1468731	15974430	1162837	7469531	54536
黑龙江	3464240	1801414	12898610	1657400	12584916	128591
上 海	12627630	3233590	20620113	1284552	9220886	175905
江 苏	40618866	15976382	157705493	17325388	73648104	1301559
浙 江	47082923	20762024	209111017	23843526	97329143	1736851
安 徽	10881355	5697658	34569807	2492150	24554555	296694
福 建	11907143	7283973	54516463	9237514	39851577	514954
江 西	4947290	3649746	20715074	856456	9817079	201858
山 东	22208956	7370263	72547619	4335920	41113003	966186
河 南	15501206	3898155	60569268	2657712	28138488	313522
湖 北	27572105	7752783	35159247	1534188	16008379	828473
湖 南	11636481	6022052	58814443	2754440	25837743	469628
广 东	13049221	10451123	46812519	6027488	44065220	1793158
广 西	3425032	2612053	16992997	889809	7863648	166238
海 南	860691	676707	2479204	228876	1398732	103573
重 庆	10375743	11276270	35145749	1585502	18875280	329684
四 川	12892581	4555030	52310158	4146213	32058626	465661
贵 州	8445609	705922	8968256	695674	28736767	212592
云 南	5101094	1196019	15751689	496162	6025323	70866
西 藏	246238	138652	733796	99587	405925	40128
陕 西	11566603	2049608	33017873	814987	8064982	249035
甘 肃	2848404	611872	8699331	383251	7107163	148449
青 海	868081	167249	4019774	123437	582099	15481
宁 夏	1098802	466149	3652932	410453	2124365	32090
新 疆	2187736	1113697	8874772	580996	8851380	138894

1-17 各地区建筑业企业主要生产效益指标

地　区	建筑业企业个数（个）	计算建筑业劳动生产率的平均人数(人)	按总产值计算的劳动生产率（元/人）	人均竣工产　值（元/人）	人均施工面　积（平方米/人）	人均竣工面　积（平方米/人）
全国总计	**70817**	**41498131**	**185087**	**113899**	**141.8**	**59.1**
北　京	3226	1624270	249940	127040	139.9	32.2
天　津	1365	593139	322264	179137	110.8	37.8
河　北	2139	1304313	193592	108882	134.4	59.4
山　西	1696	856769	213138	76771	76.4	26.7
内蒙古	782	748610	128869	89165	77.8	42.0
辽　宁	4367	2100836	161110	100510	89.3	43.9
吉　林	945	699187	163453	121774	76.6	56.4
黑龙江	1919	918660	146124	83416	54.4	37.2
上　海	2957	1226498	312316	178522	155.5	46.6
江　苏	8629	5404615	189932	151098	184.4	80.1
浙　江	4772	4829411	198548	131579	218.7	83.3
安　徽	2363	1433417	156240	88942	130.4	61.5
福　建	2086	1559392	141345	88995	139.1	47.7
江　西	1292	794388	166574	104301	151.3	74.8
山　东	6217	3059346	149678	87716	127.3	54.4
河　南	4082	2209874	162746	93808	111.3	54.3
湖　北	2860	1460152	234352	129488	140.4	70.4
湖　南	1843	1473081	170215	108251	152.3	68.4
广　东	4255	1755064	217046	135220	171.7	63.3
广　西	994	502067	186106	120550	180.3	72.0
海　南	139	98650	145914	75500	123.8	39.6
重　庆	2365	1204594	158995	96326	136.8	62.0
四　川	3380	2337262	142793	80866	112.2	48.7
贵　州	574	318893	164289	64481	155.3	39.0
云　南	1927	707879	168987	105005	109.4	53.3
西　藏	165	50274	188829	153734	56.4	35.3
陕　西	985	966605	238892	92917	93.6	32.4
甘　肃	837	490657	118186	73459	85.2	35.1
青　海	383	119538	170943	69600	41.1	17.7
宁　夏	474	204603	126696	98057	103.3	46.3
新　疆	799	446087	176332	123216	115.5	56.4

1-18 各地区建筑业企业营业额

单位：万元

地 区	企业营业额	在境外完成的营业额	企业总产值	#建筑业总产值
全国总计	**847910571**	**21336811**	**826573760**	**768077416**
北 京	51879089	8877055	43002033	40597023
天 津	21777980	978841	20799140	19114753
河 北	26185495	315064	25870431	25250461
山 西	19364069	526576	18837493	18261040
内蒙古	9809958		9809958	9647255
辽 宁	34803824	354672	34449152	33846476
吉 林	11609112	86250	11522863	11428418
黑龙江	14141958	632063	13509895	13423856
上 海	46133377	848637	45284740	38305439
江 苏	108645312	413725	108231587	102651097
浙 江	99213595	1037309	98176286	95887214
安 徽	23563971	677983	22885988	22395727
福 建	22473170	146081	22327088	22041266
江 西	14290327	189731	14100596	13232428
山 东	48410956	755591	47655365	45791538
河 南	37917875	850885	37066990	35964867
湖 北	39022079	1602985	37419094	34218927
湖 南	25901457	200810	25700647	25074020
广 东	42139910	469852	41670059	38092967
广 西	30303826	146535	30157291	9343756
海 南	1665601	3517	1662084	1439442
重 庆	19991630	119802	19871828	19152495
四 川	35708667	729398	34979269	33374469
贵 州	5496937	125689	5371248	5239069
云 南	12627047	275598	12351450	11962204
西 藏	960325		960325	949320
陕 西	24115212	424216	23690996	23091424
甘 肃	6363483	137188	6226296	5798859
青 海	2269825	176568	2093257	2043419
宁 夏	2673587	7360	2666227	2592247
新 疆	8450918	226832	8224085	7865941

1-19 各地区建筑业企业资产构成

单位：万元

地　区	资产合计	#流动资产小计	#长期投资	#固定资产小计	#无形及递延资产
全国总计	**621643878**	**474789985**	**39296032**	**89183584**	**12924967**
北　京	69965367	50181603	14641826	3562181	731863
天　津	19886825	14985502	1247820	3062092	297930
河　北	18849275	14578818	568826	3123476	462214
山　西	16358752	13393360	621122	2113710	176952
内蒙古	7425048	5371012	329918	1422095	265702
辽　宁	24072001	18450392	840574	4141193	532752
吉　林	6339398	4571122	159376	1476410	116848
黑龙江	10829222	8429211	206997	1908669	225576
上　海	41538292	34687942	2959710	3016546	442884
江　苏	62669839	50276991	2256727	9012596	866692
浙　江	48901065	38828771	3015382	6184697	681694
安　徽	17024096	13256004	523651	2758389	376978
福　建	14609997	11294980	728106	2331189	205598
江　西	8114543	5728613	332514	1774046	249768
山　东	40713260	31044620	1555073	7018554	934383
河　南	23830698	17206826	583851	5156815	761921
湖　北	31126995	21091024	769381	5913229	2527995
湖　南	14624101	10412447	467190	3186633	409469
广　东	43389638	34620802	2831484	4943737	575443
广　西	6890106	5176352	357395	1127444	173394
海　南	947502	819230	16691	99922	9831
重　庆	15171178	11516444	837466	2188630	231264
四　川	24505665	18480854	1420654	3988684	440488
贵　州	4632228	3515148	215051	769786	101284
云　南	11264239	8205375	689289	1944255	331158
西　藏	772865	416966	22553	306964	14066
陕　西	21420271	16950125	460058	3335166	319190
甘　肃	4800633	3249107	144092	1259939	127429
青　海	1961633	1210910	132598	537021	76575
宁　夏	2514166	1898330	116454	452740	38835
新　疆	6494981	4941106	244205	1066779	218796

1-20 各地区建筑业企业流动资产、无形及递延资产

单位：万元

地　区	流动资产	#存货	无形及递延资产	#无形资产
全国总计	**474789985**	**120614239**	**12924967**	**10698599**
北　京	50181603	9719200	731863	566253
天　津	14985502	3873159	297930	224329
河　北	14578818	3619116	462214	356472
山　西	13393360	2327969	176952	116322
内蒙古	5371012	862242	265702	219025
辽　宁	18450392	4178773	532752	405797
吉　林	4571122	615415	116848	93859
黑龙江	8429211	1796392	225576	203894
上　海	34687942	9508789	442884	334256
江　苏	50276991	14188558	866692	733065
浙　江	38828771	10594312	681694	606506
安　徽	13256004	3273851	376978	305181
福　建	11294980	3190881	205598	173500
江　西	5728613	1161895	249768	203305
山　东	31044620	8077733	934383	814647
河　南	17206826	4520361	761921	605245
湖　北	21091024	6907296	2527995	2251912
湖　南	10412447	2217274	409469	349882
广　东	34620802	8053151	575443	433810
广　西	5176352	1494144	173394	157058
海　南	819230	212183	9831	6643
重　庆	11516444	3358230	231264	190068
四　川	18480854	4928102	440488	339717
贵　州	3515148	783281	101284	82636
云　南	8205375	1928307	331158	283217
西　藏	416966	92621	14066	12787
陕　西	16950125	6937917	319190	244739
甘　肃	3249107	729778	127429	74200
青　海	1210910	225591	76575	69218
宁　夏	1898330	426932	38835	36077
新　疆	4941106	810789	218796	204983

1-21 各地区建筑业企业固定资产情况

单位：万元

地　区	固定资产小计	固定资产原价	#生产经营用	固定资产折旧	#本年折旧	在建工程
全国总计	**89183584**	**116313793**	**89856125**	**40394634**	**7563139**	**8370960**
北　京	3562181	4977064	4012927	1919516	402647	434295
天　津	3062092	3854358	3252281	1409460	275214	573693
河　北	3123476	4230770	3325037	1464059	253887	225273
山　西	2113710	2865027	2294340	1059309	229006	167894
内蒙古	1422095	1738039	1346077	538909	79401	146011
辽　宁	4141193	5934118	5014985	2191297	407219	225744
吉　林	1476410	1837282	1186756	592354	154571	64758
黑龙江	1908669	2792246	2465513	1019520	254684	49687
上　海	3016546	4900707	4065489	2195895	384253	278046
江　苏	9012596	11617674	9295318	4028235	696644	763297
浙　江	6184697	8090118	6489795	2693624	490213	658635
安　徽	2758389	3423395	2631379	1088389	202782	289596
福　建	2331189	2811749	2239316	845642	171492	156784
江　西	1774046	2047555	1274238	607764	156852	168291
山　东	7018554	8759048	6597398	3056573	534596	491206
河　南	5156815	6478687	4832856	2072221	434235	544306
湖　北	5913229	7495200	5126357	2497359	440009	709898
湖　南	3186633	4016297	2747009	1367765	252601	328590
广　东	4943737	6796176	5414330	2687978	443085	645110
广　西	1127444	1367434	998271	452498	72367	124162
海　南	99922	123465	92897	37268	5638	4004
重　庆	2188630	2648420	1847159	852581	173334	216932
四　川	3988684	5025796	3856014	1660392	288049	363372
贵　州	769786	865986	607764	272874	44385	147735
云　南	1944255	2505287	1681533	866488	151725	198887
西　藏	306964	270451	66064	40235	6757	23620
陕　西	3335166	4489358	3918946	1399905	296236	157138
甘　肃	1259939	1478304	1052579	452585	81480	101870
青　海	537021	701626	314498	215923	37216	34716
宁　夏	452740	635432	528440	220115	40611	29560
新　疆	1066779	1536726	1280560	587906	101950	47854

1-22 各地区建筑业企业负债及所有者权益

单位：万元

地区	负债合计	流动负债	长期负债	所有者权益	#实收资本
全国总计	**409156885**	**383961096**	**25195789**	**212486993**	**132842877**
北京	43356902	39857884	3499018	26608465	12274686
天津	14861017	13700442	1160575	5025808	3634081
河北	12762689	11967317	795372	6086586	3964295
山西	12679459	12264935	414524	3679293	2774205
内蒙古	4419782	4123405	296377	3005266	1685030
辽宁	15676837	14988957	687880	8395164	5363421
吉林	3852766	3591892	260874	2486632	2285134
黑龙江	7133558	6550292	583266	3695664	3232330
上海	30696511	29485744	1210767	10841782	6621613
江苏	38642409	37620585	1021824	24027430	13476540
浙江	29994333	29128329	866004	18906732	10803207
安徽	11529748	11074117	455630	5494348	3650267
福建	8431110	8108198	322911	6178888	4443925
江西	4853312	4612451	240860	3261232	2321531
山东	27038492	25730370	1308122	13674768	9091999
河南	14459931	13708363	751568	9370768	6739336
湖北	21760810	17594888	4165922	9366185	5618274
湖南	9109548	8310162	799386	5514553	3746060
广东	29705709	27936281	1769428	13683930	8499086
广西	4646180	4364966	281214	2243926	1590210
海南	633566	626946	6620	313936	192649
重庆	9304781	8420875	883905	5866398	3812551
四川	16048132	14908633	1139500	8457533	5691150
贵州	3309605	3039163	270442	1322623	1035294
云南	7216027	6656139	559889	4048212	2971623
西藏	214189	190424	23765	558676	454781
陕西	16390367	15496186	894181	5029904	2800777
甘肃	2996817	2871444	125373	1803816	1336348
青海	1267367	1096541	170826	694266	592997
宁夏	1654454	1596616	57838	859712	653192
新疆	4510482	4338551	171930	1984500	1486286

1-23 各地区建筑业企业实收资本

单位：万元

地区	合计	国家资本	集体资本	法人资本	个人资本	港澳台资本	外商资本
全国总计	**132842877**	**26521397**	**9732968**	**38143130**	**57195619**	**663364**	**586399**
北京	12274686	737424	353104	9162189	1847110	101892	72968
天津	3634081	1137285	172268	1339512	953124	20672	11220
河北	3964295	803212	333740	798206	2025320	2903	915
山西	2774205	1059539	173236	534166	992025	11245	3993
内蒙古	1685030	261891	135222	442198	845135		585
辽宁	5363421	1241058	442122	821045	2781424	15337	62437
吉林	2285134	714290	74889	649395	841091	5469	
黑龙江	3232330	735754	292076	872714	1309957	6535	15292
上海	6621613	2383040	439183	1034729	2544313	118280	102068
江苏	13476540	1218807	653814	3339305	8015817	109136	139660
浙江	10803207	451637	307987	2501790	7506581	25544	9668
安徽	3650267	944924	277413	832811	1571133	17387	6599
福建	4443925	798452	199751	657149	2742590	36345	9637
江西	2321531	766580	412875	492332	634607	13337	1800
山东	9091999	1576020	1200726	2559554	3696481	28430	30789
河南	6739336	1382029	613358	1579695	3154153	3775	6326
湖北	5618274	1769093	362849	1458576	2001906	20753	5097
湖南	3746060	1005801	331863	874685	1524181	2351	7179
广东	8499086	2238629	828999	2667423	2581587	95524	86926
广西	1590210	506460	254784	270418	552035	1767	4746
海南	192649	32235	32626	68373	59415		
重庆	3812551	798492	192809	649478	2157477	13230	1066
四川	5691150	1094491	417895	1292793	2881227	2530	2215
贵州	1035294	553107	98484	147681	234522		1500
云南	2971623	569148	342746	679811	1375736	4169	13
西藏	454781	250135	50928	85190	68529		
陕西	2800777	492389	333861	1182497	783315	5465	3250
甘肃	1336348	284836	224473	426105	400375	500	59
青海	592997	157727	57932	221008	155731	300	300
宁夏	653192	164427	30008	101069	357258	429	
新疆	1486286	392488	90947	401231	601466	60	94

1-24 各地区建筑业企业收入情况

单位：万元

地 区	工程结算收入	工程结算成本	工程结算税金及附加	工程结算利润	经营费用	其他业务收入	#其他业务利润
全国总计	**744310731**	**662441497**	**25246044**	**52178940**	**4444249**	**10471251**	**2045295**
北 京	50449141	46363291	1350786	2575264	159800	874965	238068
天 津	21054961	19193675	578475	1217505	65306	499183	71713
河 北	23559560	21016441	803444	1643827	95848	418863	64606
山 西	18735051	17076256	521078	1059163	78554	163244	33603
内蒙古	9466188	8002466	331888	1105998	25836	100150	25734
辽 宁	31833420	27997000	1050863	2677389	108168	302414	52148
吉 林	10843094	9521550	392162	827886	101497	226241	40764
黑龙江	12957735	11187765	715956	995059	58955	120753	40627
上 海	44532120	40493591	1277234	2614825	146470	612316	125978
江 苏	84751290	73832084	2980517	7072027	866663	1665011	202429
浙 江	82423254	74572652	2836837	4709799	303967	563300	135232
安 徽	23975945	21439655	829913	1557381	148996	237056	41701
福 建	21274376	19012236	879500	1285963	96677	125528	34625
江 西	11220199	9851944	458379	823835	86042	69072	28973
山 东	42185593	36544718	1446621	3890751	303503	1306982	123337
河 南	34019751	29967018	1197875	2566300	288558	264145	62752
湖 北	35946970	31858846	1135128	2629897	323099	541561	79377
湖 南	23210172	20578540	916340	1561357	153935	123458	35095
广 东	44559677	39645871	1475515	3177313	260978	665903	219829
广 西	9137343	8247590	311244	545727	32782	105352	18022
海 南	1583734	1440015	52750	84279	6690	2338	1813
重 庆	18622482	16252715	666945	1613682	89140	244028	77629
四 川	30288642	27011529	1012789	2019511	244813	461837	90802
贵 州	5120350	4618591	179988	241033	80738	97056	15906
云 南	10568664	9290457	351124	821946	105137	136410	52366
西 藏	892235	648465	33464	203167	7139	6718	1172
陕 西	23202251	20800035	832273	1466150	103793	171307	50690
甘 肃	5537345	4822366	213716	435046	66217	113572	24375
青 海	1944980	1704089	74107	156997	9788	35948	6455
宁 夏	2674837	2420015	88217	159704	6902	45862	10225
新 疆	7739373	7030033	250919	440162	18260	170680	39249

1-25 各地区建筑业企业费用情况

单位：万元

地 区	管理费用	#税金	#财产保险费	#差旅费	#工会经费	财务费用	#利息支出
全国总计	**24250424**	**1290813**	**175006**	**1452731**	**366335**	**3487002**	**2496887**
北 京	1849678	39773	11829	93231	13763	101434	150965
天 津	678609	23831	2544	24895	6760	102195	72331
河 北	788754	41688	3926	30285	9478	96170	45491
山 西	729696	20411	6541	34356	8203	83097	55477
内蒙古	313605	24039	1412	13426	3606	58241	43955
辽 宁	1252692	80284	8182	55388	17390	111470	71053
吉 林	368449	28434	1561	17893	4100	61909	16508
黑龙江	476061	58548	1648	36318	11994	40721	24543
上 海	1474990	31598	6233	64979	11238	120018	89962
江 苏	2928345	149650	16278	197634	51039	450439	302697
浙 江	1742431	93184	18934	128938	29656	440284	389317
安 徽	724873	58049	5000	45081	13358	80837	50731
福 建	613874	27223	2862	37600	6933	47917	32336
江 西	335050	27770	1802	20816	6563	68138	32084
山 东	1533116	114835	15088	89041	26768	306182	227637
河 南	1151946	92910	12534	101010	29425	166864	100260
湖 北	1202262	56785	8594	81278	23494	260326	192075
湖 南	664928	40410	14194	45575	17020	116286	67352
广 东	1548739	76387	7146	80121	18272	161761	111171
广 西	326013	12089	1198	14111	3151	33463	21121
海 南	30489	974	42	1780	474	433	145
重 庆	521919	38916	4664	38035	10224	96272	69751
四 川	1003300	49039	6424	63144	17308	172226	123235
贵 州	162957	5905	625	9864	2532	25563	21769
云 南	404908	18455	2218	23852	3946	68339	48651
西 藏	81242	6133	124	1335	155	2484	763
陕 西	610999	31227	7229	57283	11055	114381	66899
甘 肃	239463	22941	2382	21204	2340	47027	19283
青 海	97112	2623	514	5132	942	12740	12651
宁 夏	89210	3736	538	4142	1400	12458	11269
新 疆	304715	12966	2741	14984	3749	27330	25408

1-26 各地区建筑业企业利润及税金情况

单位：万元

地区	利润总额	#应交所得税	税金总额	工程结算税金及附加	管理费用中的税金
全国总计	**27187552**	**5400395**	**26536857**	**25246044**	**1290813**
北京	1751412	224571	1390559	1350786	39773
天津	541986	131845	602306	578475	23831
河北	744754	151740	845132	803444	41688
山西	305611	59810	541489	521078	20411
内蒙古	744024	147880	355928	331888	24039
辽宁	1188891	310744	1131147	1050863	80284
吉林	387217	73216	420596	392162	28434
黑龙江	558203	83786	774504	715956	58548
上海	1374680	273374	1308832	1277234	31598
江苏	4005428	840892	3130166	2980517	149650
浙江	2744547	613763	2930021	2836837	93184
安徽	744093	144073	887962	829913	58049
福建	656737	205751	906723	879500	27223
江西	421176	66634	486149	458379	27770
山东	2065115	422152	1561455	1446621	114835
河南	1187183	243987	1290784	1197875	92910
湖北	1265479	231288	1191912	1135128	56785
湖南	845523	149335	956749	916340	40410
广东	1731648	355857	1551902	1475515	76387
广西	197764	41513	323333	311244	12089
海南	55232	5018	53724	52750	974
重庆	978968	152780	705862	666945	38916
四川	950778	181382	1061828	1012789	49039
贵州	66331	16529	185893	179988	5905
云南	386664	74893	369579	351124	18455
西藏	120700	11531	39597	33464	6133
陕西	738954	91382	863500	832273	31227
甘肃	153089	29028	236657	213716	22941
青海	54420	6878	76730	74107	2623
宁夏	63217	16445	91953	88217	3736
新疆	157728	42319	263885	250919	12966

1-27 各地区建筑业企业应收工程款及企业亏损情况

地　区	应收工程款(万元)	#竣工工程	企业个数(个)	#亏损企业个数	亏损企业的比重(%)
全国总计	**111117617**	**51977494**	**70817**	**9223**	**13.0**
北　京	11003848	3240302	3226	799	24.8
天　津	3769124	1522221	1365	250	18.3
河　北	4542347	2283767	2139	270	12.6
山　西	3876579	1660353	1696	340	20.0
内蒙古	1548938	906566	782	37	4.7
辽　宁	4669827	2172994	4367	758	17.4
吉　林	1667511	860900	945	85	9.0
黑龙江	1642513	925737	1919	393	20.5
上　海	6994363	2762017	2957	522	17.7
江　苏	12593443	6121232	8629	485	5.6
浙　江	7382127	4312626	4772	404	8.5
安　徽	3609097	1954203	2363	254	10.7
福　建	1632537	875214	2086	245	11.7
江　西	1075456	552156	1292	97	7.5
山　东	9886751	5488171	6217	594	9.6
河　南	2603572	931395	4082	362	8.9
湖　北	4461989	1942568	2860	310	10.8
湖　南	3028996	1382081	1843	153	8.3
广　东	6263899	2645863	4255	714	16.8
广　西	1093813	489572	994	190	19.1
海　南	119952	47699	139	12	8.6
重　庆	2599106	1222390	2365	248	10.5
四　川	4024220	2207290	3380	427	12.6
贵　州	824041	334498	574	131	22.8
云　南	2354152	1268910	1927	407	21.1
西　藏	145536	57542	165	7	4.2
陕　西	3947724	1569116	985	109	11.1
甘　肃	1189892	714366	837	143	17.1
青　海	285484	108365	383	140	36.6
宁　夏	724246	482275	474	102	21.5
新　疆	1556536	935104	799	235	29.4

1-28 各地区建筑业企业主要经济效益指标

地　区	产值利润率 (%)	产值利税率 (%)	资本利润率 (%)	资本利税率 (%)	人均利润 (元/人)	人均利税 (元/人)	资产负债率 (%)
全国总计	**3.5**	**7.0**	**20.5**	**40.4**	**6552**	**12946**	**65.8**
北　京	4.3	7.7	14.3	25.6	10783	19344	62.0
天　津	2.8	6.0	14.9	31.5	9138	19292	74.7
河　北	2.9	6.3	18.8	40.1	5710	12189	67.7
山　西	1.7	4.6	11.0	30.5	3567	9887	77.5
内蒙古	7.7	11.4	44.2	65.3	9939	14693	59.5
辽　宁	3.5	6.9	22.2	43.3	5659	11043	65.1
吉　林	3.4	7.1	16.9	35.4	5538	11554	60.8
黑龙江	4.2	9.9	17.3	41.2	6076	14507	65.9
上　海	3.6	7.0	20.8	40.5	11208	21879	73.9
江　苏	3.9	7.0	29.7	52.9	7411	13203	61.7
浙　江	2.9	5.9	25.4	52.5	5683	11750	61.3
安　徽	3.3	7.3	20.4	44.7	5191	11386	67.7
福　建	3.0	7.1	14.8	35.2	4211	10026	57.7
江　西	3.2	6.9	18.1	39.1	5302	11422	59.8
山　东	4.5	7.9	22.7	39.9	6750	11854	66.4
河　南	3.3	6.9	17.6	36.8	5372	11213	60.7
湖　北	3.7	7.2	22.5	43.7	8667	16830	69.9
湖　南	3.4	7.2	22.6	48.1	5740	12235	62.3
广　东	4.5	8.6	20.4	38.6	9867	18709	68.5
广　西	2.1	5.6	12.4	32.8	3939	10379	67.4
海　南	3.8	7.6	28.7	56.6	5599	11045	66.9
重　庆	5.1	8.8	25.7	44.2	8127	13987	61.3
四　川	2.8	6.0	16.7	35.4	4068	8611	65.5
贵　州	1.3	4.8	6.4	24.4	2080	7909	71.4
云　南	3.2	6.3	13.0	25.4	5462	10683	64.1
西　藏	12.7	16.9	26.5	35.2	24008	31885	27.7
陕　西	3.2	6.9	26.4	57.2	7645	16578	76.5
甘　肃	2.6	6.7	11.5	29.2	3120	7943	62.4
青　海	2.7	6.4	9.2	22.1	4552	10971	64.6
宁　夏	2.4	6.0	9.7	23.8	3090	7584	65.8
新　疆	2.0	5.4	10.6	28.4	3536	9451	69.4

二、按经济类型分组的建筑业企业

2-1 各地区国有建筑业企业签订合同情况

单位：万元

地 区	合同总额	上年结转合同额	本年新签合同额
全国总计	**319501914**	**128369917**	**191131998**
北 京	21551826	9829277	11722549
天 津	11133531	4889651	6243880
河 北	9534284	3334994	6199290
山 西	8216174	2954734	5261440
内蒙古	1746180	551723	1194457
辽 宁	11218790	4322884	6895906
吉 林	3290322	944841	2345481
黑龙江	8532520	3371148	5161373
上 海	14176261	5323300	8852961
江 苏	9765013	4102827	5662187
浙 江	4038347	1568552	2469795
安 徽	16087023	5075563	11011461
福 建	7053394	2564478	4488917
江 西	8105661	3094908	5010753
山 东	14913093	4823728	10089365
河 南	10512157	2701922	7810235
湖 北	32159747	15434689	16725058
湖 南	22777586	9061585	13716001
广 东	26998574	10912897	16085677
广 西	9108704	3527380	5581324
海 南	1782007	730380	1051627
重 庆	6234423	2001322	4233100
四 川	18368792	8624038	9744753
贵 州	7827148	2907638	4919509
云 南	5800166	2634000	3166166
西 藏	159189	31758	127431
陕 西	18385648	8869157	9516491
甘 肃	1953720	816381	1137339
青 海	2806320	1413794	1392526
宁 夏	1287725	373455	914270
新 疆	3977590	1576912	2400677

2-2 各地区国有建筑业企业承包工程完成情况

单位：万元

地区	直接从建设单位承揽工程完成的产值	自行完成施工产值	分包出去工程的产值	从建设单位以外承揽工程完成的产值
全国总计	**153569666**	**145990753**	**7578913**	**5909752**
北京	9666664	8493269	1173395	748304
天津	6052602	5653770	398832	477458
河北	5590623	5588441	2182	319168
山西	4243275	4160590	82686	163172
内蒙古	1018608	1018608		33692
辽宁	6780329	6591073	189256	27346
吉林	1647936	1618887	29048	56502
黑龙江	5179551	5015570	163981	44655
上海	6775254	5807749	967504	544945
江苏	6116222	5816161	300061	293435
浙江	2146157	1973977	172180	67160
安徽	6873136	6735112	138024	64704
福建	3509126	3462857	46269	144499
江西	4493457	4411236	82222	65388
山东	7571461	7323552	247909	174010
河南	6050177	5984256	65920	142433
湖北	12076255	11836653	239603	314778
湖南	8673583	8617269	56314	380629
广东	10565491	8646501	1918989	591130
广西	4172904	4161639	11265	106373
海南	960719	960719		
重庆	3252240	2772165	480076	341881
四川	8961140	8624057	337083	370986
贵州	3561888	3554011	7878	20409
云南	2943648	2930786	12862	111998
西藏	172302	172302		
陕西	8976194	8831406	144788	145600
甘肃	1120149	1008247	111902	18926
青海	1210517	1187526	22992	87975
宁夏	840248	838876	1372	736
新疆	2367810	2193489	174321	51463

2-3 各地区国有建筑业总产值和竣工产值

单位：万元

地 区	建筑业总产值	#装饰装修产值	#在外省完成的产值	按构成分组			竣工产值
				建筑工程产 值	安装工程产 值	其他产值	
全国总计	**151900504**	**4418516**	**55848120**	**130193102**	**17490881**	**4216521**	**75136650**
北 京	9241572	1077269	5888737	8827342	338040	76190	5463613
天 津	6131227	32647	3077777	5514883	447471	168873	2734527
河 北	5907609	130893	2016351	4890274	815885	201450	2912239
山 西	4323761	139329	1141007	3687264	550333	86164	1534743
内蒙古	1052300	12035	270800	943973	62861	45465	534374
辽 宁	6618419	26223	1303606	4940563	1480072	197784	3319589
吉 林	1675389	736	473299	1311720	277279	86390	945946
黑龙江	5060225	50431	823701	3360785	1500021	199419	2476265
上 海	6352695	243886	3005763	5599797	509170	243728	3484799
江 苏	6109595	20102	2548435	5071479	929876	108240	3978230
浙 江	2041137	25940	567427	1391734	530693	118710	1296409
安 徽	6799816	93685	2422171	6317011	350356	132449	2461544
福 建	3607356	102345	1268036	3285713	242303	79339	1742905
江 西	4476624	98325	1878637	3894872	373488	208264	2277622
山 东	7497562	107613	2514749	6014499	1286272	196791	3561423
河 南	6126689	842221	2505339	4904250	1151294	71145	2703057
湖 北	12151431	196184	7063656	10626462	1093414	431555	4922169
湖 南	8997898	138016	4289707	8041202	716858	239839	4922780
广 东	9237631	662868	2005005	8433247	667344	137040	5309239
广 西	4268012	77683	617076	3644605	531472	91936	2465920
海 南	960719	31011	13368	917257	29363	14098	448192
重 庆	3114046	52915	809508	2622952	396848	94246	1405960
四 川	8995043	105827	2739273	7882643	913021	199379	4627778
贵 州	3574419	6396	999026	3001381	392543	180495	1250448
云 南	3042784	5370	461548	2640585	269511	132687	1482618
西 藏	172302	6522		168795	1455	2053	136508
陕 西	8977006	57914	3810044	8000110	762317	214579	3190699
甘 肃	1027173	45525	213401	648635	336680	41858	823264
青 海	1275501	1404	674721	957163	133804	184534	473943
宁 夏	839613	385	88756	731834	97442	10337	632212
新 疆	2244952	26818	357200	1920072	303396	21484	1617637

2-4 各地区国有建筑业企业房屋建筑面积

地 区	房屋建筑施工面积(万平方米)	#本年新开工	#实行投标承包面积	#本年新开工	房屋建筑竣工面积(万平方米)	房屋建筑面积竣工率(%)
全国总计	**72681.0**	**28822.3**	**63731.6**	**26168.0**	**21765.4**	**29.9**
北 京	7099.2	2424.0	6722.6	2230.0	1553.5	21.9
天 津	1752.1	682.8	1690.1	659.0	441.1	25.2
河 北	1624.6	777.9	1515.2	733.9	520.7	32.1
山 西	2590.5	1252.6	2378.0	1214.5	710.7	27.4
内蒙古	153.0	74.8	150.5	72.3	46.6	30.5
辽 宁	1815.3	1284.5	1536.4	1086.9	641.0	35.3
吉 林	360.1	276.1	349.6	266.3	218.0	60.5
黑龙江	958.1	643.6	795.7	525.3	721.9	75.4
上 海	1155.3	415.3	972.4	375.2	257.4	22.3
江 苏	1928.3	901.0	1830.1	888.9	728.8	37.8
浙 江	558.2	159.3	454.6	130.2	142.1	25.5
安 徽	3599.2	1504.1	3330.0	1430.5	1051.9	29.2
福 建	2253.9	700.6	2045.7	565.6	562.3	24.9
江 西	3280.3	1171.8	2013.4	976.5	871.0	26.6
山 东	3029.0	1325.6	2775.2	1250.1	662.9	21.9
河 南	800.5	421.9	629.4	383.2	359.5	44.9
湖 北	4414.0	1469.7	3165.0	1119.1	1507.0	34.1
湖 南	5582.7	1951.3	5286.1	1887.7	1846.2	33.1
广 东	8220.7	3141.6	6824.0	2696.1	2427.5	29.5
广 西	3755.3	1179.1	3408.6	1060.7	1209.9	32.2
海 南	776.8	379.5	725.2	358.9	200.0	25.7
重 庆	1136.0	454.8	1058.7	437.2	401.8	35.4
四 川	6635.3	2327.4	5741.5	2183.2	2052.1	30.9
贵 州	3288.0	1070.6	3042.6	1016.8	574.6	17.5
云 南	1352.7	715.5	1195.4	634.7	568.1	42.0
西 藏	28.5	15.9	18.9	12.5	19.3	67.8
陕 西	2500.8	1116.8	2379.3	1083.1	650.7	26.0
甘 肃	597.6	211.9	342.3	165.4	215.4	36.0
青 海	84.8	37.1	62.7	26.2	46.3	54.6
宁 夏	577.6	269.0	558.7	269.0	212.1	36.7
新 疆	772.7	466.7	733.4	429.1	344.8	44.6

2-5 各地区按主要用途分的国有建筑业企业房屋建筑竣工面积

单位：万平方米

地　区	合　计	厂房、仓库	住　宅	办公用房	批发和零售用　房	住宿和餐饮用　房
全国总计	**21765.4**	**3098.3**	**13316.1**	**1984.6**	**512.0**	**276.9**
北　京	1553.5	99.7	787.0	308.2	17.7	14.4
天　津	441.1	72.8	253.7	29.1	10.7	15.2
河　北	520.7	123.7	310.1	30.4	8.0	2.7
山　西	710.7	76.4	470.2	50.7	30.3	14.8
内蒙古	46.6	15.3	26.0	1.7		1.4
辽　宁	641.0	83.7	450.5	45.2	4.3	0.7
吉　林	218.0	22.2	107.0	75.0		4.6
黑龙江	721.9	102.6	299.9	86.5	40.6	2.1
上　海	257.4	70.2	112.6	11.6	2.9	13.8
江　苏	728.8	139.5	438.6	64.8	24.4	10.8
浙　江	142.1	26.6	111.1	2.1	0.1	
安　徽	1051.9	145.4	638.6	92.8	21.0	5.6
福　建	562.3	61.9	367.7	66.6	15.8	17.7
江　西	871.0	137.9	515.9	100.2	3.4	10.4
山　东	662.9	108.8	349.9	71.4	46.7	18.5
河　南	359.5	122.4	175.5	35.1	0.2	2.5
湖　北	1507.0	358.7	884.9	80.4	35.6	21.4
湖　南	1846.2	215.8	1158.4	192.6	69.9	17.9
广　东	2427.5	492.8	1344.9	210.9	78.0	14.8
广　西	1209.9	137.2	869.5	68.8	13.2	10.9
海　南	200.0	1.5	161.3	7.1	0.5	1.9
重　庆	401.8	55.5	269.3	19.3	9.4	0.6
四　川	2052.1	174.1	1588.9	65.3	18.3	41.9
贵　州	574.6	62.6	365.8	46.1	12.9	0.7
云　南	568.1	63.1	366.0	27.6	21.1	10.1
西　藏	19.3	0.1	11.6	5.8		
陕　西	650.7	51.3	394.3	103.1	0.9	13.9
甘　肃	215.4	13.1	131.6	19.4	15.4	1.3
青　海	46.3	1.6	34.1	3.3		0.3
宁　夏	212.1	31.9	97.3	38.7	3.5	0.4
新　疆	344.8	30.1	224.0	24.9	7.4	5.5

2-5 续表

单位：万平方米

地 区	居民服务业用 房	教育用房	文化、体育和娱乐用房	卫生医疗用 房	科研用房	其他用房
全国总计	**298.3**	**907.4**	**368.9**	**263.5**	**131.5**	**607.9**
北 京	43.1	56.1	84.9	14.4	40.4	87.6
天 津	0.4	2.5	0.1	4.2	1.6	50.6
河 北	7.7	14.0	3.3	5.0	0.7	15.1
山 西	8.1	31.1	6.5	11.2		11.6
内蒙古		1.9				0.3
辽 宁	4.1	24.3	4.9	5.1	0.4	18.0
吉 林			1.4		1.0	6.8
黑龙江	3.8	39.8	36.0	36.8	1.1	72.7
上 海	15.0	20.8	3.1			7.4
江 苏	14.4	8.4	14.9	2.8	3.2	7.1
浙 江		1.1	0.8	0.1		0.2
安 徽	8.4	66.6	14.7	12.6	3.6	42.6
福 建	4.7	8.2	2.1	1.5	6.2	9.9
江 西	46.6	14.4	9.1	8.1	3.0	21.9
山 东	4.7	4.1	28.1	4.0	9.0	17.7
河 南	1.8	12.4	0.9	1.5		7.4
湖 北	5.2	41.5	32.0	20.1	9.6	17.6
湖 南	46.6	67.1	25.7	21.9	1.3	29.0
广 东	23.8	116.9	40.9	48.0	24.0	32.5
广 西	4.2	37.3	4.9	18.2	4.2	41.6
海 南		21.6	4.1	0.1	0.3	1.8
重 庆		33.7	0.2	5.6	0.1	8.0
四 川	4.9	99.9	2.9	21.8	5.9	28.3
贵 州	21.5	32.4	8.2	4.9	3.2	16.2
云 南	0.7	52.7	12.2	3.1	7.6	3.9
西 藏	0.6	0.7		0.4		0.2
陕 西	13.0	31.2	15.1	0.8	1.6	25.5
甘 肃	2.8	18.1	1.6	2.2	0.1	9.8
青 海	0.2	2.5	0.1	0.5		3.6
宁 夏	1.7	27.1	5.3	0.6		5.6
新 疆	10.3	19.1	5.1	7.6	3.3	7.3

2-6 各地区按主要用途分的国有建筑业企业房屋建筑竣工价值

单位：万元

地区	合计	厂房、仓库	住宅	办公用房	批发和零售用房	住宿和餐饮用房
全国总计	**26848304**	**3992910**	**14356897**	**3015287**	**645215**	**400475**
北京	2962387	161045	1157894	638195	20269	21699
天津	785808	126895	370191	52939	11638	29104
河北	635453	203225	287793	32587	7525	3178
山西	735699	95172	444592	62315	25795	17206
内蒙古	62039	30940	23278	2530		2755
辽宁	904096	184588	483016	80413	6149	11881
吉林	200622	17728	90202	78477		5971
黑龙江	975576	152860	326807	133769	66892	3284
上海	334860	97398	117048	25416	3852	9606
江苏	886526	193926	519275	82726	21191	10303
浙江	180247	20039	148529	8339	1064	
安徽	1145422	130310	605196	123159	18161	5318
福建	687926	50491	428079	121387	17430	21799
江西	853418	170131	475441	112721	2853	9585
山东	821636	163602	344306	93470	62236	40297
河南	386495	133113	196831	32018	126	2714
湖北	1471449	350737	776067	108163	54466	18292
湖南	2343524	300592	1275964	328588	82478	61839
广东	3146363	525967	1644867	334430	85220	23321
广西	1318023	221166	836348	110431	11687	11569
海南	226588	1646	177409	10728	650	2824
重庆	394527	70207	250346	24089	9495	993
四川	2157774	189114	1562295	83837	19569	41735
贵州	601332	98358	322556	63309	21336	524
云南	705321	109589	395583	39483	21264	10977
西藏	26032	73	16603	6942		
陕西	864588	86604	523920	114283	1000	22309
甘肃	350905	15950	190115	23015	62965	1532
青海	47749	2386	31087	5387		431
宁夏	227752	28968	110553	44676	3005	405
新疆	408166	60092	224707	37467	6902	9023

2-6 续表

单位：万元

地 区	居民服务业用房	教育用房	文化、体育和娱乐用房	卫生医疗用房	科研用房	其他用房
全国总计	**425778**	**1197327**	**752135**	**466692**	**234978**	**1360610**
北 京	118297	93718	175020	23062	91123	462067
天 津	888	4532	306	7255	3811	178250
河 北	9579	22186	10804	6904	1077	50595
山 西	5381	33511	8147	23425		20155
内蒙古		2212				324
辽 宁	6907	37815	40596	12118	1100	39514
吉 林			1800		1319	5126
黑龙江	3768	58638	60369	62686	2180	104323
上 海	20340	43739	9774			7689
江 苏	15908	9114	16257	3162	4267	10397
浙 江		1325	659	105		188
安 徽	8163	61164	47104	17385	4171	125291
福 建	17659	13021	2297	1724	5529	8512
江 西	16925	18095	13460	8699	4768	20740
山 东	7051	5705	69234	4408	13258	18068
河 南	1113	7464	1448	1326		10343
湖 北	8507	46088	48195	35065	9635	16237
湖 南	58855	98806	60317	38050	1670	36366
广 东	36403	171063	104726	110765	50002	59599
广 西	3783	44205	6467	30108	7064	35195
海 南		23416	6464	122	653	2677
重 庆	38	26622	166	7093	56	5423
四 川	6066	142059	6536	48639	8996	48930
贵 州	32628	34433	8142	2537	6936	10574
云 南	729	76599	22436	4828	11159	12675
西 藏	659	943		604		208
陕 西	28414	42092	16082	718	2317	26850
甘 肃	3001	24573	1980	2495	144	25135
青 海	301	2955	121	689		4393
宁 夏	1883	24376	7115	898		5874
新 疆	12535	26858	6116	11825	3744	8896

2-7 各地区国有建筑业企业施工机械设备情况

地 区	年末自有施工机械设备总台数（台）	年末自有施工机械设备总功率（千瓦）	年末自有施工机械设备净值（万元）	技术装备率（元/人）	动力装备率（千瓦/人）
全国总计	**1387998**	**36203580**	**7927430**	**15277**	**7.0**
北 京	21400	998568	182494	17240	9.4
天 津	20622	759172	306172	29156	7.2
河 北	59756	1655058	284026	21174	12.3
山 西	42321	1106109	219189	16238	8.2
内蒙古	5271	153509	39270	7305	2.9
辽 宁	60250	1961138	387865	21462	10.9
吉 林	16118	293908	47645	11893	7.3
黑龙江	55437	1231852	223415	7927	4.4
上 海	16547	881735	494580	63327	11.3
江 苏	89339	2003613	534264	27490	10.3
浙 江	29844	602844	125420	18388	8.8
安 徽	44235	1554217	355830	13181	5.8
福 建	23250	524404	109209	4186	2.0
江 西	39924	682843	139448	7450	3.6
山 东	92106	1817079	449037	18472	7.5
河 南	69989	1975943	486071	24106	9.8
湖 北	147535	5140328	939377	29338	16.1
湖 南	97181	2225269	433638	11281	5.8
广 东	93127	1728923	383304	11145	5.0
广 西	33579	994875	167882	7921	4.7
海 南	5722	144356	14133	2151	2.2
重 庆	26994	450980	131518	10414	3.6
四 川	139811	2223209	492590	12460	5.6
贵 州	31590	637385	154241	7824	3.2
云 南	15652	480196	99476	8709	4.2
西 藏	188	6536	3055	5942	1.3
陕 西	47283	1967363	327301	10518	6.3
甘 肃	21484	499675	97334	17705	9.1
青 海	13254	627605	129033	33294	16.2
宁 夏	7456	192605	54492	30171	10.7
新 疆	20733	682283	116123	18690	11.0

2-8 各地区国有建筑业企业主要生产效益指标

地 区	建筑业企业个数(个)	计算建筑业劳动生产率的平均人数(人)	按总产值计算的劳动生产率(元/人)	人均竣工产值(元/人)	人均施工面积(平方米/人)	人均竣工面积(平方米/人)
全国总计	**5009**	**6220518**	**244193**	**120788**	**116.8**	**35.0**
北 京	175	372950	247797	146497	190.4	41.7
天 津	126	138090	444002	198025	126.9	31.9
河 北	172	146664	402799	198565	110.8	35.5
山 西	178	199557	216668	76908	129.8	35.6
内蒙古	17	63379	166033	84314	24.1	7.4
辽 宁	289	326795	202525	101580	55.5	19.6
吉 林	70	85667	195570	110421	42.0	25.4
黑龙江	181	243867	207499	101542	39.3	29.6
上 海	147	131543	482937	264917	87.8	19.6
江 苏	279	252004	242440	157864	76.5	28.9
浙 江	117	72637	281005	178478	76.8	19.6
安 徽	172	296708	229175	82962	121.3	35.5
福 建	89	269451	133878	64684	83.6	20.9
江 西	177	199028	224924	114437	164.8	43.8
山 东	434	293119	255786	121501	103.3	22.6
河 南	211	205596	297997	131474	38.9	17.5
湖 北	306	325978	372768	150997	135.4	46.2
湖 南	248	412306	218234	119396	135.4	44.8
广 东	410	359182	257185	147815	228.9	67.6
广 西	144	192865	221295	127857	194.7	62.7
海 南	33	63388	151562	70706	122.6	31.6
重 庆	134	130837	238010	107459	86.8	30.7
四 川	245	463180	194202	99913	143.3	44.3
贵 州	107	188165	189962	66455	174.7	30.5
云 南	94	134375	226440	110334	100.7	42.3
西 藏	23	6201	277862	220138	45.9	31.1
陕 西	128	360897	248741	88410	69.3	18.0
甘 肃	100	58960	174215	139631	101.3	36.5
青 海	59	47506	268493	99765	17.9	9.7
宁 夏	61	69754	120368	90635	82.8	30.4
新 疆	83	109869	204330	147233	70.3	31.4

2-9 各地区国有建筑业企业营业额

单位：万元

地 区	企业营业额	在境外完成的营业额	企业总产值	#建筑业总产值
全国总计	**192770516**	**8426874**	**184343642**	**151900504**
北 京	12907929	3003448	9904481	9241572
天 津	6723529	193663	6529866	6131227
河 北	6181327	111004	6070323	5907609
山 西	4405855	40760	4365095	4323761
内蒙古	1104342		1104342	1052300
辽 宁	7033344	193901	6839443	6618419
吉 林	1735386	59496	1675890	1675389
黑龙江	5639333	519429	5119904	5060225
上 海	9578685	174735	9403949	6352695
江 苏	6575562	64882	6510680	6109595
浙 江	2367237	36321	2330916	2041137
安 徽	7199365	235332	6964034	6799816
福 建	3775385	95783	3679602	3607356
江 西	4867413	95927	4771487	4476624
山 东	8040034	224468	7815566	7497562
河 南	6990264	496759	6493505	6126689
湖 北	15911628	1339305	14572322	12151431
湖 南	9409684	200810	9208874	8997898
广 东	10188317	70982	10117335	9237631
广 西	24917467	123351	24794116	4268012
海 南	962145		962145	960719
重 庆	3249332	16166	3233166	3114046
四 川	9996020	304177	9691843	8995043
贵 州	3816398	123176	3693222	3574419
云 南	3554782	213280	3341502	3042784
西 藏	172628		172628	172302
陕 西	9315144	199040	9116105	8977006
甘 肃	1306393	67893	1238500	1027173
青 海	1494439	176568	1317871	1275501
宁 夏	876750		876750	839613
新 疆	2474402	46218	2428183	2244952

2-10 各地区国有建筑业企业资产构成

单位：万元

地 区	资产合计	#流动资产小计	#长期投资	#固定资产小计	#无形及递延资产
全国总计	**143029064**	**106928977**	**9155408**	**19525194**	**4717193**
北 京	14902217	10228157	3289449	914308	117160
天 津	5531823	4201116	443412	623166	124313
河 北	4229298	3406024	54532	581238	143378
山 西	3736033	3133190	89694	450634	44545
内蒙古	797583	639341	1185	97683	59374
辽 宁	5603270	4426253	95411	879455	146251
吉 林	874919	691326	3148	158514	16372
黑龙江	3821000	3276103	36092	468797	18567
上 海	7548659	5391376	1065867	684986	145760
江 苏	5742241	4481483	190682	918770	92856
浙 江	1948909	1433094	86706	376280	39390
安 徽	6352585	5244722	216053	704970	124421
福 建	3398200	2465123	311543	495632	100122
江 西	3198003	2393394	145522	566215	82991
山 东	7559128	6107453	160801	1084571	135882
河 南	5237178	4006650	128525	936388	120727
湖 北	15185045	9089488	400652	2884077	2185834
湖 南	6200331	4441214	178779	1262373	204612
广 东	10415107	8401090	873508	962217	110646
广 西	3145924	2406568	198408	440311	58461
海 南	401176	358209	6203	30822	4637
重 庆	3599459	2565478	290089	380282	65437
四 川	7541189	5883453	355669	1141193	114307
贵 州	2999403	2292773	144511	470548	62857
云 南	2530233	1964099	116431	314911	119709
西 藏	146216	83445	2001	58549	2152
陕 西	5771877	4679623	118989	600522	113863
甘 肃	1017233	704723	14191	254332	35907
青 海	989412	587732	66814	305379	27139
宁 夏	659652	471295	46365	123676	15165
新 疆	1945763	1474982	24174	354394	84356

2-11 各地区国有建筑业企业流动资产、无形及递延资产

单位：万元

地 区	流动资产	#存货	无形及递延资产	#无形资产
全国总计	**106928977**	**24346253**	**4717193**	**3934291**
北 京	10228157	1830779	117160	78440
天 津	4201116	950052	124313	99181
河 北	3406024	752937	143378	85974
山 西	3133190	553443	44545	21625
内蒙古	639341	150888	59374	58047
辽 宁	4426253	1119268	146251	86275
吉 林	691326	106027	16372	14264
黑龙江	3276103	701096	18567	14340
上 海	5391376	1053597	145760	110669
江 苏	4481483	1008298	92856	71303
浙 江	1433094	281113	39390	29264
安 徽	5244722	1311011	124421	93492
福 建	2465123	443359	100122	92222
江 西	2393394	423325	82991	62267
山 东	6107453	1391650	135882	104691
河 南	4006650	1054390	120727	98314
湖 北	9089488	3235550	2185834	1974622
湖 南	4441214	895999	204612	181133
广 东	8401090	1830563	110646	85524
广 西	2406568	858416	58461	53568
海 南	358209	87881	4637	3159
重 庆	2565478	619628	65437	57367
四 川	5883453	1287988	114307	79012
贵 州	2292773	445971	62857	54497
云 南	1964099	492870	119709	106761
西 藏	83445	19235	2152	1824
陕 西	4679623	826603	113863	81751
甘 肃	704723	177288	35907	17871
青 海	587732	111588	27139	23228
宁 夏	471295	86544	15165	13430
新 疆	1474982	238896	84356	80176

2-12 各地区国有建筑业企业固定资产情况

单位：万元

地 区	固定资产小计	固定资产原价	#生产经营用	固定资产折旧	#本年折旧	在建工程
全国总计	**19525194**	**28044449**	**21694451**	**11028360**	**1893678**	**1830934**
北 京	914308	1197860	1021793	456262	76198	143880
天 津	623166	901367	796507	379796	76624	82010
河 北	581238	976383	750683	427742	74633	18598
山 西	450634	649948	501382	270471	34116	37063
内蒙古	97683	162089	127739	72207	10000	1459
辽 宁	879455	1489035	1318976	670664	84422	43530
吉 林	158514	260823	162142	115066	21984	2006
黑龙江	468797	863301	801813	413799	93040	3805
上 海	684986	1222554	1133064	605043	78794	52385
江 苏	918770	1305968	1125011	520756	93676	53082
浙 江	376280	427381	372859	168971	24544	115066
安 徽	704970	1021525	856739	379347	77987	38008
福 建	495632	648865	501966	178541	22800	14419
江 西	566215	719146	406158	255398	48805	50146
山 东	1084571	1583528	1300784	658235	94463	94471
河 南	936388	1383888	1002437	535189	108942	61242
湖 北	2884077	3702725	2343076	1360466	233120	507465
湖 南	1262373	1715483	1050496	601757	124214	105932
广 东	962217	1552101	1282209	671079	94811	57359
广 西	440311	626069	491162	248883	34005	41819
海 南	30822	43646	28845	14748	1899	967
重 庆	380282	486733	369967	163807	22842	48334
四 川	1141193	1544254	1350964	520270	86287	56207
贵 州	470548	527242	370302	179313	28951	117343
云 南	314911	483352	306083	202416	40197	21360
西 藏	58549	43845	7968	7176	1220	16308
陕 西	600522	1016995	907535	443826	124848	12181
甘 肃	254332	352796	273941	115034	16720	8271
青 海	305379	401597	109260	116660	20709	10686
宁 夏	123676	177137	144110	62600	12484	6117
新 疆	354394	556817	478479	212840	30345	9418

2-13 各地区国有建筑业企业负债及所有者权益

单位：万元

地　区	负债合计	流动负债	长期负债	所有者权益	#实收资本
全国总计	**110633096**	**100623739**	**10009357**	**32395968**	**21782673**
北　京	11371535	10016143	1355392	3530682	2320315
天　津	4570998	4293216	277782	960825	807659
河　北	3406504	3101628	304876	822794	614369
山　西	3195642	3121941	73701	540391	497206
内蒙古	584616	534530	50086	212967	138373
辽　宁	4228519	4004806	223713	1374751	787361
吉　林	676002	629485	46517	198917	668435
黑龙江	3229882	2851109	378774	591118	686485
上　海	5669711	5394088	275623	1878948	1317266
江　苏	4114131	3948274	165857	1628110	1103940
浙　江	1297809	1235959	61850	651099	284219
安　徽	5221408	5032761	188648	1131177	726128
福　建	2348944	2134033	214912	1049256	712247
江　西	2272550	2165903	106647	925453	615684
山　东	6002780	5862058	140721	1556348	1120103
河　南	3941485	3687785	253699	1295693	890719
湖　北	11803331	8493163	3310168	3381715	1496229
湖　南	4762354	4260437	501918	1437977	954436
广　东	8110132	7673654	436479	2304974	1676991
广　西	2411735	2249892	161843	734190	476216
海　南	342319	340410	1909	58857	30395
重　庆	2614084	2252946	361137	985376	628223
四　川	5885186	5497181	388005	1656003	875062
贵　州	2324512	2098986	225526	674890	504816
云　南	1991215	1766778	224437	539018	389468
西　藏	43968	42782	1186	102248	50033
陕　西	4769330	4648667	120662	1002547	619573
甘　肃	698471	706801	-8331	318763	190226
青　海	768181	645154	123027	221231	159278
宁　夏	486602	480264	6338	173051	129920
新　疆	1489162	1452908	36255	456601	311301

2-14 各地区国有建筑业企业实收资本

单位：万元

地 区	合 计	国家资本	集体资本	法人资本	个人资本	港澳台资本	外商资本
全国总计	**21782673**	**18492555**		**3287800**	**2319**		
北 京	2320315	610105		1710210			
天 津	807659	584098		223561			
河 北	614369	552632		61737			
山 西	497206	494659		2547			
内蒙古	138373	138373					
辽 宁	787361	778211		9150			
吉 林	668435	654956		13208	270		
黑龙江	686485	471298		215186			
上 海	1317266	1315726		1540			
江 苏	1103940	916209		187730			
浙 江	284219	281795		2424			
安 徽	726128	711220		14907			
福 建	712247	695571		16676			
江 西	615684	613714		1970			
山 东	1120103	1107050		13052			
河 南	890719	857908		32811			
湖 北	1496229	1372966		123262			
湖 南	954436	899190		55246			
广 东	1676991	1656679		20312			
广 西	476216	462727		13490			
海 南	30395	30395					
重 庆	628223	608397		19826			
四 川	875062	762014		113049			
贵 州	504816	498359		6457			
云 南	389468	373654		15814			
西 藏	50033	50033					
陕 西	619573	277264		342309			
甘 肃	190226	187655		2570			
青 海	159278	129178		30100			
宁 夏	129920	129920					
新 疆	311301	270598		38654	2049		

2-15 各地区国有建筑业企业收入情况

单位：万元

地 区	工程结算收入	工程结算成本	工程结算税金及附加	工程结算利润	经营费用	其他业务收入	#其他业务利润
全国总计	**160341290**	**145322489**	**5288560**	**9229538**	**500702**	**3484423**	**490495**
北 京	10777955	10012040	287299	464932	13685	358934	105509
天 津	6453761	5952041	184740	309384	7596	123694	14622
河 北	5245848	4773174	166139	300996	5538	85173	9599
山 西	4190426	3793507	135765	252205	8950	74349	13899
内蒙古	1040892	953233	34261	52634	765	40348	5203
辽 宁	6162947	5525459	198488	426472	12529	47735	7741
吉 林	1357861	1254918	36671	59822	6451	4177	885
黑龙江	5106197	4462225	349130	286978	7864	21251	2059
上 海	7894109	7221692	242817	416019	13581	115733	21237
江 苏	6446798	5714201	195255	502305	35037	618652	23957
浙 江	2127711	1898226	63818	156564	9104	28494	7968
安 徽	9367875	8604779	315748	435376	11973	116489	13867
福 建	4083086	3701242	211009	164241	6595	50059	6683
江 西	3721109	3353105	128555	221681	17767	32106	12803
山 东	7840162	6984495	261956	564853	28858	351737	16138
河 南	6237605	5587939	193072	441025	15569	73269	14761
湖 北	13557468	12006458	399400	1036200	115410	399120	45360
湖 南	8525065	7719415	281323	503950	20377	78697	16099
广 东	11928332	11010959	375812	512637	28924	139421	19330
广 西	4482382	4132075	134627	208235	7445	34494	3477
海 南	1071538	997612	33392	39629	905	1431	1128
重 庆	3542468	3214602	102573	216740	8554	58166	16107
四 川	8662969	7908228	267495	465995	21252	231335	43036
贵 州	3467048	3157810	117063	144061	48113	80814	11266
云 南	2989636	2702944	85057	187221	14414	34626	10405
西 藏	175188	128644	7844	37460	1240	4124	22
陕 西	8364839	7525493	304794	512404	22149	99606	17320
甘 肃	1126780	1029470	36315	57001	3993	54137	6702
青 海	1255721	1105862	42612	104261	2985	28738	3839
宁 夏	845739	774223	26531	43772	1213	18406	3882
新 疆	2291775	2116420	69000	104487	1869	79108	15591

2-16 各地区国有建筑业企业费用情况

单位：万元

地 区	管理费用	#税金	#财产保险费	#差旅费	#工会经费	财务费用	#利息支出
全国总计	**5416708**	**232446**	**32372**	**295239**	**83634**	**803073**	**600095**
北 京	376473	8968	3452	19449	3577	90171	74257
天 津	194420	7798	827	9115	2987	26144	17098
河 北	198659	5696	997	7096	3497	13583	9584
山 西	216692	5177	1009	10326	2007	11173	8648
内蒙古	29210	1672	36	2204	119	4876	3414
辽 宁	295556	19372	1493	13734	5141	25107	18185
吉 林	54822	1452	192	2277	448	6066	4817
黑龙江	146952	24574	402	12158	5505	11640	9378
上 海	268482	6009	1979	11711	2969	27130	21732
江 苏	253060	7565	2078	15408	3304	24562	20442
浙 江	112120	2424	408	5677	1139	3274	2969
安 徽	223752	22952	1419	11888	3659	9713	2624
福 建	102816	3185	264	6842	1546	12311	9431
江 西	127352	6521	589	7711	2619	28328	11426
山 东	252949	17111	1909	10682	3796	48655	34506
河 南	235841	13533	757	18190	4687	28170	9897
湖 北	462406	14040	4067	30732	10322	166233	140926
湖 南	261585	9744	2842	16322	4085	51196	38086
广 东	344696	14601	845	16798	5495	38786	34316
广 西	151756	4074	364	5827	1756	15776	10048
海 南	14437	309	10	485	150	-169	-213
重 庆	85085	3559	501	5932	1145	15918	13330
四 川	291161	9748	1399	15292	3681	38709	28669
贵 州	106867	3322	315	7109	1986	20640	18808
云 南	112923	3027	428	6793	1202	13887	10724
西 藏	5303	901	28	293	22	129	30
陕 西	249552	8181	1575	12644	3332	50573	27593
甘 肃	52562	1658	986	2511	758	2118	1059
青 海	62457	1221	276	4087	760	10259	11043
宁 夏	30054	1006	123	1214	651	831	700
新 疆	96707	3048	802	4734	1292	7286	6571

2-17 各地区国有建筑业企业利润及税金情况

单位：万元

地 区	利润总额	#应交所得税	税金总额	工程结算税金及附加	管理费用中的税金
全国总计	**3656247**	**665867**	**5521006**	**5288560**	**232446**
北 京	239166	35747	296266	287299	8968
天 津	106087	20489	192538	184740	7798
河 北	89911	17495	171835	166139	5696
山 西	32141	7863	140941	135765	5177
内蒙古	22650	2672	35932	34261	1672
辽 宁	120189	32504	217860	198488	19372
吉 林	-3800	1292	38123	36671	1452
黑龙江	183831	18121	373704	349130	24574
上 海	180910	38403	248826	242817	6009
江 苏	252904	45683	202820	195255	7565
浙 江	51630	12758	66241	63818	2424
安 徽	192305	44661	338700	315748	22952
福 建	54756	13325	214193	211009	3185
江 西	72246	13090	135077	128555	6521
山 东	231123	43955	279067	261956	17111
河 南	177933	31365	206605	193072	13533
湖 北	504471	81974	413441	399400	14040
湖 南	224417	36356	291067	281323	9744
广 东	133437	42868	390413	375812	14601
广 西	41198	10338	138701	134627	4074
海 南	26039	1326	33701	33392	309
重 庆	119016	15322	106131	102573	3559
四 川	186708	24325	277243	267495	9748
贵 州	24603	8425	120385	117063	3322
云 南	70392	12139	88084	85057	3027
西 藏	32753	2474	8745	7844	901
陕 西	214359	33499	312975	304794	8181
甘 肃	5764	4383	37973	36315	1658
青 海	39206	4270	43833	42612	1221
宁 夏	11859	3199	27537	26531	1006
新 疆	18044	5546	72049	69000	3048

2-18 各地区国有建筑业企业应收工程款及企业亏损情况

地区	应收工程款（万元）	#竣工工程	企业个数（个）	#亏损企业个数	亏损企业的比重（%）
全国总计	**25775966**	**9846636**	**5009**	**767**	**15.3**
北 京	2008872	532875	175	43	24.6
天 津	1209835	507023	126	22	17.5
河 北	1058192	430651	172	35	20.3
山 西	1213395	570774	178	34	19.1
内蒙古	156280	49355	17		
辽 宁	1150208	442624	289	54	18.7
吉 林	333905	81078	70	13	18.6
黑龙江	467423	221545	181	34	18.8
上 海	1409506	601341	147	26	17.7
江 苏	995282	307936	279	22	7.9
浙 江	210793	87009	117	9	7.7
安 徽	1501560	757002	172	21	12.2
福 建	335556	148662	89	14	15.7
江 西	535345	274029	177	22	12.4
山 东	1930638	750681	434	60	13.8
河 南	762522	158770	211	29	13.7
湖 北	1545389	534853	306	27	8.8
湖 南	1226136	376214	248	23	9.3
广 东	1433548	452426	410	71	17.3
广 西	536540	185398	144	29	20.1
海 南	55852	11875	33	5	15.2
重 庆	735449	278170	134	14	10.4
四 川	1463389	652834	245	28	11.4
贵 州	559158	174928	107	33	30.8
云 南	529220	197486	94	13	13.8
西 藏	13986	11510	23	1	4.3
陕 西	1298649	406975	128	12	9.4
甘 肃	236558	151636	100	26	26.0
青 海	165469	45720	59	11	18.6
宁 夏	204931	134689	61	15	24.6
新 疆	492381	310568	83	21	25.3

2-19 各地区国有建筑业企业主要经济效益指标

地　区	产值利润率 (%)	产值利税率 (%)	资本利润率 (%)	资本利税率 (%)	人均利润 (元/人)	人均利税 (元/人)	资产负债率 (%)
全国总计	**2.4**	**6.0**	**16.8**	**42.1**	**5878**	**14753**	**77.4**
北　京	2.6	5.8	10.3	23.1	6413	14357	76.3
天　津	1.7	4.9	13.1	37.0	7682	21625	82.6
河　北	1.5	4.4	14.6	42.6	6130	17847	80.5
山　西	0.7	4.0	6.5	34.8	1611	8673	85.5
内蒙古	2.2	5.6	16.4	42.3	3574	9243	73.3
辽　宁	1.8	5.1	15.3	42.9	3678	10344	75.5
吉　林	-0.2	2.0	-0.6	5.1	-444	4007	77.3
黑龙江	3.6	11.0	26.8	81.2	7538	22862	84.5
上　海	2.8	6.8	13.7	32.6	13753	32669	75.1
江　苏	4.1	7.5	22.9	41.3	10036	18084	71.6
浙　江	2.5	5.8	18.2	41.5	7108	16227	66.6
安　徽	2.8	7.8	26.5	73.1	6481	17897	82.2
福　建	1.5	7.5	7.7	37.8	2032	9981	69.1
江　西	1.6	4.6	11.7	33.7	3630	10417	71.1
山　东	3.1	6.8	20.6	45.5	7885	17406	79.4
河　南	2.9	6.3	20.0	43.2	8655	18704	75.3
湖　北	4.2	7.6	33.7	61.3	15476	28159	77.7
湖　南	2.5	5.7	23.5	54.0	5443	12502	76.8
广　东	1.4	5.7	8.0	31.2	3715	14585	77.9
广　西	1.0	4.2	8.7	37.8	2136	9328	76.7
海　南	2.7	6.2	85.7	196.5	4108	9425	85.3
重　庆	3.8	7.2	18.9	35.8	9097	17208	72.6
四　川	2.1	5.2	21.3	53.0	4031	10017	78.0
贵　州	0.7	4.1	4.9	28.7	1307	7705	77.5
云　南	2.3	5.2	18.1	40.7	5238	11794	78.7
西　藏	19.0	24.1	65.5	82.9	52819	66921	30.1
陕　西	2.4	5.9	34.6	85.1	5940	14612	82.6
甘　肃	0.6	4.3	3.0	23.0	978	7418	68.7
青　海	3.1	6.5	24.6	52.1	8253	17480	77.6
宁　夏	1.4	4.7	9.1	30.3	1700	5648	73.8
新　疆	0.8	4.0	5.8	28.9	1642	8200	76.5

2-20 各地区集体建筑业企业签订合同情况

单位：万元

地 区	合同总额	上年结转合同额	本年新签合同额
全国总计	**45735231**	**12793585**	**32941645**
北 京	1696250	579304	1116946
天 津	1239962	310448	929514
河 北	750585	174456	576129
山 西	467239	121338	345901
内蒙古	140717	13837	126881
辽 宁	2133020	279639	1853381
吉 林	283363	824	282539
黑龙江	868360	153359	715001
上 海	1043939	407252	636686
江 苏	5102735	1142038	3960697
浙 江	1991722	663421	1328301
安 徽	1096996	286829	810167
福 建	1063135	363071	700064
江 西	3015097	991204	2023894
山 东	4576198	1019767	3556431
河 南	1830564	480385	1350179
湖 北	1379644	384060	995584
湖 南	1690624	610996	1079628
广 东	5211347	2068140	3143207
广 西	1481242	457881	1023361
海 南	347718	88233	259485
重 庆	780151	183902	596249
四 川	2946995	728967	2218027
贵 州	363012	86781	276231
云 南	925495	173702	751793
西 藏	111552	3788	107763
陕 西	1729905	532041	1197864
甘 肃	1096163	414100	682063
青 海	135489	22392	113097
宁 夏	57303	10101	47202
新 疆	178709	41331	137378

2-21 各地区集体建筑业企业承包工程完成情况

单位：万元

地 区	直接从建设单位承揽工程完成的产值	自行完成施工产值	分包出去工程的产值	从建设单位以外承揽工程完成的产值
全国总计	**32250425**	**32081242**	**169183**	**736215**
北 京	1223365	1200810	22555	52401
天 津	823667	816680	6987	22082
河 北	608768	608768		3520
山 西	392668	392668		1177
内蒙古	136783	136783		2639
辽 宁	1910313	1909446	867	20669
吉 林	220544	220544		
黑龙江	761262	760862	400	12615
上 海	705928	682523	23405	46848
江 苏	3729954	3718303	11651	244730
浙 江	1184612	1183356	1257	18832
安 徽	793490	766430	27060	10914
福 建	579666	567646	12020	11999
江 西	2047081	2036143	10938	21798
山 东	3677750	3677481	269	44985
河 南	1441707	1436112	5595	15013
湖 北	905399	904558	842	15814
湖 南	1151225	1150395	830	17969
广 东	2877612	2844214	33398	72263
广 西	985019	985009	10	10493
海 南	226791	226791		
重 庆	564052	562985	1067	6020
四 川	2107934	2102017	5918	21071
贵 州	182109	181798	311	3912
云 南	741953	738707	3246	38134
西 藏	107517	107517		61
陕 西	1235360	1235111	249	4884
甘 肃	638420	638380	39	15272
青 海	95438	95336	102	102
宁 夏	42303	42303		
新 疆	151736	151569	167	

2-22 各地区集体建筑业总产值和竣工产值

单位：万元

地区	建筑业总产值	#装饰装修产值	#在外省完成的产值	按构成分组 建筑工程产值	安装工程产值	其他产值	竣工产值
全国总计	**32817457**	**1248537**	**3438463**	**28754720**	**3248670**	**814068**	**24607184**
北京	1253210	204161	87133	1220145	32740	325	873586
天津	838763	64927	17293	659482	151089	28192	572771
河北	612288	68264	101028	502045	97315	12927	424199
山西	393845	12684	491	323857	60108	9880	267828
内蒙古	139422			107521	30498	1403	115673
辽宁	1930114	34829	10114	1424595	466460	39059	1538679
吉林	220544	974		196999	22878	667	139127
黑龙江	773477	55146	37298	567440	158585	47452	588824
上海	729371	54304	47021	529220	166237	33914	475315
江苏	3963033	161672	1435427	3669521	256561	36952	3487877
浙江	1202187	19583	448059	1062589	132152	7447	1070689
安徽	777343	25387	112117	528330	209067	39946	643567
福建	579646	27410	127328	534398	37063	8185	452629
江西	2057941	35138	219978	1968678	51106	38157	1511007
山东	3722466	99515	40991	3296887	363125	62454	2633030
河南	1451125	28141	66879	1308505	104088	38532	1125577
湖北	920371	10806	84709	841118	51445	27808	562724
湖南	1168364	34295	89120	1042776	79519	46069	905558
广东	2916477	179227	75108	2618417	222407	75653	2210302
广西	995502	24119	2424	940361	16438	38702	717820
海南	226791	4533		219349	540	6902	135342
重庆	569005	33084	24387	505499	42871	20634	468420
四川	2123088	39583	346766	1807935	235428	79726	1562727
贵州	185709	1203	500	172932	3010	9767	137680
云南	776841	7857	1357	678271	38822	59747	593331
西藏	107578	931		89474	15157	2947	104498
陕西	1239995	10109	46594	1157033	68746	14217	722569
甘肃	653653	8342	16262	547603	86763	19286	384484
青海	95438	288		80402	8375	6661	39373
宁夏	42303	1347	80	39632	2671		36074
新疆	151569	681		113704	37407	458	105906

2-23 各地区集体建筑业企业房屋建筑面积

地 区	房屋建筑施工面积（万平方米）	#本年新开工	#实行投标承包面积	#本年新开工	房屋建筑竣工面积（万平方米）	房屋建筑面积竣工率（%）
全国总计	**36380.9**	**21441.8**	**27704.0**	**17622.0**	**18783.2**	**51.6**
北 京	860.4	324.7	632.4	247.9	307.8	35.8
天 津	441.8	222.3	371.4	213.1	225.1	50.9
河 北	779.8	561.6	625.0	455.6	484.4	62.1
山 西	356.5	224.4	274.1	188.7	175.4	49.2
内蒙古	85.4	62.2	64.8	57.0	77.7	91.0
辽 宁	1237.3	908.1	985.2	771.9	805.1	65.1
吉 林	155.8	155.1	87.5	87.5	81.4	52.3
黑龙江	481.6	364.1	310.4	285.1	319.9	66.4
上 海	489.7	259.3	355.5	207.0	269.9	55.1
江 苏	4050.2	2469.1	3561.2	2136.3	2096.9	51.8
浙 江	1583.5	783.3	1234.9	581.7	731.2	46.2
安 徽	790.1	465.2	538.7	377.8	442.7	56.0
福 建	913.4	404.9	564.2	251.8	309.6	33.9
江 西	3110.2	1813.8	2552.7	1590.0	1688.4	54.3
山 东	4169.3	2913.1	3447.3	2593.0	2283.1	54.8
河 南	1858.9	1229.3	1593.3	1083.9	1051.0	56.5
湖 北	940.5	649.0	715.4	531.0	565.5	60.1
湖 南	1663.5	908.4	1393.2	852.9	931.4	56.0
广 东	4573.7	2014.5	2340.3	1198.8	1893.9	41.4
广 西	1523.4	818.5	974.1	618.0	723.3	47.5
海 南	243.5	116.2	108.2	43.9	91.8	37.7
重 庆	661.4	471.8	546.0	412.3	412.8	62.4
四 川	2252.6	1387.0	1772.0	1161.2	1258.2	55.9
贵 州	314.8	191.3	264.3	162.3	145.8	46.3
云 南	656.4	405.7	479.2	334.8	423.8	64.6
西 藏	29.0	27.3	26.2	24.2	23.3	80.3
陕 西	1365.4	736.5	1165.8	642.0	592.0	43.4
甘 肃	575.6	391.5	515.3	352.9	262.8	45.7
青 海	24.6	20.7	17.9	16.8	17.3	70.3
宁 夏	63.9	43.7	63.9	43.7	33.2	51.9
新 疆	128.8	99.2	123.7	98.8	58.7	45.5

2-24 各地区按主要用途分的集体建筑业企业房屋建筑竣工面积

单位：万平方米

地 区	合 计	厂房、仓库	住 宅	办公用房	批发和零售用 房	住宿和餐饮用 房
全国总计	**18783.2**	**2837.5**	**12032.6**	**1173.7**	**399.3**	**270.9**
北 京	307.8	21.3	199.5	49.6	5.2	
天 津	225.1	56.3	124.5	17.4	1.0	8.3
河 北	484.4	38.7	262.3	66.1	5.9	3.7
山 西	175.4	12.5	125.1	17.2	0.5	1.4
内蒙古	77.7	9.0	59.2	2.5	1.6	1.5
辽 宁	805.1	153.7	507.0	49.0	11.6	7.1
吉 林	81.4	13.7	53.2	13.7	0.8	
黑龙江	319.9	18.5	266.5	6.4	2.5	1.2
上 海	269.9	142.6	84.6	22.2		
江 苏	2096.9	286.7	1580.3	80.1	27.5	24.4
浙 江	731.2	288.1	303.4	63.2	26.3	2.6
安 徽	442.7	47.3	295.9	21.7	9.0	4.3
福 建	309.6	28.8	241.8	10.6	1.9	6.2
江 西	1688.4	162.7	1296.1	60.0	31.8	13.6
山 东	2283.1	342.6	1489.7	119.1	92.0	57.5
河 南	1051.0	122.7	677.3	70.8	29.3	23.4
湖 北	565.5	110.0	329.7	37.2	28.3	9.1
湖 南	931.4	95.5	593.8	61.7	17.4	22.3
广 东	1893.9	537.9	945.2	142.8	36.2	17.6
广 西	723.3	65.4	411.6	58.7	4.2	15.1
海 南	91.8	6.3	60.5	2.6	6.5	1.6
重 庆	412.8	14.0	344.7	10.9	5.2	8.0
四 川	1258.2	178.5	832.5	54.8	20.4	20.6
贵 州	145.8	9.3	69.1	11.4	3.0	3.1
云 南	423.8	20.6	227.7	25.1	12.0	5.8
西 藏	23.3		16.2	3.0		0.1
陕 西	592.0	20.1	399.0	63.8	6.8	8.7
甘 肃	262.8	19.8	164.3	23.4	10.4	2.5
青 海	17.3	0.3	9.7	2.5	0.5	
宁 夏	33.2	1.2	26.2	1.3	1.4	
新 疆	58.7	13.1	36.1	4.9		1.2

2-24 续表

单位：万平方米

地　区	居民服务业用　房	教育用房	文化、体育和娱乐用房	卫生医疗用　房	科研用房	其他用房
全国总计	**207.8**	**840.2**	**143.4**	**203.9**	**11.7**	**662.1**
北　京	6.5	8.3	5.3	0.6		11.5
天　津	1.5	4.4	0.4	0.7		10.4
河　北	2.1	10.9	1.8	2.2	1.0	89.9
山　西	3.6	8.1	1.6	2.8		2.5
内蒙古	1.0	2.5	0.4			0.2
辽　宁	3.7	27.9	2.6	9.5	1.6	31.4
吉　林						0.1
黑龙江	5.1	12.2	1.8	0.3		5.3
上　海	1.1	3.9	0.6	0.3	0.3	14.2
江　苏	23.2	35.6	13.7	12.2	1.1	12.1
浙　江	1.0	17.7	4.5	2.1	0.4	21.8
安　徽	3.4	43.5	2.1	7.8	0.4	7.1
福　建	1.5	7.9	2.1	1.4		7.3
江　西	21.9	65.2	6.7	10.9	0.3	19.4
山　东	55.0	60.9	4.2	8.4		53.7
河　南	14.5	47.4	8.9	17.8	0.7	38.1
湖　北	2.9	20.7	1.1	7.5		19.0
湖　南	12.2	42.9	19.9	17.8	2.4	45.5
广　东	13.1	95.1	25.8	15.6	2.8	61.9
广　西	5.0	85.2	7.7	17.2	0.4	52.9
海　南	3.1	4.7	0.7	2.8		2.9
重　庆	5.6	8.1	1.0	3.3		12.1
四　川	6.1	60.6	19.9	20.6		44.2
贵　州	1.2	29.6	4.9	6.9		7.5
云　南	8.9	64.2	2.9	11.9		44.7
西　藏	0.7	0.9	0.3	1.0		1.1
陕　西	3.0	42.5	1.8	10.4		36.0
甘　肃	0.8	21.3	0.4	11.5	0.1	8.2
青　海	0.2	2.9	0.3	0.4		0.6
宁　夏		2.9		0.1		
新　疆	0.2	2.2				0.8

2-25 各地区按主要用途分的集体建筑业企业房屋建筑竣工价值

单位：万元

地 区	合 计	厂房、仓库	住 宅	办公用房	批发和零售用 房	住宿和餐饮用 房
全国总计	**16884321**	**2338742**	**10855450**	**1135561**	**352895**	**276351**
北 京	413115	26195	263343	58908	7522	
天 津	309537	72371	183768	15022	1396	13766
河 北	335824	27963	189049	49587	6279	1243
山 西	173836	14954	119063	17966	322	1219
内蒙古	82419	7723	59553	3107	1974	4437
辽 宁	829354	152603	519324	55559	13227	9531
吉 林	80620	20683	45592	12612	1660	
黑龙江	341781	20439	275795	12065	3142	1325
上 海	289780	127941	114579	31611		
江 苏	2204953	273956	1680149	89518	24079	30235
浙 江	735079	203633	375820	69493	21830	2615
安 徽	350752	39379	231207	18891	6507	4699
福 建	381761	23473	310161	8597	1705	8724
江 西	1229145	120236	927867	48838	24738	18628
山 东	1917720	264623	1249668	97883	85282	54058
河 南	847564	107393	524739	67502	24644	19620
湖 北	435809	85548	240689	36134	21149	6745
湖 南	669237	65158	431626	44336	10111	12725
广 东	1626734	393662	822992	143895	24499	22377
广 西	564273	54868	314674	45602	2989	17660
海 南	113789	10810	71991	2926	8905	2431
重 庆	310346	11936	249079	12070	4879	7824
四 川	1091110	131028	733527	51448	20360	15288
贵 州	104661	6061	48099	8745	3725	2031
云 南	435282	22403	224076	27966	9883	5363
西 藏	38499		28047	3186		214
陕 西	597176	25082	394976	66025	5603	10048
甘 肃	271315	19253	164058	23010	14216	2008
青 海	19713	309	10463	3083	488	
宁 夏	32579	1813	22420	2482	1747	
新 疆	50559	7249	29056	7493	36	1540

2-25 续表

单位：万元

地区	居民服务业用房	教育用房	文化、体育和娱乐用房	卫生医疗用房	科研用房	其他用房
全国总计	**206822**	**777793**	**144032**	**201274**	**13421**	**581980**
北京	10263	14310	14264	1265		17046
天津	587	5907	849	1165		14707
河北	5204	10969	3353	3259	3850	35068
山西	3014	8977	1877	2635		3810
内蒙古	834	4041	620			131
辽宁	5772	24597	3970	9359	1630	33782
吉林						73
黑龙江	6909	13029	2147	320		6611
上海	321	6799	896	607	607	6420
江苏	26412	39191	15080	13053	1170	12110
浙江	918	20619	7745	2159	275	29973
安徽	1763	32488	2125	6372	270	7053
福建	1200	10471	1804	2484		13143
江西	12832	48410	5054	7786	111	14645
山东	58367	48731	4311	5365		49433
河南	12972	33643	7077	13726	481	35767
湖北	6486	17124	745	6710		14480
湖南	9093	31869	12556	15038	2360	34367
广东	9840	91717	19329	25304	2187	70932
广西	3497	68273	6165	14283	290	35972
海南	3495	5860	1454	2918	4	2995
重庆	5496	6807	1276	2539		8440
四川	6435	53280	19711	18351		41682
贵州	773	21422	3705	4698		5401
云南	9268	74004	3082	15678	28	43531
西藏	1333	1357	566	2405		1392
陕西	2517	46556	3401	10526		32443
甘肃	917	25394	540	12805	110	9005
青海	285	3498	332	397	2	857
宁夏		4047		70		
新疆	20	4405			47	713

2-26 各地区集体建筑业企业施工机械设备情况

地　区	年末自有施工机械设备总台数（台）	年末自有施工机械设备总功率（千瓦）	年末自有施工机械设备净值（万元）	技术装备率（元/人）	动力装备率（千瓦/人）
全国总计	**836968**	**16775082**	**1755084**	**7112**	**6.8**
北　京	14143	202575	25595	8179	6.5
天　津	10098	168703	22174	8649	6.6
河　北	18892	204643	34403	5985	3.6
山　西	19868	208914	35667	9810	5.7
内蒙古	1279	51055	9286	12679	7.0
辽　宁	49066	639211	95284	6911	4.6
吉　林	2206	34235	4555	4402	3.3
黑龙江	9636	175640	43036	11749	4.8
上　海	5658	55756	11261	4531	2.2
江　苏	65494	1338996	200706	8627	5.8
浙　江	20434	275001	67626	9102	3.7
安　徽	26252	286725	44464	5800	3.7
福　建	10713	125542	19903	5088	3.2
江　西	36028	372113	68792	4241	2.3
山　东	95689	1659547	210165	6564	5.2
河　南	46997	464017	83199	6231	3.5
湖　北	25742	360042	60039	7241	4.3
湖　南	53685	577710	88704	7767	5.1
广　东	111898	1166752	204470	8004	4.6
广　西	65830	665363	63112	7929	8.4
海　南	4309	158547	10025	5875	9.3
重　庆	7082	127038	35949	7424	2.6
四　川	34803	470666	84778	4237	2.4
贵　州	6455	104019	15178	6158	4.2
云　南	19620	317331	67808	10819	5.1
西　藏	346	9582	3103	6041	1.9
陕　西	40836	542110	68676	7410	5.8
甘　肃	28365	5900137	57754	8552	87.4
青　海	3040	46521	8119	11159	6.4
宁　夏	1439	31223	4488	31626	22.0
新　疆	1065	35368	6768	28702	15.0

2-27 各地区集体建筑业企业主要生产效益指标

地区	建筑业企业个数(个)	计算建筑业劳动生产率的平均人数(人)	按总产值计算的劳动生产率(元/人)	人均竣工产值(元/人)	人均施工面积(平方米/人)	人均竣工面积(平方米/人)
全国总计	**5352**	**2641145**	**124255**	**93169**	**137.7**	**71.1**
北京	217	60839	205988	143590	141.4	50.6
天津	82	31773	263986	180270	139.0	70.8
河北	111	61280	99916	69223	127.3	79.0
山西	120	40086	98250	66813	88.9	43.8
内蒙古	14	9193	151661	125828	92.8	84.5
辽宁	333	179262	107670	85834	69.0	44.9
吉林	46	17827	123713	78043	87.4	45.7
黑龙江	166	65424	118225	90001	73.6	48.9
上海	111	31189	233855	152398	157.0	86.5
江苏	357	229294	172836	152114	176.6	91.4
浙江	115	76685	156770	139622	206.5	95.4
安徽	148	72369	107414	88929	109.2	61.2
福建	65	41253	140510	109720	221.4	75.0
江西	233	174313	118060	86684	178.4	96.9
山东	679	361169	103067	72903	115.4	63.2
河南	248	127208	114075	88483	146.1	82.6
湖北	173	85626	107487	65719	109.8	66.0
湖南	225	101768	114807	88983	163.5	91.5
广东	498	251763	115842	87793	181.7	75.2
广西	233	76191	130659	94213	199.9	94.9
海南	28	15532	146015	87137	156.8	59.1
重庆	143	51442	110611	91058	128.6	80.2
四川	330	200275	106009	78029	112.5	62.8
贵州	104	22690	81846	60679	138.7	64.3
云南	200	60385	128648	98258	108.7	70.2
西藏	22	5465	196850	191212	53.0	42.6
陕西	160	97386	127328	74196	140.2	60.8
甘肃	117	74605	87615	51536	77.2	35.2
青海	37	9347	102105	42124	26.3	18.5
宁夏	15	3193	132486	112979	200.1	103.9
新疆	22	6313	240090	167759	204.1	92.9

2-28 各地区集体建筑业企业营业额

单位：万元

地 区	企业营业额	在境外完成的营业额	企业总产值	#建筑业总产值
全国总计	**34171264**	**106739**	**34064524**	**32817457**
北 京	1327090		1327090	1253210
天 津	850153		850153	838763
河 北	659693	24250	635443	612288
山 西	395118		395118	393845
内蒙古	139422		139422	139422
辽 宁	2002888	10602	1992286	1930114
吉 林	220832		220832	220544
黑龙江	792917	15837	777080	773477
上 海	810172	32	810140	729371
江 苏	4098770	6734	4092036	3963033
浙 江	1205610		1205610	1202187
安 徽	785697	4810	780887	777343
福 建	589272	7800	581472	579646
江 西	2100877		2100877	2057941
山 东	4177263	385	4176878	3722466
河 南	1466139		1466139	1451125
湖 北	987318		987318	920371
湖 南	1181326		1181326	1168364
广 东	2939456	181	2939276	2916477
广 西	1101909	2072	1099837	995502
海 南	226828		226828	226791
重 庆	610177	2079	608098	569005
四 川	2179500	31308	2148192	2123088
贵 州	186418		186418	185709
云 南	777075		777075	776841
西 藏	107578		107578	107578
陕 西	1241105	267	1240838	1239995
甘 肃	720372		720372	653653
青 海	95438		95438	95438
宁 夏	42383	80	42303	42303
新 疆	152470	303	152166	151569

2-29 各地区集体建筑业企业资产构成

单位：万元

地 区	资产合计	#流动资产小计	#长期投资	#固定资产小计	#无形及递延资产
全国总计	**23108149**	**17020558**	**616334**	**4964487**	**407762**
北 京	2050717	1821696	49798	169539	7608
天 津	947115	860040	30529	53161	3034
河 北	453701	304042	7389	136148	5235
山 西	382669	278326	11565	81387	6312
内蒙古	70761	51011	269	19349	
辽 宁	1336662	1019363	28146	255552	29197
吉 林	111653	77922	3963	28857	610
黑龙江	531004	362866	10402	130634	3136
上 海	822723	741311	17675	59596	1666
江 苏	1960656	1504946	73753	355492	16065
浙 江	928715	789147	21496	114610	3090
安 徽	710316	486903	33315	171099	17208
福 建	431131	341333	8961	75086	3148
江 西	1011171	648276	54806	252731	54188
山 东	2954931	2158359	72348	643943	73595
河 南	705251	424325	19154	239424	18415
湖 北	453384	270506	10311	159939	10502
湖 南	669854	396831	10904	236752	22673
广 东	2340824	1755452	41100	497321	33281
广 西	605003	388347	3658	187822	23841
海 南	121457	91743	134	27277	2186
重 庆	369208	266590	12667	87223	1713
四 川	1075694	704898	25690	325475	15560
贵 州	191478	119144	2137	51452	18682
云 南	555024	325940	32933	184090	10625
西 藏	31222	13690	338	15437	1756
陕 西	586197	355097	5882	204525	15353
甘 肃	457553	304834	13849	136094	2633
青 海	112033	73816	3736	29640	4486
宁 夏	33035	20642	64	11297	1032
新 疆	97007	63163	9362	23537	932

2-30 各地区集体建筑业企业流动资产、无形及递延资产

单位：万元

地　区	流动资产	#存货	无形及递延资产	#无形资产
全国总计	**17020558**	**5283336**	**407762**	**332151**
北　京	1821696	819154	7608	3411
天　津	860040	273936	3034	2921
河　北	304042	108809	5235	4024
山　西	278326	55696	6312	5740
内蒙古	51011	6552		
辽　宁	1019363	206334	29197	27550
吉　林	77922	15643	610	297
黑龙江	362866	91584	3136	2491
上　海	741311	241645	1666	1615
江　苏	1504946	471462	16065	11778
浙　江	789147	297119	3090	2238
安　徽	486903	91851	17208	14310
福　建	341333	87281	3148	2832
江　西	648276	211047	54188	44377
山　东	2158359	635253	73595	62064
河　南	424325	122312	18415	15710
湖　北	270506	101296	10502	8946
湖　南	396831	95821	22673	17621
广　东	1755452	560614	33281	25926
广　西	388347	120499	23841	21320
海　南	91743	39711	2186	1526
重　庆	266590	95788	1713	1465
四　川	704898	216728	15560	11716
贵　州	119144	48135	18682	10666
云　南	325940	93324	10625	8566
西　藏	13690	3381	1756	1710
陕　西	355097	75686	15353	13018
甘　肃	304834	68471	2633	1874
青　海	73816	19854	4486	4480
宁　夏	20642	4656	1032	1032
新　疆	63163	3695	932	926

2-31 各地区集体建筑业企业固定资产情况

单位：万元

地　区	固定资产小计	固定资产原价	#生产经营用	固定资产折旧	#本年折旧	在建工程
全国总计	**4964487**	**5986515**	**4134947**	**1961644**	**299164**	**440498**
北　京	169539	233919	135236	92320	18330	24565
天　津	53161	75845	39850	28029	5262	1262
河　北	136148	137447	102408	36072	4757	30173
山　西	81387	103365	71622	30385	4938	3448
内蒙古	19349	21111	19836	6481	1353	93
辽　宁	255552	364081	278494	139655	21391	13992
吉　林	28857	36050	27849	11621	1191	1911
黑龙江	130634	181882	153319	58593	15137	2716
上　海	59596	84298	49680	36757	5521	11462
江　苏	355492	485658	380868	178331	24610	18036
浙　江	114610	164730	125528	56079	8329	1711
安　徽	171099	179635	129990	70105	7745	48283
福　建	75086	73001	47641	24616	3799	1852
江　西	252731	263368	145126	68052	12659	28267
山　东	643943	752578	525616	256006	41512	28163
河　南	239424	283136	194260	72607	13141	18334
湖　北	159939	177494	113302	54307	9175	19104
湖　南	236752	256971	175317	75874	11072	28995
广　东	497321	635343	434483	220225	31518	50633
广　西	187822	184744	111683	43347	4970	32485
海　南	27277	27243	22594	5548	801	651
重　庆	87223	102847	67349	37757	5303	16606
四　川	325475	354321	221692	116969	13289	17773
贵　州	51452	49333	29423	10236	1418	8879
云　南	184090	244765	164463	81552	11091	10503
西　藏	15437	16994	5334	4109	941	731
陕　西	204525	239263	179645	65383	9143	11263
甘　肃	136094	168016	125983	51538	7034	4967
青　海	29640	36460	19031	9259	1302	1950
宁　夏	11297	14853	13268	3603	132	47
新　疆	23537	37765	24058	16231	2301	1646

2-32 各地区集体建筑业企业负债及所有者权益

单位：万元

地 区	负债合计	流动负债	长期负债	所有者权益	#实收资本
全国总计	**14052026**	**13554203**	**497823**	**9056123**	**6354796**
北 京	1511529	1503489	8040	539188	325130
天 津	766608	685782	80826	180507	116134
河 北	225161	218816	6345	228540	129736
山 西	236476	230059	6417	146193	106474
内蒙古	40724	38770	1954	30037	24237
辽 宁	928396	915557	12839	408267	302389
吉 林	51966	49171	2795	59687	39374
黑龙江	337587	305904	31683	193417	162879
上 海	595313	586533	8780	227410	193984
江 苏	1154444	1118605	35838	806212	445310
浙 江	675093	671351	3742	253622	178640
安 徽	406241	391281	14960	304075	167070
福 建	269749	255218	14531	161382	107789
江 西	555615	536626	18989	455556	364584
山 东	1801132	1749100	52032	1153799	805813
河 南	312430	298023	14408	392821	303435
湖 北	209652	187878	21775	243732	189101
湖 南	325144	305945	19200	344710	259768
广 东	1540099	1487333	52766	800725	594864
广 西	339669	329714	9955	265335	200864
海 南	67418	66131	1287	54039	30146
重 庆	190016	185755	4261	179192	132673
四 川	521792	503075	18717	553902	340034
贵 州	98069	91543	6525	93410	79456
云 南	256640	239823	16817	298384	222510
西 藏	4726	4414	313	26495	21510
陕 西	242480	231242	11238	343716	272339
甘 肃	247909	240419	7491	209644	147844
青 海	59323	46511	12813	52710	44548
宁 夏	13344	13256	88	19691	15222
新 疆	67281	66881	400	29727	30939

2-33 各地区集体建筑业企业实收资本

单位：万元

地区	合计	国家资本	集体资本	法人资本	个人资本	港澳台资本	外商资本
全国总计	**6354796**	**2675**	**6005158**	**249747**	**96763**	**112**	**343**
北京	325130	300	205721	56665	62443		
天津	116134		102112	10072	3950		
河北	129736		128644	601	491		
山西	106474		105074	1250	150		
内蒙古	24237		22002	2030	205		
辽宁	302389		291206	8596	2587		
吉林	39374		37418	1600	356		
黑龙江	162879		160746	2133			
上海	193984	89	191366	2304	226		
江苏	445310	123	380279	53416	11380	112	
浙江	178640		176681	1960			
安徽	167070		157951	7259	1860		
福建	107789		102322	3000	2467		
江西	364584		356180	6241	2163		
山东	805813		787861	15071	2881		
河南	303435	21	295142	7327	603		343
湖北	189101	34	185893	2232	942		
湖南	259768		251239	8500	30		
广东	594864		588057	6577	230		
广西	200864		195114	5215	535		
海南	30146		30146				
重庆	132673		126710	5445	518		
四川	340034	23	333680	4860	1471		
贵州	79456		76594	2863			
云南	222510	101	209426	11709	1275		
西藏	21510		21510				
陕西	272339		257300	15040			
甘肃	147844	1984	141980	3880			
青海	44548		44548				
宁夏	15222		13814	1408			
新疆	30939		28443	2496			

2-34 各地区集体建筑业企业收入情况

单位：万元

地 区	工程结算收 入	工程结算成 本	工程结算税金及附加	工程结算利 润	经营费用	其他业务收 入	#其他业务利 润
全国总计	**29930467**	**25783727**	**1142433**	**2689901**	**314405**	**322650**	**104710**
北 京	1404762	1250449	44013	105936	4364	30675	7159
天 津	803717	706423	28345	66906	2043	13912	2643
河 北	538288	459328	16769	45628	16563	1215	521
山 西	391231	343748	14261	29878	3345	8786	2269
内蒙古	137862	113826	7144	15766	1126	1649	306
辽 宁	1859665	1639525	62760	151299	6082	52026	7853
吉 林	190069	156040	9646	23675	708	663	210
黑龙江	744429	625710	33340	79971	5409	993	478
上 海	872020	798640	25776	46514	1089	24244	17237
江 苏	3006506	2586209	104135	275124	41038	29334	12616
浙 江	1126459	1019532	37942	66277	2708	5957	3856
安 徽	730172	625024	25238	74960	4950	15169	3108
福 建	488335	441318	18377	27325	1316	2712	1784
江 西	1805782	1575343	82879	129536	18024	7135	4302
山 东	3157226	2631739	112794	387958	24735	26504	5120
河 南	1358123	1166768	53059	119090	19206	11471	1367
湖 北	787115	664869	31537	80403	10306	2542	1353
湖 南	1173951	1028921	54044	75952	15034	3169	1920
广 东	2856258	2393238	122427	285381	55211	19138	6967
广 西	900908	794633	40743	56704	8829	4650	1373
海 南	209208	185333	8459	12679	2737	273	234
重 庆	526682	436774	25990	60821	3098	13700	702
四 川	1757848	1490534	68778	163208	35328	18900	6998
贵 州	228092	203677	8078	12741	3595	3811	544
云 南	684782	593502	26369	55650	9260	8442	4240
西 藏	106657	69635	3510	32635	877	32	21
陕 西	1102383	929125	39393	125231	8635	2569	1626
甘 肃	697123	604321	22448	63079	7275	10676	6396
青 海	102579	85558	7481	8491	1049	630	167
宁 夏	46118	41204	2793	2053	67	40	40
新 疆	136119	122785	3903	9033	399	1634	1300

2-35 各地区集体建筑业企业费用情况

单位：万元

地区	管理费用	#税金	#财产保险费	#差旅费	#工会经费	财务费用	#利息支出
全国总计	**1248571**	**92614**	**8261**	**57437**	**22351**	**107228**	**50258**
北　京	81619	1783	375	1951	389	-1709	-1853
天　津	40518	3281	24	345	324	652	203
河　北	23288	974	60	946	306	2867	458
山　西	22936	1370	43	877	409	937	318
内蒙古	5630	894	26	73	18	764	581
辽　宁	109393	3809	317	2675	1010	1840	759
吉　林	5762	390	8	251	25	319	81
黑龙江	29985	4773	42	1648	1284	1908	1207
上　海	33164	422	45	418	317	488	433
江　苏	118367	5161	1067	6598	3996	12791	6178
浙　江	38970	1436	155	1447	843	2879	1967
安　徽	42904	4367	298	1344	846	3171	2675
福　建	21374	2425	37	807	282	207	91
江　西	46935	5472	185	2016	547	5196	2781
山　东	126015	12200	1463	6460	3108	18551	11618
河　南	49219	4962	348	2807	1169	6676	2296
湖　北	38955	3046	213	2407	547	4178	1366
湖　南	34138	2957	1001	2864	1433	4301	1252
广　东	113626	11298	667	5793	1419	10516	2385
广　西	27842	3003	89	1630	264	2828	808
海　南	4212	348		448	69	217	93
重　庆	17293	1839	43	1258	357	2277	1616
四　川	87373	4792	475	5072	982	8132	4524
贵　州	7523	674	34	373	81	427	154
云　南	26070	1856	275	2247	263	3253	2081
西　藏	15634	1020	6	117	1	255	85
陕　西	39074	4109	774	2941	1837	5323	2316
甘　肃	27040	3058	81	1087	167	7177	3522
青　海	3661	216	3	110	25	625	120
宁　夏	871	46		117	5	48	27
新　疆	9183	633	106	312	27	134	118

2-36 各地区集体建筑业企业利润及税金情况

单位：万元

地 区	利润总额	#应交所得税	税金总额	工程结算税金及附加	管理费用中的税金
全国总计	**1362934**	**265739**	**1235048**	**1142433**	**92614**
北 京	30994	8296	45795	44013	1783
天 津	27276	10389	31627	28345	3281
河 北	18350	3585	17744	16769	974
山 西	8292	1273	15631	14261	1370
内蒙古	9712	2033	8038	7144	894
辽 宁	42761	14572	66569	62760	3809
吉 林	13330	2091	10036	9646	390
黑龙江	46994	5120	38114	33340	4773
上 海	31751	8886	26198	25776	422
江 苏	160454	27907	109297	104135	5161
浙 江	29811	8371	39378	37942	1436
安 徽	31817	6450	29605	25238	4367
福 建	7750	3971	20802	18377	2425
江 西	65878	10344	88350	82879	5472
山 东	230761	45766	124994	112794	12200
河 南	55125	11028	58021	53059	4962
湖 北	33553	5297	34584	31537	3046
湖 南	41276	5204	57001	54044	2957
广 东	178242	39245	133725	122427	11298
广 西	25944	4583	43746	40743	3003
海 南	9293	1180	8807	8459	348
重 庆	34434	3251	27829	25990	1839
四 川	71603	13074	73571	68778	4792
贵 州	3176	557	8753	8078	674
云 南	26415	5307	28225	26369	1856
西 藏	16756	1235	4529	3510	1020
陕 西	69694	8528	43502	39393	4109
甘 肃	34341	5596	25506	22448	3058
青 海	4381	741	7697	7481	216
宁 夏	1225	760	2839	2793	46
新 疆	1545	1099	4536	3903	633

2-37 各地区集体建筑业企业应收工程款及企业亏损情况

地　区	应收工程款（万元）	#竣工工程	企业个数（个）	#亏损企业个数	亏损企业的比重（%）
全国总计	**3594457**	**2275078**	**5352**	**638**	**11.9**
北　京	230059	155702	217	46	21.2
天　津	74428	51664	82	14	17.1
河　北	79433	57537	111	19	17.1
山　西	80666	33401	120	18	15.0
内蒙古	4375	1491	14		
辽　宁	191087	127448	333	71	21.3
吉　林	23771	21425	46	8	17.4
黑龙江	43120	29725	166	30	18.1
上　海	74652	28794	111	20	18.0
江　苏	362135	187316	357	15	4.2
浙　江	68007	42094	115	12	10.4
安　徽	117066	65941	148	21	14.2
福　建	39039	13302	65	16	24.6
江　西	116095	74180	233	10	4.3
山　东	587948	406078	679	52	7.7
河　南	56856	35993	248	14	5.6
湖　北	107027	61443	173	8	4.6
湖　南	98254	67080	225	19	8.4
广　东	293289	194582	498	55	11.0
广　西	99157	65949	233	27	11.6
海　南	17236	9069	28		
重　庆	54578	35824	143	14	9.8
四　川	247502	162588	330	39	11.8
贵　州	24085	15683	104	21	20.2
云　南	131855	103565	200	23	11.5
西　藏	7070	5827	22		
陕　西	228413	155672	160	17	10.6
甘　肃	92529	44694	117	21	17.9
青　海	13516	5762	37	11	29.7
宁　夏	8114	5311	15	4	26.7
新　疆	23099	9938	22	13	59.1

2-38 各地区集体建筑业企业主要经济效益指标

地　区	产值利润率 (%)	产值利税率 (%)	资本利润率 (%)	资本利税率 (%)	人均利润 (元/人)	人均利税 (元/人)	资产负债率 (%)
全国总计	**4.2**	**7.9**	**21.4**	**40.9**	**5160**	**9837**	**60.8**
北　京	2.5	6.1	9.5	23.6	5094	12622	73.7
天　津	3.3	7.0	23.5	50.7	8585	18539	80.9
河　北	3.0	5.9	14.1	27.8	2994	5890	49.6
山　西	2.1	6.1	7.8	22.5	2068	5968	61.8
内蒙古	7.0	12.7	40.1	73.2	10565	19309	57.6
辽　宁	2.2	5.7	14.1	36.2	2385	6099	69.5
吉　林	6.0	10.6	33.9	59.3	7478	13107	46.5
黑龙江	6.1	11.0	28.9	52.3	7183	13009	63.6
上　海	4.4	7.9	16.4	29.9	10180	18580	72.4
江　苏	4.0	6.8	36.0	60.6	6998	11764	58.9
浙　江	2.5	5.8	16.7	38.7	3887	9022	72.7
安　徽	4.1	7.9	19.0	36.8	4396	8487	57.2
福　建	1.3	4.9	7.2	26.5	1879	6921	62.6
江　西	3.2	7.5	18.1	42.3	3779	8848	54.9
山　东	6.2	9.6	28.6	44.1	6389	9850	61.0
河　南	3.8	7.8	18.2	37.3	4333	8895	44.3
湖　北	3.6	7.4	17.7	36.0	3919	7957	46.2
湖　南	3.5	8.4	15.9	37.8	4056	9657	48.5
广　东	6.1	10.7	30.0	52.4	7080	12391	65.8
广　西	2.6	7.0	12.9	34.7	3405	9147	56.1
海　南	4.1	8.0	30.8	60.0	5983	11653	55.5
重　庆	6.1	10.9	26.0	46.9	6694	12104	51.5
四　川	3.4	6.8	21.1	42.7	3575	7249	48.5
贵　州	1.7	6.4	4.0	15.0	1400	5257	51.2
云　南	3.4	7.0	11.9	24.6	4374	9049	46.2
西　藏	15.6	19.8	77.9	99.0	30661	38949	15.1
陕　西	5.6	9.1	25.6	41.6	7157	11623	41.4
甘　肃	5.3	9.2	23.2	40.5	4603	8022	54.2
青　海	4.6	12.7	9.8	27.1	4687	12922	53.0
宁　夏	2.9	9.6	8.0	26.7	3837	12729	40.4
新　疆	1.0	4.0	5.0	19.7	2447	9632	69.4

2-39 各地区私营建筑业企业签订合同情况

单位：万元

地 区	合同总额	上年结转合同额	本年新签合同额
全国总计	**277973438**	**81868286**	**196105152**
北 京	3654265	888494	2765771
天 津	2406140	604529	1801611
河 北	4865038	1126245	3738793
山 西	2853546	700801	2152746
内蒙古	4169043	920120	3248922
辽 宁	12712199	3322039	9390160
吉 林	3716708	742386	2974322
黑龙江	2229437	471556	1757881
上 海	16684487	6356333	10328154
江 苏	45737119	12075023	33662096
浙 江	68535981	22562071	45973910
安 徽	7625239	1864827	5760412
福 建	14981319	4796483	10184836
江 西	2808929	536958	2271971
山 东	13371039	2834214	10536825
河 南	7916297	1898948	6017348
湖 北	7696641	2091032	5605608
湖 南	5826427	2225664	3600763
广 东	12841774	5007243	7834531
广 西	2915029	937938	1977091
海 南	148944	64901	84043
重 庆	10111104	3064199	7046905
四 川	11988844	3538164	8450680
贵 州	573322	239499	333824
云 南	4663863	1323123	3340740
西 藏	223830	44013	179818
陕 西	1845419	550307	1295112
甘 肃	1161584	247805	913780
青 海	307720	113872	193848
宁 夏	1496790	295703	1201087
新 疆	1905364	423799	1481565

2-40 各地区私营建筑业企业承包工程完成情况

单位：万元

地　区	直接从建设单位承揽工程完成的产值	自行完成施工产值	分包出去工程的产值	从建设单位以外承揽工程完成的产值
全国总计	**186378944**	**185189699**	**1189245**	**8152541**
北　京	2570679	2480650	90030	399044
天　津	1709186	1661658	47528	197300
河　北	3690720	3687065	3655	56299
山　西	2219557	2216670	2887	18725
内蒙古	3071607	3064838	6769	19014
辽　宁	9410124	9391237	18888	75362
吉　林	2847054	2845804	1251	1546
黑龙江	1905328	1902881	2447	40386
上　海	10589194	10285683	303511	1131514
江　苏	33250669	33167831	82838	2709634
浙　江	41460150	41289476	170674	1514445
安　徽	5655108	5586596	68512	108033
福　建	8497798	8440393	57405	589180
江　西	2145853	2142407	3446	113675
山　东	10188574	10172098	16476	161604
河　南	5652531	5643879	8652	60421
湖　北	5722343	5642365	79978	159159
湖　南	3490765	3482126	8640	48546
广　东	7138287	7031846	106442	209565
广　西	1627521	1620554	6967	35065
海　南	78323	78323		2803
重　庆	6918769	6880745	38024	93926
四　川	7742054	7694974	47080	179834
贵　州	339657	339657		558
云　南	3256270	3250251	6019	161013
西　藏	209596	209396	200	1546
陕　西	1374605	1374601	4	9622
甘　肃	940866	938369	2498	19298
青　海	181451	180794	657	1326
宁　夏	1060136	1059046	1090	9425
新　疆	1434169	1427489	6680	24674

2-41 各地区私营建筑业总产值和竣工产值

单位：万元

地区	建筑业总产值	#装饰装修产值	#在外省完成的产值	按构成分组			竣工产值
				建筑工程产值	安装工程产值	其他产值	
全国总计	**193342240**	**15566775**	**37526052**	**169867557**	**16692852**	**6781831**	**136919182**
北京	2879694	931015	484020	2717878	147494	14322	2126569
天津	1858958	139324	73672	1132874	434044	292041	1068556
河北	3743364	191918	241575	3169966	349675	223723	2858925
山西	2235395	204490	92189	1679526	340760	215108	1272614
内蒙古	3083852	87997	27890	2710143	132782	240927	2174839
辽宁	9466599	1072974	894070	8376056	912053	178490	6703050
吉林	2847350	136812	177711	2455166	265596	126588	2172067
黑龙江	1943266	145977	95754	1632410	196259	114597	1473524
上海	11417197	1392051	1433157	8962443	1864098	590656	6447321
江苏	35877465	2725332	8116687	32872203	2654261	351002	29388474
浙江	42803921	2519532	16582931	39181886	2379899	1242136	30220712
安徽	5694629	419842	385751	5014137	436042	244450	4066238
福建	9029573	506849	3672566	8312678	527468	189428	5369578
江西	2256082	113210	193407	1992891	101158	162033	1654482
山东	10333702	792960	685289	8260170	1653333	420199	6887745
河南	5704300	496833	799069	4810770	576413	317117	3899626
湖北	5801524	487889	456719	4801851	549587	450086	4150972
湖南	3530672	191559	382274	3082930	189555	258187	2352390
广东	7241411	1818536	862436	5829990	1182368	229053	4909617
广西	1655620	96409	73902	1392727	188735	74158	1168568
海南	81126	2784	12381	56450	18456	6220	42211
重庆	6974671	228525	751817	6304989	457561	212120	4742411
四川	7874808	464155	857845	7090368	506479	277961	5579645
贵州	340215	20274	25187	307226	16373	16616	177010
云南	3411265	179242	42159	2926840	274174	210250	2489420
西藏	210941	12538		189254	14458	7230	172223
陕西	1384223	39137	8477	1261915	93463	28845	763373
甘肃	957666	45321	35557	870553	52993	34121	651355
青海	182120	12148		150036	18479	13606	92628
宁夏	1068470	33835	51360	1030909	21087	16474	866928
新疆	1452162	57309	10200	1290327	137749	24087	976115

2-42 各地区私营建筑业企业房屋建筑面积

地 区	房屋建筑施工面积（万平方米）	#本年新开工	#实行投标承包面积	#本年新开工	房屋建筑竣工面积（万平方米）	房屋建筑面积竣工率（%）
全国总计	**174299.5**	**99821.0**	**136281.5**	**82176.3**	**82454.2**	**47.3**
北 京	499.4	228.8	366.0	158.5	131.0	26.2
天 津	597.9	347.6	425.7	222.9	264.8	44.3
河 北	3586.9	2384.4	2795.1	1876.7	2018.2	56.3
山 西	1136.3	624.4	851.2	502.0	576.7	50.8
内蒙古	2106.1	1331.8	1812.0	1264.0	1057.4	50.2
辽 宁	6750.2	4500.4	5866.2	3929.4	3610.9	53.5
吉 林	1822.0	1481.5	1636.1	1381.3	1412.8	77.5
黑龙江	1251.0	873.4	885.2	655.1	851.3	68.1
上 海	7152.2	3058.0	5705.8	2557.3	2428.6	34.0
江 苏	34724.7	19268.6	29866.1	16556.0	15994.1	46.1
浙 江	44790.1	24116.1	35836.1	20075.8	20118.7	44.9
安 徽	5912.5	3791.7	4304.7	3021.6	3193.3	54.0
福 建	8299.5	4311.2	5860.3	3266.4	2910.1	35.1
江 西	2009.2	1240.6	1385.7	1018.0	1394.5	69.4
山 东	9481.9	6345.3	7273.6	5205.6	4662.2	49.2
河 南	5570.4	3611.2	4650.2	2973.5	2845.2	51.1
湖 北	5740.5	3906.7	4676.3	3292.3	3313.9	57.7
湖 南	3482.5	2110.6	3068.7	2008.1	1775.8	51.0
广 东	5395.7	2273.9	2257.3	1235.0	2177.5	40.4
广 西	1678.4	886.6	998.7	583.6	705.7	42.0
海 南	70.3	39.9	45.8	29.0	21.2	30.2
重 庆	7052.6	4194.1	4729.6	3146.5	3552.0	50.4
四 川	7862.4	4439.7	5446.0	3467.4	3826.5	48.7
贵 州	528.5	238.6	412.4	186.4	159.4	30.2
云 南	2617.7	1447.5	1618.3	1129.8	1460.5	55.8
西 藏	128.5	81.7	79.4	66.9	52.1	40.6
陕 西	1148.3	697.7	912.7	578.8	491.1	42.8
甘 肃	777.8	495.6	629.5	429.6	384.3	49.4
青 海	125.8	68.2	65.3	43.6	46.6	37.0
宁 夏	1031.2	670.7	969.1	639.3	494.6	48.0
新 疆	968.9	754.7	852.3	675.9	523.2	54.0

2-43 各地区按主要用途分的私营建筑业企业房屋建筑竣工面积

单位：万平方米

地区	合计	厂房、仓库	住宅	办公用房	批发和零售用房	住宿和餐饮用房
全国总计	**82454.2**	**16809.1**	**49627.6**	**6188.0**	**1478.2**	**1076.9**
北京	131.0	33.6	66.0	17.3	1.7	0.3
天津	264.8	112.7	106.5	12.9	6.5	0.7
河北	2018.2	300.2	1331.3	190.5	11.4	25.8
山西	576.7	47.8	404.3	44.2	6.6	5.2
内蒙古	1057.4	29.6	747.4	108.1	19.6	34.3
辽宁	3610.9	485.3	2504.0	195.8	53.3	46.0
吉林	1412.8	106.3	1125.9	105.8	9.2	5.7
黑龙江	851.3	66.2	604.4	34.7	30.4	5.4
上海	2428.6	872.6	1206.9	155.0	35.5	22.6
江苏	15994.1	3028.0	10372.2	951.2	292.3	252.3
浙江	20118.7	6730.5	9282.6	1905.2	433.8	312.6
安徽	3193.3	544.9	2064.7	222.9	35.8	21.8
福建	2910.1	739.6	1549.5	266.0	29.9	27.3
江西	1394.5	287.0	755.6	158.8	38.5	6.3
山东	4662.2	949.5	3106.6	229.4	73.2	42.4
河南	2845.2	316.0	1861.7	246.1	33.9	42.4
湖北	3313.9	538.9	2166.3	279.5	50.2	23.0
湖南	1775.8	178.9	1075.4	195.2	63.8	32.6
广东	2177.5	509.5	1169.2	168.2	20.6	44.5
广西	705.7	96.5	417.0	71.7	16.7	6.6
海南	21.2		14.7	0.8		3.4
重庆	3552.0	271.8	2746.2	163.9	55.3	21.4
四川	3826.5	352.9	2721.6	140.4	78.9	27.6
贵州	159.4	8.2	77.7	19.3	6.9	1.6
云南	1460.5	88.7	847.9	160.0	27.0	33.2
西藏	52.1	0.5	25.0	10.8	1.0	0.9
陕西	491.1	36.0	336.7	42.0	8.6	4.3
甘肃	384.3	17.8	243.3	29.8	9.2	7.5
青海	46.6	0.4	36.2	3.1	0.3	0.5
宁夏	494.6	26.5	341.7	20.0	23.5	8.3
新疆	523.2	33.0	319.0	39.5	4.7	10.5

2-43 续表

单位：万平方米

地　区	居民服务业用　房	教育用房	文化、体育和娱乐用房	卫生医疗用　房	科研用房	其他用房
全国总计	**736.2**	**2783.9**	**606.2**	**655.7**	**165.4**	**2327.0**
北　京	1.3	4.1	0.1	0.8	0.2	5.5
天　津	3.1	4.9	0.1	2.3	1.6	13.5
河　北	35.0	51.3	7.9	5.6	0.1	59.3
山　西	8.0	45.4	2.4	1.8		11.0
内蒙古	8.0	52.7	9.4	15.3		33.1
辽　宁	41.8	81.0	22.0	31.2	9.9	140.6
吉　林	3.5	30.9	0.8	3.1	0.3	21.3
黑龙江	10.4	21.9	2.3	4.2	0.9	70.5
上　海	7.0	43.8	9.3	8.7	0.1	67.0
江　苏	170.4	350.1	163.1	105.8	70.3	238.4
浙　江	146.8	451.8	148.7	97.6	42.3	566.9
安　徽	25.8	155.1	16.5	22.8		82.9
福　建	23.2	127.0	30.9	28.7	10.0	78.1
江　西	4.7	64.5	6.2	11.0	0.8	61.2
山　东	46.7	89.7	13.2	13.8	2.1	95.5
河　南	10.8	125.6	17.3	38.3	2.1	151.0
湖　北	8.6	101.7	18.1	41.0	7.1	79.5
湖　南	26.1	93.5	5.7	51.0	6.9	46.8
广　东	74.3	76.9	25.9	12.3	0.2	76.0
广　西	8.2	42.8	10.0	11.2	1.0	23.9
海　南	0.4	1.0	0.3	0.2		0.4
重　庆	19.6	162.6	9.5	19.8	3.4	78.6
四　川	20.2	228.4	42.1	67.5	5.0	142.0
贵　州	1.3	31.0	4.1	5.6		3.8
云　南	14.9	141.0	18.9	26.0	0.3	102.5
西　藏	1.8	6.7	0.6	0.6	0.1	4.1
陕　西	4.4	37.7	3.2	8.3	0.6	9.2
甘　肃	5.0	44.1	3.2	7.3		16.9
青　海		5.1		0.7		0.2
宁　夏	2.2	40.3	5.0	3.2	0.1	23.9
新　疆	3.0	70.9	9.3	9.8		23.6

2-44 各地区按主要用途分的私营建筑业企业房屋建筑竣工价值

单位：万元

地　区	合　计	厂房、仓库	住　宅	办公用房	批发和零售用　房	住宿和餐饮用　房
全国总计	**81262861**	**14291060**	**49258781**	**6950784**	**1562983**	**1277721**
北　京	198416	39683	97308	29268	3024	266
天　津	323259	118540	145056	16853	6393	1240
河　北	1970689	293506	1316601	176549	10182	26979
山　西	587768	37206	418545	42942	6895	6309
内蒙古	1265813	31239	816960	153237	20610	58686
辽　宁	3906224	561444	2556008	232759	63062	94938
吉　林	1447020	112318	1100271	133431	14772	5193
黑龙江	927808	70182	651671	37770	33041	6996
上　海	2909803	880484	1482976	240943	57968	26314
江　苏	16648657	2841915	10713874	1123821	309396	314145
浙　江	20121943	5227958	10077483	2249950	513191	407275
安　徽	2633575	387623	1769566	197933	27792	17075
福　建	2906646	626640	1615607	266640	29477	29947
江　西	978232	185111	526070	119449	37403	4727
山　东	4189295	745087	2821191	225246	69738	39123
河　南	2397097	261930	1547808	248520	33284	33657
湖　北	2984317	468929	1886837	299526	31048	23373
湖　南	1508418	165512	894684	197021	44209	17578
广　东	2370014	401293	1346446	187094	18766	40400
广　西	658011	88904	378681	75241	17873	6062
海　南	26992		18440	1225		4400
重　庆	3308853	240960	2551370	168918	53337	19921
四　川	3460901	311516	2424477	133863	82191	26269
贵　州	134398	12395	59080	17633	7834	1358
云　南	1391006	64869	834272	161144	21618	29005
西　藏	89224	623	25257	43333	1083	1220
陕　西	498108	40872	316291	54848	9253	4339
甘　肃	395308	19372	233989	37992	10378	6958
青　海	56062	687	41855	3287	280	970
宁　夏	473373	22093	308628	24794	24790	11490
新　疆	495634	32171	281485	49552	4097	11509

2-44 续表

单位：万元

地　区	居民服务业用　房	教育用房	文化、体育和娱乐用房	卫生医疗用　房	科研用房	其他用房
全国总计	**836170**	**3012173**	**708510**	**730788**	**194281**	**2439610**
北　京	4278	10616	366	1649	345	11613
天　津	8765	8699	25	806	2150	14733
河　北	27668	48836	6606	5363	54	58344
山　西	13125	44306	2791	1810		13840
内蒙古	12149	73197	16242	46689		36805
辽　宁	42752	108895	23646	34143	10804	177773
吉　林	3507	31073	953	4980	729	39794
黑龙江	15602	32341	2891	4772	1318	71224
上　海	10668	73233	16437	16836	84	103862
江　苏	190846	461192	188046	131969	81911	291541
浙　江	146434	473060	205584	123972	54527	642511
安　徽	12007	126433	13936	17754	15	63443
福　建	25174	160552	34951	33306	9135	75218
江　西	3106	45222	5032	8776	657	42680
山　东	45452	93855	14416	15069	3867	116252
河　南	10705	105024	20477	34182	1962	99548
湖　北	6564	117564	25414	38486	8528	78047
湖　南	15649	78426	5134	33789	8479	47937
广　东	168912	83692	25179	15194	141	82899
广　西	8616	37823	10836	9999	792	23184
海　南	589	1234	362	214		529
重　庆	17243	146003	6680	21025	2698	80699
四　川	18537	232936	42067	63992	5065	119991
贵　州	1036	24182	3356	4245		3278
云　南	10301	162617	10730	27900	325	68225
西　藏	1911	9092	457	815	35	5400
陕　西	5835	41054	3271	9159	484	12703
甘　肃	4492	53143	2789	9348		16847
青　海		7488		1230		265
宁　夏	1812	52004	6955	3544	164	17098
新　疆	2438	68382	12883	9774	13	23331

2-45 各地区私营建筑业企业施工机械设备情况

地　区	年末自有施工机械设备总台数(台)	年末自有施工机械设备总功率(千瓦)	年末自有施工机械设备净值(万元)	技术装备率(元/人)	动力装备率(千瓦/人)
全国总计	**3179045**	**50978206**	**10046831**	**8670**	**4.4**
北　京	32487	540865	96471	11223	6.3
天　津	24088	564223	140253	18103	7.3
河　北	104382	1605268	267391	9397	5.6
山　西	64845	1084276	244934	19768	8.8
内蒙古	21834	383661	126409	9032	2.7
辽　宁	127196	2470387	566735	12142	5.3
吉　林	34887	339968	94101	6754	2.4
黑龙江	37035	714953	170868	21025	8.8
上　海	77058	1014892	261782	5753	2.2
江　苏	528034	10036514	1810585	9077	5.0
浙　江	490727	7598760	1750966	7313	3.2
安　徽	128144	1599563	301208	6750	3.6
福　建	144950	2723184	553741	8889	4.4
江　西	32955	570259	100865	6573	3.7
山　东	223298	3816899	677712	8863	5.0
河　南	136381	2150486	332628	7168	4.6
湖　北	158614	2264677	475418	11700	5.6
湖　南	95478	1251898	208078	8774	5.3
广　东	281998	1723584	396884	9734	4.2
广　西	54684	523066	90977	8052	4.6
海　南	4792	78834	5347	6736	9.9
重　庆	72766	2037624	329698	6624	4.1
四　川	98995	1803806	317513	4792	2.7
贵　州	8626	162928	19327	6400	5.4
云　南	57993	1026687	257660	11071	4.4
西　藏	3197	67994	11362	8602	5.1
陕　西	36361	1161756	150288	18286	14.1
甘　肃	45028	703097	89041	7633	6.0
青　海	5415	85122	30699	17889	5.0
宁　夏	20023	391516	71888	22312	12.2
新　疆	26774	481459	96002	25829	13.0

2-46 各地区私营建筑业企业主要生产效益指标

地　区	建筑业企业个数(个)	计算建筑业劳动生产率的平均人数(人)	按总产值计算的劳动生产率(元/人)	人均竣工产值(元/人)	人均施工面积(平方米/人)	人均竣工面积(平方米/人)
全国总计	**34293**	**12601654**	**153426**	**108652**	**138.3**	**65.4**
北　京	1543	183773	156698	115717	27.2	7.1
天　津	689	85171	218262	125460	70.2	31.1
河　北	755	310300	120637	92134	115.6	65.0
山　西	901	164614	135796	77309	69.0	35.0
内蒙古	320	237437	129881	91596	88.7	44.5
辽　宁	2395	697680	135687	96076	96.8	51.8
吉　林	410	215061	132397	100998	84.7	65.7
黑龙江	759	180029	107942	81849	69.5	47.3
上　海	1988	538779	211909	119665	132.7	45.1
江　苏	5041	2054516	174627	143043	169.0	77.8
浙　江	3312	2407094	177824	125549	186.1	83.6
安　徽	1081	433673	131312	93763	136.3	73.6
福　建	1234	645665	139849	83164	128.5	45.1
江　西	373	153218	147247	107982	131.1	91.0
山　东	2736	840211	122989	81976	112.9	55.5
河　南	1462	425423	134085	91665	130.9	66.9
湖　北	1272	415681	139567	99860	138.1	79.7
湖　南	450	237689	148542	98969	146.5	74.7
广　东	1632	411295	176064	119370	131.2	52.9
广　西	371	107459	154070	108746	156.2	65.7
海　南	32	8079	100416	52247	87.0	26.2
重　庆	1297	491412	141931	96506	143.5	72.3
四　川	1521	659132	119472	84651	119.3	58.1
贵　州	141	29815	114109	59370	177.3	53.5
云　南	1122	233840	145880	106458	111.9	62.5
西　藏	71	19049	110736	90410	67.5	27.4
陕　西	281	93410	148188	81723	122.9	52.6
甘　肃	278	128425	74570	50719	60.6	29.9
青　海	144	21094	86337	43912	59.7	22.1
宁　夏	301	79357	134641	109244	129.9	62.3
新　疆	381	93273	155689	104651	103.9	56.1

2-47 各地区私营建筑业企业营业额

单位：万元

地 区	企业营业额	在境外完成的营业额	企业总产值	#建筑业总产值
全国总计	**199618124**	**871012**	**198747112**	**193342240**
北 京	3069507	1078	3068429	2879694
天 津	1941404	5299	1936105	1858958
河 北	3833035	15738	3817297	3743364
山 西	2281041	1401	2279640	2235395
内蒙古	3103919		3103919	3083852
辽 宁	9660980	14844	9646136	9466599
吉 林	2882503	1249	2881253	2847350
黑龙江	1969895	13429	1956466	1943266
上 海	11952927	92988	11859939	11417197
江 苏	37878724	93719	37785005	35877465
浙 江	43615378	238721	43376656	42803921
安 徽	5793512	33606	5759906	5694629
福 建	9102468	264	9102204	9029573
江 西	2349793	63132	2286662	2256082
山 东	10526453	20089	10506365	10333702
河 南	5779846	26585	5753262	5704300
湖 北	5910595	6496	5904099	5801524
湖 南	3543781		3543781	3530672
广 东	7816355	44399	7771956	7241411
广 西	1737956	14195	1723761	1655620
海 南	298744	3517	295227	81126
重 庆	7215050	48340	7166711	6974671
四 川	8153012	51910	8101102	7874808
贵 州	343569	949	342620	340215
云 南	3504832	60399	3444432	3411265
西 藏	212485		212485	210941
陕 西	1405028	435	1404593	1384223
甘 肃	972624	4364	968260	957666
青 海	186235		186235	182120
宁 夏	1089383	3421	1085962	1068470
新 疆	1487092	10446	1476646	1452162

2-48 各地区私营建筑业企业资产构成

单位：万元

地 区	资产合计	#流动资产小计	#长期投资	#固定资产小计	#无形及递延资产
全国总计	**137111688**	**104549334**	**5631289**	**24280945**	**2013719**
北 京	3581223	2871192	171869	451176	44962
天 津	2094124	1592618	92248	390672	16596
河 北	2882307	2070453	91710	673749	38892
山 西	2276940	1559442	72292	611449	29535
内蒙古	2598032	1868599	132562	518630	54798
辽 宁	6628131	4952890	157802	1360763	144181
吉 林	2197239	1685954	28638	456869	22654
黑龙江	1891720	1388334	33232	442606	26123
上 海	11037350	9622714	489140	851529	50214
江 苏	24060429	19190640	902308	3551515	342089
浙 江	22568826	17916060	1167210	3176463	235369
安 徽	3386682	2482594	109949	742160	44912
福 建	5116617	3896418	183187	983519	44198
江 西	1066988	606796	62162	349681	39015
山 东	8584765	6052134	287542	2073435	142197
河 南	3398202	2349686	80666	889275	66724
湖 北	3747445	2504478	100266	1047387	84460
湖 南	1814159	1260025	77179	428161	43435
广 东	8359787	6610602	382984	1052119	118178
广 西	1393768	1017571	67981	266224	38733
海 南	170861	145451	3991	21005	399
重 庆	4639344	3517964	208912	839747	42498
四 川	5282763	3801615	306732	1046446	105636
贵 州	346157	254824	8452	76341	5580
云 南	3217191	2149945	194395	773785	86278
西 藏	161288	75449	4185	80294	1347
陕 西	1158753	701378	53240	349836	47552
甘 肃	860012	483234	52956	303802	14868
青 海	320469	196499	11559	79253	32081
宁 夏	1025254	761061	44071	203750	14787
新 疆	1244863	962715	51871	189307	35426

2-49 各地区私营建筑业企业流动资产、无形及递延资产

单位：万元

地　区	流动资产	#存货	无形及递延资产	#无形资产
全国总计	**104549334**	**27339049**	**2013719**	**1697056**
北　京	2871192	681870	44962	33669
天　津	1592618	314738	16596	14199
河　北	2070453	552001	38892	33209
山　西	1559442	375104	29535	19029
内蒙古	1868599	271862	54798	50576
辽　宁	4952890	1044866	144181	122755
吉　林	1685954	233256	22654	12601
黑龙江	1388334	310172	26123	19758
上　海	9622714	2283516	50214	44380
江　苏	19190640	5781553	342089	311110
浙　江	17916060	5120127	235369	197874
安　徽	2482594	502457	44912	35770
福　建	3896418	1054105	44198	33103
江　西	606796	159338	39015	30638
山　东	6052134	1675901	142197	113117
河　南	2349686	675883	66724	51367
湖　北	2504478	801727	84460	67488
湖　南	1260025	349049	43435	38969
广　东	6610602	1464276	118178	107458
广　西	1017571	248700	38733	35410
海　南	145451	30022	399	396
重　庆	3517964	1191094	42498	34368
四　川	3801615	1060412	105636	77532
贵　州	254824	78853	5580	4755
云　南	2149945	473334	86278	74232
西　藏	75449	17665	1347	1347
陕　西	701378	141253	47552	44678
甘　肃	483234	118027	14868	9887
青　海	196499	35741	32081	29852
宁　夏	761061	174252	14787	14375
新　疆	962715	117895	35426	33155

2-50 各地区私营建筑业企业固定资产情况

单位：万元

地区	固定资产小计	固定资产原价	#生产经营用	固定资产折旧	#本年折旧	在建工程
全国总计	**24280945**	**29335757**	**21822741**	**9010812**	**1833027**	**2285136**
北　京	451176	608561	374082	221307	51310	48695
天　津	390672	438988	260905	146776	36633	85800
河　北	673749	780853	596959	208953	36468	62277
山　西	611449	680341	506604	194827	42719	57373
内蒙古	518630	559040	407362	128829	22044	60968
辽　宁	1360763	1764421	1519148	533034	137257	44203
吉　林	456869	447117	297481	114629	24844	22082
黑龙江	442606	559025	498857	148633	45981	17531
上　海	851529	1245895	842998	476721	98179	69659
江　苏	3551515	4463064	3449486	1475775	262215	312422
浙　江	3176463	4198834	3371335	1338756	259744	254606
安　徽	742160	830859	598441	223223	46353	83820
福　建	983519	1196275	963224	358047	85912	46757
江　西	349681	369645	230792	98439	33312	40372
山　东	2073435	2235579	1558414	633634	141968	142116
河　南	889275	1088403	798099	319009	65597	85929
湖　北	1047387	1245522	876295	339792	59132	86068
湖　南	428161	521442	386259	166031	28998	37942
广　东	1052119	1231220	930687	470110	86640	260669
广　西	266224	278111	203850	79332	18868	35623
海　南	21005	24545	19281	7056	1504	1381
重　庆	839747	972842	638379	269810	51410	75040
四　川	1046446	1223724	851948	381979	67560	139131
贵　州	76341	75265	49539	17105	2985	9811
云　南	773785	884209	568495	273829	48471	101929
西　藏	80294	81341	27956	12941	2247	1891
陕　西	349836	380152	296870	86141	20542	32315
甘　肃	303802	325581	214174	79502	15345	28734
青　海	79253	88200	55526	25347	5533	13444
宁　夏	203750	276047	230774	90924	17563	14619
新　疆	189307	260657	198522	90323	15694	11930

2-51 各地区私营建筑业企业负债及所有者权益

单位：万元

地区	负债合计	流动负债	长期负债	所有者权益	#实收资本
全国总计	**72741681**	**69962274**	**2779407**	**64370007**	**43645005**
北京	1978122	1916871	61251	1603101	1871573
天津	1211434	1124057	87376	882691	697320
河北	1281972	1250646	31327	1600334	1028083
山西	943244	912532	30712	1333696	912867
内蒙古	1329998	1276839	53160	1268034	540687
辽宁	3498883	3367826	131057	3129247	2042139
吉林	1260529	1103779	156750	936710	663182
黑龙江	773472	761469	12003	1118248	945009
上海	6844711	6686855	157856	4192640	2780110
江苏	13905760	13539766	365994	10154669	5920022
浙江	12838313	12554163	284149	9730514	6045896
安徽	1701493	1627319	74173	1685190	1153543
福建	2323714	2276795	46919	2792903	2051809
江西	396274	370361	25913	670715	471762
山东	4547552	4378308	169244	4037213	2775551
河南	1283560	1235118	48442	2114642	1579511
湖北	1539041	1442323	96718	2208404	1636492
湖南	847463	802479	44984	966696	683653
广东	4769300	4515667	253634	3590487	2248793
广西	779998	721839	58159	613770	455041
海南	85537	85537		85324	47462
重庆	2137378	1968026	169352	2501967	1613250
四川	2545519	2426144	119376	2737244	2037626
贵州	193680	184534	9146	152477	140832
云南	1515364	1369439	145925	1701826	1284101
西藏	34416	28518	5897	126872	99101
陕西	402267	384788	17479	756486	576697
甘肃	358814	320956	37858	501198	388166
青海	131790	121610	10180	188679	159342
宁夏	565330	532045	33285	459923	346317
新疆	716754	675666	41087	528109	449069

2-52 各地区私营建筑业企业实收资本

单位：万元

地 区	合 计	国家资本	集体资本	法人资本	个人资本	港澳台资本	外商资本
全国总计	**43645005**		**34**	**10669126**	**32974653**	**1192**	
北 京	1871573		34	805626	1065913		
天 津	697320			202139	495181		
河 北	1028083			186927	841156		
山 西	912867			215528	697339		
内蒙古	540687			120187	420500		
辽 宁	2042139			353081	1689058		
吉 林	663182			153626	508364	1192	
黑龙江	945009			244915	700094		
上 海	2780110			688884	2091226		
江 苏	5920022			1573837	4346185		
浙 江	6045896			988044	5057853		
安 徽	1153543			291133	862410		
福 建	2051809			293586	1758224		
江 西	471762			154609	317153		
山 东	2775551			826862	1948689		
河 南	1579511			361982	1217529		
湖 北	1636492			447712	1188780		
湖 南	683653			163223	520430		
广 东	2248793			742152	1506641		
广 西	455041			83654	371387		
海 南	47462			16204	31258		
重 庆	1613250			279912	1333338		
四 川	2037626			405890	1631735		
贵 州	140832			46546	94286		
云 南	1284101			388255	895846		
西 藏	99101			52239	46862		
陕 西	576697			203306	373391		
甘 肃	388166			168165	220001		
青 海	159342			45560	113782		
宁 夏	346317			61447	284870		
新 疆	449069			103896	345173		

2-53 各地区私营建筑业企业收入情况

单位：万元

地 区	工程结算收入	工程结算成本	工程结算税金及附加	工程结算利润	经营费用	其他业务收入	#其他业务利润
全国总计	**174667893**	**151531296**	**6303772**	**15188432**	**1644393**	**1364745**	**354026**
北 京	3188383	2733811	100407	291090	63075	80224	22293
天 津	1922908	1687055	55484	158603	21767	50587	10959
河 北	3440576	2955122	129399	327260	28795	7366	3124
山 西	2074147	1749507	67693	225321	31626	20741	4212
内蒙古	3021488	2378775	111897	521505	9310	6829	1847
辽 宁	9179797	7965080	308635	851213	54869	77252	15190
吉 林	2843475	2376679	94364	312421	60012	8206	2727
黑龙江	1914072	1576893	87991	233813	15376	19951	3947
上 海	11605133	10368357	337954	832019	66804	145804	32628
江 苏	29871274	25796578	1071344	2650328	353024	224807	59640
浙 江	37580103	33677411	1308561	2403343	190788	250026	45994
安 徽	5264477	4568410	188990	443177	63901	41860	8322
福 建	8298115	7342082	335593	569573	50867	28519	11239
江 西	1846407	1523703	93116	206885	22703	9073	2561
山 东	9005574	7502348	344812	1058884	99530	74234	28494
河 南	5150444	4388090	191692	501841	68821	35914	7168
湖 北	5090472	4322155	191644	505107	71565	33914	4481
湖 南	3163427	2708687	154712	260753	39275	14214	4926
广 东	7741794	6657029	272713	740966	71086	85313	34055
广 西	1466678	1269269	55887	132550	8971	17189	6296
海 南	106329	86167	3971	14741	1449	82	48
重 庆	6293834	5317745	250061	677922	48107	26531	8122
四 川	6705497	5815037	240302	561732	88425	30007	9632
贵 州	319459	282408	12949	19026	5077	2124	598
云 南	2824016	2402897	103480	275231	42410	26718	10441
西 藏	177819	135092	6543	33658	2526	1844	704
陕 西	1167106	973304	52590	113778	27434	2630	748
甘 肃	809522	654970	36281	95539	22732	7405	2992
青 海	171463	145762	9799	13092	2810	842	387
宁 夏	1079017	961127	36705	75814	5372	17109	4209
新 疆	1345090	1209747	48205	81250	5888	17433	6045

2-54 各地区私营建筑业企业费用情况

单位：万元

地 区	管理费用	#税金	#财产保险费	#差旅费	#工会经费	财务费用	#利息支出
全国总计	**6070527**	**385985**	**56577**	**436807**	**82251**	**989552**	**681746**
北 京	253101	5294	1847	14748	572	7291	5857
天 津	101155	3076	410	2729	215	9249	2446
河 北	109147	7763	771	5387	1186	19305	9423
山 西	96496	4616	1516	8425	1327	18467	12724
内蒙古	93037	6907	352	4546	1143	20277	17395
辽 宁	356417	31218	3054	17320	5170	32381	19016
吉 林	99832	5952	331	6158	1723	15237	4401
黑龙江	96642	8056	378	7358	1892	6153	4715
上 海	421802	10232	2245	19987	1373	39480	32139
江 苏	1077936	65971	7332	80014	16432	191872	128566
浙 江	862934	53881	11986	74488	11032	236070	198679
安 徽	186030	13759	1455	14562	3403	26664	17089
福 建	251873	13927	1650	16777	2127	21247	13846
江 西	56343	7835	337	4657	946	9592	5215
山 东	373401	30222	5144	30586	5834	78805	48925
河 南	190767	16791	2346	21693	4133	27909	16408
湖 北	204063	15583	1987	16736	4483	33185	15540
湖 南	95072	8748	3236	8214	3566	17888	8805
广 东	351423	17623	2396	22119	3333	34697	21678
广 西	66396	2902	368	2749	402	7192	4563
海 南	4111	154	16	367	28	184	166
重 庆	183661	17577	2499	14971	3966	33062	23960
四 川	231528	17026	1910	19001	4712	47201	31999
贵 州	11654	398	38	610	82	1199	884
云 南	105779	7391	899	8037	1068	23044	15347
西 藏	12400	1414	62	435	1	799	229
陕 西	36956	3939	330	2235	892	11057	6098
甘 肃	43373	3307	399	6302	329	8380	5090
青 海	9979	411	156	445	52	824	634
宁 夏	32438	1661	300	1979	510	7265	6764
新 疆	54783	2350	826	3172	322	3572	3147

2-55 各地区私营建筑业企业利润及税金情况

单位：万元

地区	利润总额	#应交所得税	税金总额	工程结算税金及附加	管理费用中的税金
全国总计	**8364391**	**1816098**	**6689757**	**6303772**	**385985**
北京	56425	16577	105702	100407	5294
天津	60705	16215	58559	55484	3076
河北	177301	36953	137161	129399	7763
山西	108257	25774	72309	67693	4616
内蒙古	388321	90692	118805	111897	6907
辽宁	474164	130370	339853	308635	31218
吉林	186465	31613	100316	94364	5952
黑龙江	131700	20476	96047	87991	8056
上海	443195	98220	348186	337954	10232
江苏	1473679	318567	1137315	1071344	65971
浙江	1359322	312926	1362441	1308561	53881
安徽	235666	42893	202749	188990	13759
福建	301294	91508	349520	335593	13927
江西	141059	16692	100951	93116	7835
山东	615477	130748	375035	344812	30222
河南	282119	54954	208483	191692	16791
湖北	261988	53135	207227	191644	15583
湖南	158370	28804	163460	154712	8748
广东	374927	85915	290336	272713	17623
广西	68918	12619	58789	55887	2902
海南	10291	1023	4125	3971	154
重庆	420960	71473	267638	250061	17577
四川	302161	64305	257328	240302	17026
贵州	5779	1325	13347	12949	398
云南	135429	25615	110871	103480	7391
西藏	20732	2881	7957	6543	1414
陕西	59842	9003	56530	52590	3939
甘肃	38102	7494	39589	36281	3307
青海	2600	472	10210	9799	411
宁夏	39503	9296	38365	36705	1661
新疆	29642	7561	50555	48205	2350

2-56 各地区私营建筑业企业应收工程款及企业亏损情况

地 区	应收工程款（万元）	#竣工工程	企业个数（个）	#亏损企业个数	亏损企业的比重（%）
全国总计	**24715594**	**14056102**	**34293**	**4757**	**13.9**
北 京	531036	337775	1543	405	26.2
天 津	325555	138581	689	114	16.5
河 北	541044	369824	755	83	11.0
山 西	448791	270089	901	193	21.4
内蒙古	513419	300261	320	13	4.1
辽 宁	1083658	518881	2395	395	16.5
吉 林	460016	247629	410	28	6.8
黑龙江	306619	186765	759	195	25.7
上 海	1648678	764751	1988	365	18.4
江 苏	5445955	2706337	5041	323	6.4
浙 江	3776241	2380223	3312	288	8.7
安 徽	766581	508497	1081	118	10.9
福 建	658808	365522	1234	133	10.8
江 西	95141	59692	373	24	6.4
山 东	1976859	1357303	2736	275	10.1
河 南	328653	191167	1462	150	10.3
湖 北	677183	456108	1272	169	13.3
湖 南	401653	238663	450	38	8.4
广 东	1271070	607906	1632	347	21.3
广 西	196553	122895	371	103	27.8
海 南	22895	12222	32	3	9.4
重 庆	706010	412559	1297	135	10.4
四 川	830953	474439	1521	187	12.3
贵 州	32787	24506	141	32	22.7
云 南	600177	414568	1122	282	25.1
西 藏	36438	19615	71	1	1.4
陕 西	272062	120288	281	40	14.2
甘 肃	186706	98947	278	46	16.5
青 海	45853	24983	144	67	46.5
宁 夏	252455	183787	301	64	21.3
新 疆	275746	141321	381	141	37.0

2-57 各地区私营建筑业企业主要经济效益指标

地　区	产值利润率 (%)	产值利税率 (%)	资本利润率 (%)	资本利税率 (%)	人均利润 (元/人)	人均利税 (元/人)	资产负债率 (%)
全国总计	**4.3**	**7.8**	**19.2**	**34.5**	**6638**	**11946**	**53.1**
北　京	2.0	5.6	3.0	8.7	3070	8822	55.2
天　津	3.3	6.4	8.7	17.1	7127	14003	57.8
河　北	4.7	8.4	17.2	30.6	5714	10134	44.5
山　西	4.8	8.1	11.9	19.8	6576	10969	41.4
内蒙古	12.6	16.4	71.8	93.8	16355	21358	51.2
辽　宁	5.0	8.6	23.2	39.9	6796	11667	52.8
吉　林	6.5	10.1	28.1	43.2	8670	13335	57.4
黑龙江	6.8	11.7	13.9	24.1	7316	12651	40.9
上　海	3.9	6.9	15.9	28.5	8226	14688	62.0
江　苏	4.1	7.3	24.9	44.1	7173	12709	57.8
浙　江	3.2	6.4	22.5	45.0	5647	11307	56.9
安　徽	4.1	7.7	20.4	38.0	5434	10109	50.2
福　建	3.3	7.2	14.7	31.7	4666	10080	45.4
江　西	6.3	10.7	29.9	51.3	9206	15795	37.1
山　东	6.0	9.6	22.2	35.7	7325	11789	53.0
河　南	4.9	8.6	17.9	31.1	6631	11532	37.8
湖　北	4.5	8.1	16.0	28.7	6303	11288	41.1
湖　南	4.5	9.1	23.2	47.1	6663	13540	46.7
广　东	5.2	9.2	16.7	29.6	9116	16175	57.1
广　西	4.2	7.7	15.1	28.1	6413	11884	56.0
海　南	12.7	17.8	21.7	30.4	12738	17844	50.1
重　庆	6.0	9.9	26.1	42.7	8566	14013	46.1
四　川	3.8	7.1	14.8	27.5	4584	8488	48.2
贵　州	1.7	5.6	4.1	13.6	1938	6415	56.0
云　南	4.0	7.2	10.5	19.2	5792	10533	47.1
西　藏	9.8	13.6	20.9	28.9	10883	15060	21.3
陕　西	4.3	8.4	10.4	20.2	6406	12458	34.7
甘　肃	4.0	8.1	9.8	20.0	2967	6049	41.7
青　海	1.4	7.0	1.6	8.0	1232	6073	41.1
宁　夏	3.7	7.3	11.4	22.5	4978	9812	55.1
新　疆	2.0	5.5	6.6	17.9	3178	8598	57.6

2-58 各地区联营建筑业企业签订合同情况

单位：万元

地 区	合同总额	上年结转合同额	本年新签合同额
全国总计	**2176943**	**479469**	**1697474**
北 京	677	267	410
天 津	1169	50	1119
河 北	80972	6719	74253
山 西			
内蒙古	41853	21040	20813
辽 宁	66051	3994	62057
吉 林			
黑龙江	17875	11172	6703
上 海	80779	12865	67914
江 苏	1345284	267379	1077905
浙 江	5517	283	5234
安 徽	24104	2968	21136
福 建	5429	4778	651
江 西	14436	1902	12534
山 东	14930	2815	12115
河 南			
湖 北	35305	9844	25461
湖 南	11905	5485	6421
广 东	305199	99274	205925
广 西	4735	876	3859
海 南	710	19	691
重 庆	17180	3343	13837
四 川	35109	9168	25940
贵 州	8502	4088	4413
云 南	32221	7697	24524
西 藏			
陕 西	22288	3422	18866
甘 肃	4713	20	4693
青 海			
宁 夏			
新 疆			

2-59 各地区联营建筑业企业承包工程完成情况

单位：万元

地区	直接从建设单位承揽工程完成的产值	自行完成施工产值	分包出去工程的产值	从建设单位以外承揽工程完成的产值
全国总计	**1357878**	**1351109**	**6770**	**106348**
北京	646	646		
天津	1602	1602		
河北	32558	32558		
山西				
内蒙古	21587	21587		
辽宁	61187	61187		
吉林				
黑龙江	14759	14759		
上海	52357	52357		4703
江苏	807611	803478	4133	98037
浙江	4293	3196	1097	349
安徽	23035	23035		
福建	6768	6768		
江西	12247	12247		
山东	14573	14573		
河南				
湖北	25852	25852		
湖南	9598	9598		
广东	167826	166285	1540	1540
广西	2915	2915		
海南	691	691		
重庆	17964	17964		
四川	29864	29864		
贵州	4945	4945		
云南	24473	24473		1126
西藏				
陕西	15916	15916		593
甘肃	4613	4613		
青海				
宁夏				
新疆				

2-60 各地区联营建筑业总产值和竣工产值

单位：万元

地区	建筑业总产值	#装饰装修产值	#在外省完成的产值	按构成分组：建筑工程产值	按构成分组：安装工程产值	按构成分组：其他产值	竣工产值
全国总计	**1457456**	**125497**	**312577**	**1315398**	**123830**	**18229**	**1004800**
北 京	646	646		646			413
天 津	1602	489		1139	463		1319
河 北	32558	503		30258	97	2203	21225
山 西							
内蒙古	21587			21587			13684
辽 宁	61187			57704	3160	323	56587
吉 林							
黑龙江	14759			14759			12904
上 海	57060	13927		44924	7139	4998	54463
江 苏	901515	26515	276573	826932	73064	1519	645670
浙 江	3545			563	2982		3493
安 徽	23035	215	3725	15608	4598	2828	30335
福 建	6768	171		5247	1521		1616
江 西	12247			12247			11214
山 东	14573	2492		10631	1451	2492	12081
河 南							
湖 北	25852	6875		22869	2983		28443
湖 南	9598			9598			10154
广 东	167826	70894	29879	149242	16756	1828	41000
广 西	2915			2702	213		5678
海 南	691					691	
重 庆	17964			17840	33	91	124
四 川	29864	843	2400	29864			13967
贵 州	4945			4937	8		450
云 南	25598	1528		19472	4950	1177	23402
西 藏							
陕 西	16510	400		16030	400	80	11966
甘 肃	4613			600	4013		4613
青 海							
宁 夏							
新 疆							

2-61 各地区联营建筑业企业房屋建筑面积

地　区	房屋建筑施工面积（万平方米）	#本年新开工	#实行投标承包面积	#本年新开工	房屋建筑竣工面积（万平方米）	房屋建筑面积竣工率（%）
全国总计	**903.5**	**562.6**	**615.5**	**398.0**	**454.5**	**50.3**
北　京						
天　津						
河　北	68.6	57.2	68.6	57.2		
山　西						
内蒙古	39.2	12.1	39.2	12.1	11.1	28.4
辽　宁	38.3	38.3	36.7	36.7	34.1	89.1
吉　林						
黑龙江	20.5	9.9	20.0	9.9	15.9	77.7
上　海	11.5	7.6	5.8	5.8	3.9	33.9
江　苏	445.5	314.2	245.4	163.9	269.5	60.5
浙　江						
安　徽	21.3	1.4	21.0	1.2	18.3	85.8
福　建	6.2	1.3				
江　西	17.6	14.7	10.6	6.9	15.5	88.5
山　东	0.2	0.2				
河　南						
湖　北	43.7	20.0	43.7	20.0	26.7	60.9
湖　南	3.0	2.4	3.0	2.4	2.0	67.0
广　东	88.9	23.2	40.6	23.2	9.3	10.5
广　西	5.4	2.9	5.4	2.9	5.4	100.0
海　南						
重　庆	15.4	15.4	15.4	15.4		
四　川	34.6	7.3	19.2	6.7	23.4	67.4
贵　州	1.1	1.0	1.1	1.0	0.5	48.8
云　南	20.5	17.8	17.5	16.9	14.1	68.8
西　藏						
陕　西	22.0	15.9	22.0	15.9	4.8	21.7
甘　肃						
青　海						
宁　夏						
新　疆						

2-62 各地区按主要用途分的联营建筑业企业房屋建筑竣工面积

单位：万平方米

地区	合计	厂房、仓库	住宅	办公用房	批发和零售用房	住宿和餐饮用房
全国总计	**454.5**	**52.5**	**352.6**	**13.2**	**3.3**	**3.3**
北京						
天津						
河北						
山西						
内蒙古	11.1		11.1			
辽宁	34.1	6.0	25.5	0.7		
吉林						
黑龙江	15.9	1.2	14.4			
上海	3.9		0.6	0.1		0.5
江苏	269.5	38.0	220.3	4.0	1.1	
浙江						
安徽	18.3	2.9	13.0	0.1		2.3
福建						
江西	15.5		10.5	2.7		
山东						
河南						
湖北	26.7	4.0	6.8	5.5	0.3	0.5
湖南	2.0				2.0	
广东	9.3		8.3			
广西	5.4		4.9			
海南						
重庆						
四川	23.4		19.7			
贵州	0.5	0.4				
云南	14.1		12.7			
西藏						
陕西	4.8		4.8			
甘肃						
青海						
宁夏						
新疆						

2-62 续表

单位：万平方米

地区	居民服务业用房	教育用房	文化、体育和娱乐用房	卫生医疗用房	科研用房	其他用房
全国总计	**0.6**	**15.8**	**4.2**	**0.8**	**2.7**	**5.5**
北京						
天津						
河北						
山西						
内蒙古						
辽宁	0.6	0.6	0.8			
吉林						
黑龙江		0.2				0.1
上海					2.7	
江苏		6.1				
浙江						
安徽						0.1
福建						
江西		1.9				0.5
山东						
河南						
湖北		3.4	3.4			2.7
湖南						
广东				0.3		0.7
广西						0.5
海南						
重庆						
四川		3.7				
贵州						0.1
云南				0.4		0.9
西藏						
陕西						
甘肃						
青海						
宁夏						
新疆						

2-63 各地区按主要用途分的联营建筑业企业房屋建筑竣工价值

单位：万元

地 区	合 计	厂房、仓库	住 宅	办公用房	批发和零售用 房	住宿和餐饮用 房
全国总计	**408569**	**44311**	**315056**	**13948**	**2516**	**2528**
北 京						
天 津						
河 北						
山 西						
内蒙古	13684		13684			
辽 宁	51380	7867	37254	2120		
吉 林						
黑龙江	12904	1580	10989			
上 海	4765		650	115		200
江 苏	235051	29147	192264	4925	1000	
浙 江						
安 徽	10627	2018	6632	80		1840
福 建						
江 西	9315		6295	1635		
山 东						
河 南						
湖 北	22860	3401	5904	4740	280	488
湖 南	1236				1236	
广 东	8136		7163			
广 西	5465		4965			
海 南						
重 庆						
四 川	13220		11300	290		
贵 州	399	297				
云 南	14339		12769	43		
西 藏						
陕 西	5188		5188			
甘 肃						
青 海						
宁 夏						
新 疆						

2-63 续表

单位：万元

地 区	居民服务业用 房	教育用房	文化、体育和娱乐用房	卫生医疗用 房	科研用房	其他用房
全国总计	**1900**	**13637**	**4817**	**709**	**3800**	**5348**
北 京						
天 津						
河 北						
山 西						
内蒙古						
辽 宁	1900	120	2118			
吉 林						
黑龙江		230				105
上 海					3800	
江 苏		7715				
浙 江						
安 徽						57
福 建						
江 西		1131				254
山 东						
河 南						
湖 北		2772	2699			2577
湖 南						
广 东				283		691
广 西						500
海 南						
重 庆						
四 川		1630				
贵 州				23		78
云 南		39		403		1086
西 藏						
陕 西						
甘 肃						
青 海						
宁 夏						
新 疆						

2-64　各地区联营建筑业企业施工机械设备情况

地　区	年末自有施工机械设备总台数（台）	年末自有施工机械设备总功率（千瓦）	年末自有施工机械设备净值（万元）	技术装备率（元/人）	动力装备率（千瓦/人）
全国总计	**21736**	**388979**	**74683**	**9575**	**5.0**
北　京					
天　津	56	348	86	11077	4.5
河　北	38	1520	1601	3189	0.3
山　西					
内蒙古	510	19850	2664	10828	8.1
辽　宁	567	37029	2271	4502	7.3
吉　林					
黑龙江	665	3956	1337	12206	3.6
上　海	848	12450	984	9407	11.9
江　苏	8234	120366	34654	9978	3.5
浙　江	48	4012	102	5840	22.9
安　徽	1052	19268	1854	3696	3.8
福　建	414	10680	367	6858	20.0
江　西					
山　东	1475	25397	5907	49143	21.1
河　南					
湖　北	1100	9523	2563	17603	6.5
湖　南	672	11102	2854	23822	9.3
广　东	2375	63403	7341	8157	7.0
广　西	4	16	2	81	0.1
海　南					
重　庆	16	101	51	2485	0.5
四　川	849	18485	2171	5370	4.6
贵　州	158	736	525	14744	2.1
云　南	698	9176	3801	18827	4.5
西　藏					
陕　西	1842	16137	2686	17054	10.2
甘　肃	115	5424	862	18780	11.8
青　海					
宁　夏					
新　疆					

2-65 各地区联营建筑业企业主要生产效益指标

地 区	建筑业企业个数(个)	计算建筑业劳动生产率的平均人数(人)	按总产值计算的劳动生产率(元/人)	人均竣工产值(元/人)	人均施工面积(平方米/人)	人均竣工面积(平方米/人)
全国总计	**164**	**76206**	**191252**	**131853**	**118.6**	**59.6**
北 京	2	35	184571	118000		
天 津	3	97	165124	135979		
河 北	1	3411	95450	62225	201.2	
山 西						
内蒙古	1	2210	97679	61919	177.4	50.4
辽 宁	5	4939	123885	114571	77.6	69.1
吉 林						
黑龙江	2	2258	65364	57147	90.6	70.4
上 海	9	1233	462772	441712	92.9	31.5
江 苏	77	33731	267266	191417	132.1	79.9
浙 江	2	177	200282	197316		
安 徽	4	4665	49377	65027	45.7	39.2
福 建	4	544	124415	29704	113.9	
江 西	2	873	140286	128454	201.0	177.8
山 东	6	1291	112883	93582	1.2	
河 南						
湖 北	5	2613	98936	108853	167.4	102.0
湖 南	4	1137	84417	89303	26.7	17.9
广 东	13	7953	211022	51553	111.8	11.7
广 西	2	291	100162	195110	186.2	186.2
海 南	1	50	138200			
重 庆	3	208	863654	5971	741.8	
四 川	4	4072	73341	34300	85.1	57.4
贵 州	3	353	140074	12754	30.4	14.8
云 南	6	1945	131611	120317	105.4	72.5
西 藏						
陕 西	3	1661	99396	72040	132.5	28.8
甘 肃	2	459	100490	100490		
青 海						
宁 夏						
新 疆						

2-66 各地区联营建筑业企业营业额

单位：万元

地区	企业营业额	在境外完成的营业额	企业总产值	#建筑业总产值
全国总计	**1561296**	**55702**	**1505593**	**1457456**
北京	646		646	646
天津	1602		1602	1602
河北	32558		32558	32558
山西				
内蒙古	21587		21587	21587
辽宁	61187		61187	61187
吉林				
黑龙江	14759		14759	14759
上海	63483	31	63452	57060
江苏	978009	53272	924737	901515
浙江	3545		3545	3545
安徽	23035		23035	23035
福建	7168		7168	6768
江西	12247		12247	12247
山东	14573		14573	14573
河南				
湖北	26076		26076	25852
湖南	10498		10498	9598
广东	182767		182767	167826
广西	2915		2915	2915
海南	691		691	691
重庆	20019		20019	17964
四川	32264	2400	29864	29864
贵州	4948		4948	4945
云南	25598		25598	25598
西藏				
陕西	16510		16510	16510
甘肃	4613		4613	4613
青海				
宁夏				
新疆				

2-67 各地区联营建筑业企业资产构成

单位：万元

地 区	资产合计	#流动资产小计	#长期投资	#固定资产小计	#无形及递延资产
全国总计	**836114**	**637257**	**19733**	**164699**	**6703**
北 京	2621	2547		74	
天 津	1013	901		112	
河 北	14815	13211		1601	3
山 西					
内蒙古	16048	12512		3536	
辽 宁	28933	20623	71	8266	-26
吉 林					
黑龙江	9299	7616	180	1503	
上 海	63096	55453	4575	2444	625
江 苏	404377	317003	9416	69767	3191
浙 江	2391	2247		144	
安 徽	30947	25803		5144	
福 建	2506	2013	11	483	
江 西	2269	793	62	1414	
山 东	22709	13127	28	9160	88
河 南					
湖 北	9630	5814		3523	293
湖 南	11818	5581	405	5241	75
广 东	128721	105725	4678	16422	1891
广 西	3781	1830		166	58
海 南	1699	1081		617	
重 庆	10783	5979		4804	
四 川	12697	8526		4171	
贵 州	8029	2163		5850	11
云 南	12493	5852	80	6509	52
西 藏					
陕 西	15602	12144		3295	
甘 肃	19839	8714	228	10454	443
青 海					
宁 夏					
新 疆					

2-68 各地区联营建筑业企业流动资产、无形及递延资产

单位：万元

地　区	流动资产	#存货	无形及递延资产	#无形资产
全国总计	**637257**	**157264**	**6703**	**6040**
北　京	2547	745		
天　津	901	17		
河　北	13211	3121	3	3
山　西				
内蒙古	12512	831		
辽　宁	20623	1519	-26	-26
吉　林				
黑龙江	7616	825		
上　海	55453	20222	625	619
江　苏	317003	83907	3191	2676
浙　江	2247	803		
安　徽	25803	7901		
福　建	2013	141		
江　西	793	147		
山　东	13127	3556	88	88
河　南				
湖　北	5814	2568	293	264
湖　南	5581	2686	75	75
广　东	105725	11737	1891	1891
广　西	1830	510	58	
海　南	1081			
重　庆	5979	5845		
四　川	8526	2797		
贵　州	2163	244	11	
云　南	5852	2542	52	6
西　藏				
陕　西	12144	933		
甘　肃	8714	3668	443	443
青　海				
宁　夏				
新　疆				

2-69 各地区联营建筑业企业固定资产情况

单位：万元

地 区	固定资产小计	固定资产原价	#生产经营用	固定资产折旧	#本年折旧	在建工程
全国总计	**164699**	**209289**	**148142**	**62253**	**11361**	**6922**
北 京	74	89		16	13	
天 津	112	231	117	119	13	
河 北	1601	3012	2302	1411	104	
山 西						
内蒙古	3536	6331	4132	2795	498	
辽 宁	8266	10036	8615	1836	1040	
吉 林						
黑龙江	1503	1703	1703	833	50	156
上 海	2444	3751	1900	1310	150	
江 苏	69767	85931	67405	27429	4834	2788
浙 江	144	417	360	274	36	
安 徽	5144	10163	7403	5019	391	
福 建	483	606	475	216	59	
江 西	1414	1843	1646	429	81	
山 东	9160	11070	7315	3031	73	47
河 南						
湖 北	3523	4706	3435	1183	87	
湖 南	5241	8191	5530	2950	980	
广 东	16422	19618	11594	6550	1082	3014
广 西	166	249	224	82	16	
海 南	617	376		140	17	382
重 庆	4804	4889	4722	85	13	
四 川	4171	5542	3567	1523	906	152
贵 州	5850	6717	3217	867	67	
云 南	6509	8304	5949	1881	138	
西 藏						
陕 西	3295	4295	4081	1128	262	
甘 肃	10454	11220	2451	1148	454	383
青 海						
宁 夏						
新 疆						

2-70 各地区联营建筑业企业负债及所有者权益

单位：万元

地区	负债合计	流动负债	长期负债	所有者权益	#实收资本
全国总计	**507158**	**498813**	**8345**	**328957**	**218696**
北京	2122	2091	31	499	629
天津	466	466		547	536
河北	11788	11788		3027	2240
山西					
内蒙古	9197	8546	651	6851	6851
辽宁	8498	8433	65	20436	9514
吉林					
黑龙江	4197	4162	35	5102	4953
上海	51708	51708		11388	9059
江苏	244931	244059	873	159446	97840
浙江	1171	1169	2	1220	1053
安徽	17999	17618	381	12948	4759
福建	713	713		1794	2098
江西	578	527	51	1691	1222
山东	12474	12474		10234	7391
河南					
湖北	3119	3117	2	6511	5137
湖南	6037	4387	1650	5781	3239
广东	89348	89173	175	39373	24682
广西	1440	1440		2341	416
海南	955	955		743	743
重庆	5857	5857		4926	4924
四川	4823	4362	461	7874	7082
贵州	2350	2290	60	5679	5445
云南	4900	4900		7593	7162
西藏					
陕西	5964	5455	509	9638	8672
甘肃	16523	13123	3400	3316	3049
青海					
宁夏					
新疆					

2-71 各地区联营建筑业企业实收资本

单位：万元

地区	合计	国家资本	集体资本	法人资本	个人资本	港澳台资本	外商资本
全国总计	**218696**	**43437**	**38455**	**48889**	**87915**		
北京	629		129	500			
天津	536	43	310	50	133		
河北	2240	1269			971		
山西							
内蒙古	6851				6851		
辽宁	9514		183	1551	7780		
吉林							
黑龙江	4953	50	3847		1056		
上海	9059	532	6394	306	1828		
江苏	97840	16412	3228	28627	49573		
浙江	1053		1000		53		
安徽	4759	2607	2101	25	25		
福建	2098	244		430	1424		
江西	1222	930	292				
山东	7391	5233	645		1513		
河南							
湖北	5137	688		267	4183		
湖南	3239	2088	1026	110	15		
广东	24682	8782	1591	13231	1078		
广西	416		416				
海南	743				743		
重庆	4924		4814	25	85		
四川	7082	494	200	800	5588		
贵州	5445	268	2487	1042	1648		
云南	7162	1041	2340	743	3038		
西藏							
陕西	8672	2500	6172				
甘肃	3049	256	1279	1183	331		
青海							
宁夏							
新疆							

2-72 各地区联营建筑业企业收入情况

单位：万元

地区	工程结算收入	工程结算成本	工程结算税金及附加	工程结算利润	经营费用	其他业务收入	#其他业务利润
全国总计	**1173768**	**1027069**	**44015**	**91218**	**11467**	**17524**	**2382**
北京	822	671	26	121	4		
天津	1602	1262	46	139	155	23	21
河北	32558	29773	1501	1244	40		
山西							
内蒙古	21587	20050	737	797	3	2	1
辽宁	60852	52173	2398	6112	169		
吉林							
黑龙江	8722	7461	701	558	3	5	5
上海	62388	57962	2016	2392	18	633	122
江苏	603411	522972	20565	54300	5574	13995	988
浙江	3445	2734	115	596			
安徽	24092	19762	808	2267	1256	221	17
福建	6167	3981	1402	653	131		
江西	11384	8568	623	1629	564		
山东	15841	14363	497	617	364	144	10
河南							
湖北	26175	24222	907	1033	13	223	20
湖南	9175	6861	389	1252	674	12	8
广东	189151	171084	6510	10905	651	1379	1131
广西	4289	2950	120	897	321		
海南	926	757	45	102	23		
重庆	6583	6211	217	153	1		
四川	31940	27399	2550	1552	439		
贵州	5083	4691	214	133	45	7	7
云南	24751	21922	966	1131	731	812	22
西藏							
陕西	15993	13676	506	1646	165	17	3
甘肃	6832	5564	156	990	122	51	27
青海							
宁夏							
新疆							

2-73 各地区联营建筑业企业费用情况

单位：万元

地　区	管理费用	#税金	#财产保险费	#差旅费	#工会经费	财务费用	#利息支出
全国总计	**56022**	**2280**	**190**	**2766**	**724**	**1548**	**350**
北　京	130	3	1	20			
天　津	114	39	2	19		2	
河　北	676	56		9		31	18
山　西							
内蒙古	142	22		5		8	1
辽　宁	774	123	10	18	11	24	18
吉　林							
黑龙江	442	32		150	11	1	
上　海	1760	49	22	65	12	-55	-56
江　苏	34952	1335	39	1478	455	705	11
浙　江	321	1		4		-2	-2
安　徽	626	9		51	52	18	-8
福　建	263	3		3		1	
江　西	452	12		47		152	37
山　东	1559	16	2	27	5	26	9
河　南							
湖　北	815	17	17	35	71	51	46
湖　南	789	48	41	30	23	179	72
广　东	7908	142	25	189	22	293	152
广　西	796	18		13	8	-12	-12
海　南	84	1		3			
重　庆	142	4		6		1	1
四　川	988	283		371	36	14	1
贵　州	89	2		7	2	13	12
云　南	569	28	31	54	1	14	
西　藏							
陕　西	718	15		154	9	40	4
甘　肃	916	24		12	7	44	44
青　海							
宁　夏							
新　疆							

2-74 各地区联营建筑业企业利润及税金情况

单位：万元

地 区	利润总额	#应交所得税	税金总额	工程结算税金及附加	管理费用中的税金
全国总计	**38254**	**6609**	**46295**	**44015**	**2280**
北 京	-4		29	26	3
天 津	94	30	85	46	39
河 北	537	134	1557	1501	56
山 西					
内蒙古	648	32	759	737	22
辽 宁	5315	1384	2521	2398	123
吉 林					
黑龙江	28	6	733	701	32
上 海	1195	441	2065	2016	49
江 苏	20584	2655	21900	20565	1335
浙 江	283	71	116	115	1
安 徽	1617	418	817	808	9
福 建	389	13	1404	1402	3
江 西	1026		635	623	12
山 东	169	37	513	497	16
河 南					
湖 北	179	53	924	907	17
湖 南	292	22	436	389	48
广 东	3788	917	6652	6510	142
广 西			138	120	18
海 南	17	1	45	45	1
重 庆	1	1	221	217	4
四 川	547	85	2833	2550	283
贵 州	18	11	216	214	2
云 南	568	80	994	966	28
西 藏					
陕 西	892	211	521	506	15
甘 肃	74	10	180	156	24
青 海					
宁 夏					
新 疆					

2-75 各地区联营建筑业企业应收工程款及企业亏损情况

地　区	应收工程款（万元）	#竣工工程	企业个数（个）	#亏损企业个数	亏损企业的比重（%）
全国总计	**213856**	**82918**	**164**	**14**	**8.5**
北　京	527	527	2	1	50.0
天　津	382	325	3	1	33.3
河　北			1		
山　西					
内蒙古	3000	1870	1		
辽　宁	8758	640	5	1	20.0
吉　林					
黑龙江	2037	2037	2		
上　海	20763	6006	9	1	11.1
江　苏	105253	31066	77	4	5.2
浙　江	231	161	2		
安　徽			4	1	25.0
福　建			4		
江　西	310	161	2		
山　东	3316	2805	6	1	16.7
河　南					
湖　北	1568	1061	5		
湖　南	4012	3512	4		
广　东	39754	13274	13		
广　西	84	78	2		
海　南	146		1		
重　庆	211	211	3	1	33.3
四　川	4085	3265	4		
贵　州	72	72	3	1	33.3
云　南	15363	13632	6	2	33.3
西　藏					
陕　西	2234	1564	3		
甘　肃	1752	652	2		
青　海					
宁　夏					
新　疆					

2-76 各地区联营建筑业企业主要经济效益指标

地　区	产值利润率 (%)	产值利税率 (%)	资本利润率 (%)	资本利税率 (%)	人均利润 (元/人)	人均利税 (元/人)	资产负债率 (%)
全国总计	**2.6**	**5.8**	**17.5**	**38.7**	**5020**	**11095**	**60.7**
北　京	-0.7	3.9	-0.7	4.0	-1200	7143	81.0
天　津	5.9	11.2	17.6	33.4	9732	18474	46.0
河　北	1.6	6.4	24.0	93.5	1574	6139	79.6
山　西							
内蒙古	3.0	6.5	9.5	20.5	2932	6367	57.3
辽　宁	8.7	12.8	55.9	82.4	10761	15866	29.4
吉　林							
黑龙江	0.2	5.2	0.6	15.4	122	3368	45.1
上　海	2.1	5.7	13.2	36.0	9693	26442	82.0
江　苏	2.3	4.7	21.0	43.4	6102	12595	60.6
浙　江	8.0	11.3	26.8	37.9	15966	22542	49.0
安　徽	7.0	10.6	34.0	51.1	3466	5216	58.2
福　建	5.7	26.5	18.5	85.5	7151	32967	28.4
江　西	8.4	13.6	83.9	135.9	11749	19017	25.5
山　东	1.2	4.7	2.3	9.2	1307	5277	54.9
河　南							
湖　北	0.7	4.3	3.5	21.5	685	4222	32.4
湖　南	3.0	7.6	9.0	22.5	2566	6401	51.1
广　东	2.3	6.2	15.3	42.3	4762	13127	69.4
广　西		4.8	0.1	33.3	10	4759	38.1
海　南	2.5	9.0	2.3	8.4	3400	12480	56.2
重　庆		1.2		4.5	58	10697	54.3
四　川	1.8	11.3	7.7	47.7	1344	8301	38.0
贵　州	0.4	4.7	0.3	4.3	516	6626	29.3
云　南	2.2	6.1	7.9	21.8	2918	8029	39.2
西　藏							
陕　西	5.4	8.6	10.3	16.3	5368	8503	38.2
甘　肃	1.6	5.5	2.4	8.3	1610	5529	83.3
青　海							
宁　夏							
新　疆							

2-77 各地区股份制建筑业企业签订合同情况

单位：万元

地 区	合同总额	上年结转合同额	本年新签合同额
全国总计	**671639889**	**251284616**	**420355273**
北 京	63399093	24015450	39383643
天 津	24339774	8923159	15416615
河 北	25891668	9787051	16104617
山 西	24852245	11877135	12975110
内蒙古	7286090	1961687	5324403
辽 宁	22484614	7353042	15131572
吉 林	10542677	3223044	7319633
黑龙江	6912313	1352086	5560227
上 海	39256926	16391024	22865902
江 苏	72331131	22995183	49335948
浙 江	86500133	36391521	50108613
安 徽	14705151	4910564	9794588
福 建	16190474	6825188	9365286
江 西	7304842	2845605	4459237
山 东	34274949	11583165	22691784
河 南	35305301	11000053	24305248
湖 北	29047144	10914302	18132842
湖 南	19875707	7715924	12159783
广 东	37743828	17343039	20400789
广 西	4300492	1404843	2895650
海 南	282024	96403	185622
重 庆	16698945	6838770	9860175
四 川	24689835	8633914	16055921
贵 州	1740767	919891	820875
云 南	8250269	2196100	6054169
西 藏	705813	189401	516412
陕 西	23218185	9481118	13737067
甘 肃	5322986	1819519	3503467
青 海	822237	230681	591556
宁 夏	954427	248048	706379
新 疆	6409849	1817709	4592141

2-78 各地区股份制建筑业企业承包工程完成情况

单位：万元

地　区	直接从建设单位承揽工程完成的产值	自行完成施工产值	分包出去工程的产值	从建设单位以外承揽工程完成的产值
全国总计	**375507642**	**362345763**	**13161879**	**16254796**
北　京	27474044	22983498	4490546	3060700
天　津	10594141	9227560	1366580	849505
河　北	14774440	14753905	20535	141646
山　西	11199741	11107558	92184	98868
内蒙古	5342801	5319283	23517	29958
辽　宁	15041429	15016699	24731	178912
吉　林	6587618	6577719	9899	12472
黑龙江	5525020	5514342	10678	26273
上　海	18813468	15972690	2840778	2198525
江　苏	49927477	49537102	390375	4374183
浙　江	49039154	48291956	747198	960716
安　徽	8928114	8831246	96868	170628
福　建	8206122	8173355	32767	404003
江　西	4325605	4308010	17596	77425
山　东	23576589	23494017	82573	307539
河　南	22228220	22074860	153360	390967
湖　北	14740697	14647761	92937	437089
湖　南	11038564	10994680	43884	258866
广　东	17689757	15607655	2082103	932175
广　西	2318820	2225190	93630	103564
海　南	169527	166249	3278	3866
重　庆	8155606	8056762	98844	370756
四　川	14147262	14017665	129597	297041
贵　州	1123110	1119058	4052	12981
云　南	4456187	4447778	8410	235070
西　藏	450660	450660		3339
陕　西	11396664	11210672	185992	243595
甘　肃	3114069	3111340	2728	33774
青　海	489305	487556	1750	2475
宁　夏	644043	636171	7872	5602
新　疆	3989389	3982770	6619	32287

2-79 各地区股份制建筑业总产值和竣工产值

单位：万元

地 区	建筑业总产值	#装饰装修产值	#在外省完成的产值	按构成分组 建筑工程产值	安装工程产值	其他产值	竣工产值
全国总计	**378600559**	**19230535**	**129465262**	**334135378**	**33953260**	**10511922**	**228514199**
北 京	26044198	3595807	16684632	25163626	617961	262611	11472012
天 津	10077066	235527	3491273	8326965	1185453	564648	6136990
河 北	14895550	409347	4543639	12747409	1357170	790972	7959489
山 西	11206426	116010	6883986	10515087	563145	128194	3438998
内蒙古	5349241	61990	363756	4693322	449261	206658	3836267
辽 宁	15195611	410005	2819084	13361340	1557798	276473	9093381
吉 林	6590191	78759	2003924	5800328	670371	119492	5218129
黑龙江	5540616	114314	468472	4902424	452134	186058	3101691
上 海	18171214	1514431	6844928	15252302	2412884	506029	10653896
江 苏	53911284	1708489	24057669	49757116	3847035	307133	42378538
浙 江	49252672	3315704	26209750	43431432	4550571	1270669	30630093
安 徽	9001874	362479	1554562	7566017	1023870	411986	5476457
福 建	8577358	505394	3207056	7602621	819186	155551	6162836
江 西	4385435	253970	1074734	3815277	344295	225863	2809216
山 东	23801556	1029284	2249067	19320606	3922327	558623	13634087
河 南	22465827	758818	5668533	19911145	1716322	838360	12849589
湖 北	15084849	520207	3914792	13502054	1075089	507706	9070512
湖 南	11253546	400278	1963737	9450715	718921	1083909	7677553
广 东	16539830	2475978	4180616	14226533	1862736	450562	9904977
广 西	2328754	76853	232815	1842372	358534	127848	1633084
海 南	170115	13027	3458	141786	23558	4772	119062
重 庆	8427517	327537	1787147	7470076	663287	294154	4961530
四 川	14314706	517681	3584340	12649787	1237327	427592	7103772
贵 州	1132039	26073	202021	980788	120562	30689	489116
云 南	4682847	47850	414205	3976523	431222	275103	2827883
西 藏	453999	2930		409017	39455	5527	357961
陕 西	11454266	178533	4232136	10047487	1103519	303261	4286905
甘 肃	3145114	70550	633390	2712142	344468	88505	1738915
青 海	490030	6818	22699	425901	44777	19353	225710
宁 夏	641772	7794	62103	582553	51367	7852	470980
新 疆	4015057	88096	106741	3550629	388657	75771	2794572

2-80 各地区股份制建筑业企业房屋建筑面积

地　区	房屋建筑施工面积（万平方米）	#本年新开工	#实行投标承包面积	#本年新开工	房屋建筑竣工面积（万平方米）	房屋建筑面积竣工率（%）
全国总计	**297339.7**	**146975.1**	**258728.9**	**131646.5**	**119462.9**	**40.2**
北　京	13654.3	5376.1	13072.6	5180.7	3162.0	23.2
天　津	3682.9	1339.2	3481.6	1276.5	1257.6	34.1
河　北	11449.9	6418.0	10283.8	5989.9	4721.3	41.2
山　西	2373.6	1050.6	1850.5	971.8	764.4	32.2
内蒙古	3439.8	2330.3	3072.3	2180.4	1947.7	56.6
辽　宁	8717.9	5194.1	7828.0	4678.1	4060.3	46.6
吉　林	2970.5	2624.0	2710.8	2451.8	2197.6	74.0
黑龙江	2285.0	1778.7	1749.6	1460.4	1505.8	65.9
上　海	9849.1	3338.0	8610.9	3159.4	2594.4	26.3
江　苏	56968.5	27221.7	52633.2	25002.9	23803.6	41.8
浙　江	57489.5	24094.7	52621.0	22331.5	19011.8	33.1
安　徽	8287.2	4892.3	6601.3	4021.3	4039.5	48.7
福　建	9946.3	4185.9	8115.5	3440.6	3611.8	36.3
江　西	3595.7	2114.3	2943.5	1826.7	1974.7	54.9
山　东	22158.2	12401.4	19123.7	11139.8	8984.2	40.5
河　南	16174.3	9566.3	14277.4	8753.8	7648.2	47.3
湖　北	9340.8	5635.8	7372.3	4596.4	4847.8	51.9
湖　南	11604.6	5799.1	10395.4	5503.5	5474.9	47.2
广　东	10001.5	3828.7	5181.5	2341.6	3673.5	36.7
广　西	2020.1	994.9	1538.7	838.7	902.4	44.7
海　南	130.4	102.8	112.6	92.2	77.6	59.5
重　庆	7590.0	3701.3	5921.7	3140.2	3095.9	40.8
四　川	9417.2	5057.1	7020.4	4173.9	4215.6	44.8
贵　州	820.4	361.9	552.0	253.9	363.8	44.3
云　南	3099.2	1603.1	2482.1	1376.6	1303.8	42.1
西　藏	94.8	63.9	71.9	51.1	80.8	85.2
陕　西	3988.0	1987.2	3430.5	1746.1	1383.1	34.7
甘　肃	2212.2	1258.9	1921.2	1102.7	859.6	38.9
青　海	255.8	146.4	225.4	129.0	101.6	39.7
宁　夏	440.8	270.4	424.0	262.3	208.1	47.2
新　疆	3280.9	2237.9	3103.2	2172.7	1589.1	48.4

2-81 各地区按主要用途分的股份制建筑业企业房屋建筑竣工面积

单位：万平方米

地 区	合 计	厂房、仓库	住 宅	办公用房	批发和零售用 房	住宿和餐饮用 房
全国总计	**119462.9**	**17864.3**	**74988.2**	**9147.9**	**2469.5**	**1806.1**
北 京	3162.0	337.7	1801.1	500.4	53.2	58.2
天 津	1257.6	340.4	524.1	75.8	33.1	1.1
河 北	4721.3	539.7	3265.0	306.3	46.7	47.2
山 西	764.4	47.5	558.0	59.8	13.1	4.5
内蒙古	1947.7	83.4	1535.7	82.8	34.5	25.8
辽 宁	4060.3	653.9	2641.6	210.5	99.6	30.1
吉 林	2197.6	238.8	1627.6	162.6	34.7	9.8
黑龙江	1505.8	135.8	1107.4	50.5	23.0	11.0
上 海	2594.4	546.0	1027.9	228.6	116.0	74.5
江 苏	23803.6	2969.5	16170.0	1702.4	640.4	362.7
浙 江	19011.8	4229.2	10110.9	1930.9	567.5	452.1
安 徽	4039.5	644.6	2411.6	364.0	27.4	38.5
福 建	3611.8	719.8	2293.9	208.0	94.7	54.5
江 西	1974.7	274.1	1251.8	168.2	15.0	17.8
山 东	8984.2	1756.4	5431.3	602.6	149.4	113.0
河 南	7648.2	831.5	4995.2	661.7	83.0	124.9
湖 北	4847.8	694.8	3055.1	371.0	62.0	32.6
湖 南	5474.9	579.2	3572.8	392.7	74.9	75.2
广 东	3673.5	858.5	1991.4	207.0	83.8	66.3
广 西	902.4	79.9	640.7	52.3	6.5	13.3
海 南	77.6	4.0	40.0	10.1	4.1	3.7
重 庆	3095.9	365.0	2284.1	160.1	44.3	16.5
四 川	4215.6	468.3	2885.9	203.3	80.9	68.2
贵 州	363.8	14.2	246.4	26.9	11.4	4.3
云 南	1303.8	57.1	854.5	108.9	33.3	26.6
西 藏	80.8	0.3	64.6	9.0	0.3	0.5
陕 西	1383.1	135.0	952.7	103.6	7.7	11.8
甘 肃	859.6	159.5	532.6	46.4	8.7	13.0
青 海	101.6	2.4	60.2	12.1		1.8
宁 夏	208.1	14.2	149.1	5.2	5.5	1.3
新 疆	1589.1	83.6	905.0	124.3	14.5	45.1

2-81 续表

单位：万平方米

地 区	居民服务业用 房	教育用房	文化、体育和娱乐用房	卫生医疗用 房	科研用房	其他用房
全国总计	**1330.4**	**4531.0**	**1386.9**	**1454.7**	**447.4**	**4036.4**
北 京	26.8	149.6	39.3	39.4	22.9	133.4
天 津	9.1	45.7	54.4	21.9	5.3	146.6
河 北	61.8	177.0	23.7	42.8	19.0	192.2
山 西	8.0	46.7	4.3	7.4		15.2
内蒙古	18.7	68.4	21.5	4.9	0.4	71.7
辽 宁	41.4	126.8	35.7	23.9	13.1	183.8
吉 林	12.8	41.0	9.6	36.3	3.5	20.8
黑龙江	19.5	47.1	24.6	12.6	1.6	72.7
上 海	66.9	64.6	197.0	31.6	13.9	227.5
江 苏	292.7	611.0	209.1	213.4	110.9	521.4
浙 江	196.9	471.4	242.2	233.5	147.3	429.8
安 徽	54.8	258.5	19.5	62.7	3.9	154.3
福 建	14.3	116.5	23.7	15.2	4.2	66.9
江 西	30.7	83.0	24.0	20.5	0.4	89.2
山 东	103.1	191.6	105.0	63.8	20.0	448.1
河 南	122.4	394.8	60.4	135.7	19.8	218.9
湖 北	20.0	293.1	51.2	94.3	27.7	145.9
湖 南	47.6	258.0	45.2	149.9	8.7	270.7
广 东	33.8	124.5	33.5	25.0	5.9	244.0
广 西	7.0	44.6	6.9	11.0	0.3	39.9
海 南		5.5	1.4	4.0		4.7
重 庆	43.7	101.4	11.7	21.2	1.1	46.8
四 川	22.1	273.7	43.0	76.6	8.1	85.5
贵 州	2.0	36.4	1.6	10.4	0.1	10.0
云 南	16.2	115.8	26.5	10.7	3.8	50.3
西 藏	0.5	2.2	0.4	1.8		1.4
陕 西	6.3	82.0	28.5	14.2	1.8	39.4
甘 肃	11.9	42.3	18.0	12.8	1.4	12.8
青 海	3.3	14.8	1.0	4.2		1.8
宁 夏	0.1	11.8	0.9	1.3	0.3	18.4
新 疆	35.9	231.2	23.1	51.6	2.3	72.4

2-82 各地区按主要用途分的股份制建筑业企业房屋建筑竣工价值

单位：万元

地　区	合　计	厂房、仓库	住　宅	办公用房	批发和零售用　房	住宿和餐饮用　房
全国总计	**132559534**	**18764857**	**79195688**	**11837537**	**3154645**	**2401513**
北　京	5232914	588115	2587526	991813	93492	101679
天　津	2043921	486495	769986	105038	52957	1466
河　北	4874574	625513	3114349	363628	40524	70486
山　西	820165	60966	571549	71701	14979	4962
内蒙古	1990089	101822	1482279	119038	34250	27314
辽　宁	4451033	737944	2740525	273257	107186	34260
吉　林	2332906	248165	1671953	205670	43057	13039
黑龙江	1645293	167647	1171509	61436	29443	14730
上　海	4925821	874985	1503302	546338	218736	148539
江　苏	29499984	3547524	19382007	2367826	877600	485702
浙　江	22617982	4141778	12025793	2555054	819811	734246
安　徽	3317561	468455	1963907	354715	21686	58525
福　建	4044445	672046	2663264	242658	105877	67520
江　西	1494271	185574	929656	155701	10576	11037
山　东	8317990	1449727	4866308	751849	158591	111784
河　南	6949866	706210	4343160	652284	76283	111378
湖　北	4664634	656016	2816607	377664	58404	32753
湖　南	4784122	505373	3104454	377886	58669	59378
广　东	4068862	787963	2298045	304613	116036	67952
广　西	817689	74131	580276	44644	6609	12016
海　南	85912	3827	49403	9276	3841	3738
重　庆	3029868	414020	2158435	170524	43757	16888
四　川	4114864	487939	2707018	204495	77182	75000
贵　州	257163	11411	161291	23860	12128	2848
云　南	1293230	46304	824428	118250	31603	37235
西　藏	117832	370	93541	13929	573	575
陕　西	1658801	196240	1002759	133098	4149	17621
甘　肃	1179046	377124	573754	64840	12685	13278
青　海	109213	2232	59397	16277		2204
宁　夏	203421	18904	135307	8656	7126	1557
新　疆	1616063	120039	843899	151519	16836	61808

2-82 续表

单位：万元

地 区	居民服务业用 房	教育用房	文化、体育和娱乐用房	卫生医疗用 房	科研用房	其他用房
全国总计	**1698426**	**5329484**	**2369832**	**1878793**	**663886**	**5264873**
北 京	51993	276419	74393	115468	64021	287995
天 津	19382	94064	112687	43942	8762	349142
河 北	64374	205197	35150	91571	22723	241058
山 西	7903	57079	4225	12011		14789
内蒙古	26481	82173	30907	5848	655	79322
辽 宁	59140	180250	47030	30748	18344	222349
吉 林	18096	51766	7516	35564	3809	34271
黑龙江	22734	59533	45949	18175	1760	52378
上 海	222790	125770	493047	93027	55347	643942
江 苏	402434	926634	318499	303754	155645	732360
浙 江	273869	597815	433732	315557	198199	522128
安 徽	37225	194562	36135	50257	3645	128450
福 建	16524	140372	36136	23224	6497	70327
江 西	25477	68634	17838	15441	292	74045
山 东	112064	203420	208298	87074	26203	342672
河 南	99044	356023	61277	150526	28016	365666
湖 北	19227	317538	70240	107265	27192	181728
湖 南	36185	237329	39149	121465	5737	238497
广 东	35259	140902	50284	31774	3400	232635
广 西	4164	36870	5614	9536	266	43563
海 南		5468	1340	4126	13	4881
重 庆	36751	112887	13020	21454	550	41582
四 川	21220	311903	45465	75243	17779	91620
贵 州	1474	27152	1252	8145	100	7503
云 南	15745	115525	33560	12244	5334	53004
西 藏	591	3443	552	2309		1950
陕 西	10566	100746	63114	14983	3536	111990
甘 肃	11996	46777	44942	14204	2009	17438
青 海	3223	15613	1894	5175		3199
宁 夏	119	18591	1198	1820	284	9859
新 疆	42377	219030	35390	56865	3767	64534

2-83 各地区股份制建筑业企业施工机械设备情况

地 区	年末自有施工机械设备总台数(台)	年末自有施工机械设备总功率(千瓦)	年末自有施工机械设备净值(万元)	技术装备率(元/人)	动力装备率(千瓦/人)
全国总计	**4230000**	**84631030**	**16951548**	**9919**	**5.0**
北 京	130475	3236950	687623	21765	10.2
天 津	60137	2860887	1242158	61599	14.2
河 北	284604	4947426	790415	11392	7.1
山 西	84883	2571221	521941	13461	6.6
内蒙古	58915	1390143	251581	8573	4.7
辽 宁	141470	3592778	635948	12400	7.0
吉 林	44689	1022873	186549	9895	5.4
黑龙江	56451	1441221	318833	11693	5.3
上 海	54459	1609302	639920	20690	5.2
江 苏	668858	14455736	2311801	8667	5.4
浙 江	301626	5065156	1161895	5012	2.2
安 徽	180202	2409404	450614	7166	3.8
福 建	97461	1895313	338683	6073	3.4
江 西	60487	914120	214395	8111	3.5
山 东	311672	6354785	1147347	8149	4.5
河 南	390342	7399370	1269838	8902	5.2
湖 北	216928	4353572	854419	13567	6.9
湖 南	219823	3585790	561808	7990	5.1
广 东	230457	3741210	1048502	15978	5.7
广 西	52872	737982	102979	8481	6.1
海 南	2607	48825	7656	6079	3.9
重 庆	81692	1559757	371210	7253	3.0
四 川	134602	2371490	566640	6303	2.6
贵 州	15288	225716	55141	7059	2.9
云 南	55958	1055231	251793	9365	3.9
西 藏	1042	56326	18982	13373	4.0
陕 西	151020	2774153	522126	13268	7.0
甘 肃	65312	1323482	138323	6656	6.4
青 海	11843	240081	48014	16766	8.4
宁 夏	9411	250456	47020	25794	13.7
新 疆	54414	1140274	187397	18645	11.3

2-84 各地区股份制建筑业企业主要生产效益指标

地　区	建筑业企业个数(个)	计算建筑业劳动生产率的平均人数(人)	按总产值计算的劳动生产率(元/人)	人　均竣工产值(元/人)	人　均施工面积(平方米/人)	人　均竣工面积(平方米/人)
全国总计	**25020**	**19549310**	**193664**	**116891**	**152.1**	**61.1**
北　京	1185	956503	272286	119937	142.8	33.1
天　津	410	330281	305106	185811	111.5	38.1
河　北	1085	779648	191055	102091	146.9	60.6
山　西	479	446895	250762	76953	53.1	17.1
内蒙古	429	436177	122639	87952	78.9	44.7
辽　宁	1269	860448	176601	105682	101.3	47.2
吉　林	410	373854	176277	139577	79.5	58.8
黑龙江	805	423251	130906	73283	54.0	35.6
上　海	560	481008	377774	221491	204.8	53.9
江　苏	2745	2758503	195437	153629	206.5	86.3
浙　江	1199	2248148	219081	136246	255.7	84.6
安　徽	939	617556	145766	88680	134.2	65.4
福　建	659	587903	145898	104827	169.2	61.4
江　西	494	264475	165817	106219	136.0	74.7
山　东	2295	1539864	154569	88541	143.9	58.3
河　南	2126	1434763	156582	89559	112.7	53.3
湖　北	1070	625242	241264	145072	149.4	77.5
湖　南	899	711851	158088	107853	163.0	76.9
广　东	1600	664800	248794	148992	150.4	55.3
广　西	238	118738	196125	137537	170.1	76.0
海　南	45	11601	146638	102631	112.4	66.9
重　庆	764	527419	159788	94072	143.9	58.7
四　川	1259	1008904	141884	70411	93.3	41.8
贵　州	217	77815	145478	62856	105.4	46.8
云　南	499	275704	169851	102570	112.4	47.3
西　藏	48	19259	235733	185867	49.2	42.0
陕　西	410	411026	278675	104298	97.0	33.7
甘　肃	335	227461	138270	76449	97.3	37.8
青　海	141	41559	117912	54311	61.5	24.4
宁　夏	96	52275	122768	90097	84.3	39.8
新　疆	310	236379	169857	118224	138.8	67.2

2-85 各地区股份制建筑业企业营业额

单位：万元

地区	企业营业额	在境外完成的营业额	企业总产值	#建筑业总产值
全国总计	**408492062**	**11754498**	**396737564**	**378600559**
北京	33264800	5844623	27420177	26044198
天津	11993133	779878	11213255	10077066
河北	15419714	164072	15255643	14895550
山西	12180442	484415	11696027	11206426
内蒙古	5439835		5439835	5349241
辽宁	15445361	124115	15321246	15195611
吉林	6675448	25504	6649944	6590191
黑龙江	5633540	83368	5550172	5540616
上海	21963053	567633	21395421	18171214
江苏	56674726	189409	56485317	53911284
浙江	51337753	753614	50584139	49252672
安徽	9656884	404233	9252651	9001874
福建	8748441	37244	8711197	8577358
江西	4915897	30673	4885224	4385435
山东	25226909	510370	24716539	23801556
河南	23464183	327541	23136641	22465827
湖北	15950336	257184	15693153	15084849
湖南	11637191		11637191	11253546
广东	18789485	304275	18485210	16539830
广西	2450626	6917	2443709	2328754
海南	177193		177193	170115
重庆	8827610	53217	8774393	8427517
四川	15310822	339602	14971220	14314706
贵州	1143801	1564	1142237	1132039
云南	4741891	1918	4739973	4682847
西藏	463134		463134	453999
陕西	12118000	224474	11893526	11454266
甘肃	3348842	64931	3283911	3145114
青海	493384		493384	490030
宁夏	664983	3860	661123	641772
新疆	4334645	169865	4164780	4015057

2-86 各地区股份制建筑业企业资产构成

单位：万元

地区	资产合计	#流动资产小计	#长期投资	#固定资产小计	#无形及递延资产
全国总计	**307544655**	**237280037**	**23498642**	**39160333**	**5653939**
北京	48126429	34131212	11028894	1971233	554153
天津	10905861	8024968	672456	1920002	140714
河北	11234949	8759757	414714	1723095	274026
山西	9885326	8359911	444595	958180	96492
内蒙古	3941787	2798806	195903	782804	151530
辽宁	9850521	7608822	492603	1513093	201853
吉林	3082161	2063670	107627	827071	77133
黑龙江	4526497	3352683	127091	857421	177366
上海	20244175	17172932	1367382	1325585	237949
江苏	28652742	23212760	1045334	3928327	380974
浙江	23030816	18338737	1738244	2461510	391777
安徽	6429320	4933371	164057	1104871	189249
福建	5467920	4426155	217732	757182	54946
江西	2766941	2028838	68298	588298	72305
山东	21082732	16338761	994722	3121816	574826
河南	14266320	10285609	344152	3021718	554576
湖北	11397646	8948714	255026	1768513	238101
湖南	5834810	4241261	199863	1230922	136440
广东	20574618	16383275	1472300	2285643	297434
广西	1707605	1332961	87347	227974	52301
海南	252310	222745	6363	20201	2609
重庆	6438572	5064198	321381	863886	121597
四川	10557471	8052578	731868	1467339	203681
贵州	1085230	845633	59952	164511	13921
云南	4912927	3736647	344707	652719	114456
西藏	430784	241852	16029	151858	8810
陕西	13885020	11200509	281893	2175737	142349
甘肃	2433096	1736876	62869	553084	73578
青海	539144	352587	50489	122453	12869
宁夏	795659	644780	25954	114006	7851
新疆	3205265	2438431	158798	499283	98072

2-87 各地区股份制建筑业企业流动资产、无形及递延资产

单位：万元

地区	流动资产	#存货	无形及递延资产	#无形资产
全国总计	**237280037**	**61771980**	**5653939**	**4638311**
北京	34131212	6152912	554153	444798
天津	8024968	2253259	140714	97468
河北	8759757	2198343	274026	232652
山西	8359911	1331790	96492	69861
内蒙古	2798806	432066	151530	110402
辽宁	7608822	1714963	201853	163878
吉林	2063670	258485	77133	66696
黑龙江	3352683	690870	177366	166921
上海	17172932	5620560	237949	174541
江苏	23212760	6633737	380974	317272
浙江	18338737	4770027	391777	367625
安徽	4933371	1342598	189249	160541
福建	4426155	1576165	54946	42323
江西	2028838	356270	72305	64753
山东	16338761	4301276	574826	527262
河南	10285609	2629503	554576	438389
湖北	8948714	2731240	238101	192956
湖南	4241261	863344	136440	109955
广东	16383275	3758536	297434	201384
广西	1332961	265939	52301	46759
海南	222745	54568	2609	1563
重庆	5064198	1432150	121597	96862
四川	8052578	2354799	203681	170257
贵州	845633	209993	13921	12717
云南	3736647	865257	114456	93615
西藏	241852	52085	8810	7905
陕西	11200509	5893312	142349	105219
甘肃	1736876	358192	73578	44125
青海	352587	58379	12869	11658
宁夏	644780	161206	7851	7240
新疆	2438431	450154	98072	90717

2-88 各地区股份制建筑业企业固定资产情况

单位：万元

地 区	固定资产小计	固定资产原价	#生产经营用	固定资产折旧	#本年折旧	在建工程
全国总计	**39160333**	**51232313**	**40963809**	**17776482**	**3426935**	**3725703**
北 京	1971233	2836612	2400839	1099431	245732	213072
天 津	1920002	2332910	2104369	821033	148269	402457
河 北	1723095	2320112	1860175	784118	137516	114136
山 西	958180	1408128	1195206	550606	145596	68687
内蒙古	782804	989115	786654	328336	45486	83491
辽 宁	1513093	2136244	1754328	792231	152809	117879
吉 林	827071	1086845	693744	348723	106221	38759
黑龙江	857421	1169324	993800	388314	99963	25479
上 海	1325585	2182932	1954644	1004674	192471	142349
江 苏	3928327	5047453	4082316	1762418	298607	362938
浙 江	2461510	3209973	2538014	1090640	191740	281647
安 徽	1104871	1342830	1017877	402120	68117	119315
福 建	757182	857692	706889	267184	56330	93251
江 西	588298	670438	468393	176699	58762	49506
山 东	3121816	4051503	3101561	1464352	250432	224857
河 南	3021718	3669237	2812153	1131641	244195	352918
湖 北	1768513	2302230	1740657	725816	135569	95938
湖 南	1230922	1488193	1107994	508947	85720	147409
广 东	2285643	3186842	2630343	1242767	215121	266052
广 西	227974	272010	190966	79528	14393	14236
海 南	20201	27655	22176	9776	1417	624
重 庆	863886	1060983	762705	373470	92975	76777
四 川	1467339	1891037	1422568	636550	119597	149890
贵 州	164511	205577	154827	64550	10866	11668
云 南	652719	870244	623078	303082	49988	64695
西 藏	151858	127471	24054	15910	2265	4691
陕 西	2175737	2846967	2529579	802783	141373	101379
甘 肃	553084	618367	433847	204938	41730	59331
青 海	122453	174931	130682	64516	9654	8636
宁 夏	114006	167349	140249	62954	10428	8778
新 疆	499283	681109	579122	268377	53595	24861

2-89 各地区股份制建筑业企业负债及所有者权益

单位：万元

地 区	负债合计	流动负债	长期负债	所有者权益	#实收资本
全国总计	**204525182**	**192868249**	**11656933**	**103019473**	**58788462**
北 京	27534302	25470652	2063650	20592127	7491082
天 津	8019526	7318241	701285	2886336	1937515
河 北	7824283	7371483	452800	3410666	2173793
山 西	8253059	7949876	303183	1632267	1228203
内蒙古	2455213	2264686	190527	1486575	974080
辽 宁	6622578	6326003	296575	3227943	2083070
吉 林	1818525	1763713	54812	1263636	896814
黑龙江	2772639	2611867	160772	1753858	1408888
上 海	16129254	15379433	749821	4114922	2029025
江 苏	18092318	17672727	419591	10560425	5575973
浙 江	14914399	14399876	514523	8116418	4198892
安 徽	4119108	3941649	177459	2310212	1560910
福 建	3384597	3339579	45018	2083324	1510315
江 西	1595165	1511567	83598	1171777	845022
山 东	14320877	13481559	839318	6761854	4259337
河 南	8782457	8350913	431544	5483864	3921033
湖 北	7960822	7223563	737259	3436824	2236625
湖 南	3125000	2898265	226735	2709810	1819117
广 东	14183891	13174425	1009467	6390727	3646002
广 西	1096330	1045073	51258	611275	442430
海 南	137337	133912	3425	114973	83902
重 庆	4302032	3952972	349060	2136540	1395660
四 川	7073465	6462530	610935	3484005	2415447
贵 州	690400	661216	29185	394830	302607
云 南	3421212	3248676	172537	1491715	1058658
西 藏	129723	113354	16369	301061	282138
陕 西	10969792	10225500	744292	2915228	1321207
甘 肃	1664148	1579328	84820	768948	605860
青 海	308054	283249	24806	231090	229230
宁 夏	588539	570413	18126	207120	161673
新 疆	2236138	2141950	94188	969127	693956

2-90 各地区股份制建筑业企业实收资本

单位：万元

地 区	合 计	国家资本	集体资本	法人资本	个人资本	港澳台资本	外商资本
全国总计	**58788462**	**7941596**	**3663990**	**23178385**	**23963713**	**24190**	**16588**
北 京	7491082	122149	143152	6509502	716279		
天 津	1937515	553145	69438	863307	451142	180	303
河 北	2173793	249311	205095	540296	1179091		
山 西	1228203	560921	68162	306661	292459		
内蒙古	974080	123519	113220	319981	417361		
辽 宁	2083070	459446	147523	405240	1067624	25	3212
吉 林	896814	58904	37151	471085	329571	104	
黑龙江	1408888	263909	127483	406893	608408	819	1376
上 海	2029025	1062457	238569	275543	449831	2625	
江 苏	5575973	285297	269600	1415034	3598111	3605	4326
浙 江	4198892	169842	128603	1448526	2447706	4215	
安 徽	1560910	228192	117331	511435	703951		
福 建	1510315	102637	97159	332713	977456	350	
江 西	845022	151336	56404	321891	315291	100	
山 东	4259337	463687	401103	1655281	1738156	1111	
河 南	3921033	524100	318216	1147392	1930324	1000	
湖 北	2236625	392655	176956	855845	807679	480	3012
湖 南	1819117	104523	79599	630824	1003366	506	300
广 东	3646002	556494	238989	1774478	1071742	3990	310
广 西	442430	43733	59254	159330	180113		
海 南	83902	1840	2480	52168	27414		
重 庆	1395660	190094	61274	327352	816440		500
四 川	2415447	331960	84015	757823	1241649		
贵 州	302607	54480	19165	90374	138588		
云 南	1058658	194352	130981	259332	473993		
西 藏	282138	200102	29418	30951	21667		
陕 西	1321207	212625	70389	620854	409777	4312	3250
甘 肃	605860	94941	81181	249395	179943	400	
青 海	229230	28549	13384	145348	41949		
宁 夏	161673	34507	16194	38214	72389	369	
新 疆	693956	121890	62504	255318	254244		

2-91 各地区股份制建筑业企业收入情况

单位：万元

地区	工程结算收入	工程结算成本	工程结算税金及附加	工程结算利润	经营费用	其他业务收入	#其他业务利润
全国总计	**367666657**	**329618953**	**12171435**	**24033861**	**1842408**	**4920604**	**1001732**
北京	33592849	31051770	881808	1598027	61243	379552	94355
天津	11660143	10658098	305308	677142	19596	208717	22485
河北	14249300	12755322	488346	960720	44912	325038	51294
山西	11981252	11099219	300872	548253	32907	59042	13219
内蒙古	5243505	4535779	177823	515272	14631	51323	18377
辽宁	13993531	12328277	458844	1174013	32397	123229	21319
吉林	6352167	5648612	248589	420767	34200	213063	36837
黑龙江	5146709	4481742	243622	391046	30300	78553	34139
上海	22271418	20459376	626334	1140306	45402	293146	46718
江苏	42800710	37488093	1529126	3384625	398866	725401	99530
浙江	40990415	37452161	1412863	2029833	95558	265517	75659
安徽	8490930	7539676	296262	591098	63895	59132	17242
福建	8158376	7307193	306039	509377	35768	44113	14839
江西	3791418	3353914	151966	258677	26862	20628	9271
山东	21789657	19095213	715185	1834062	145198	849355	72927
河南	21091867	18677878	754016	1479169	180804	141314	37967
湖北	16228837	14612183	507697	987305	121652	85654	19863
湖南	10228375	9023246	420741	707184	77204	27251	12071
广东	19819234	17614873	634015	1480368	89978	345425	136122
广西	2221877	1992848	76821	145031	7178	49019	6876
海南	195734	170147	6883	17129	1576	552	404
重庆	8210664	7241340	286612	654086	28625	121210	38421
四川	13095744	11741839	431855	823257	98793	181511	31069
贵州	1099013	968634	41676	64840	23862	10239	3474
云南	4028009	3554719	134985	300143	38162	65682	27130
西藏	429026	312189	15451	98914	2473	719	425
陕西	12532862	11342144	434236	711256	45226	66484	30993
甘肃	2890163	2523295	117336	217663	31870	41297	8253
青海	414887	366618	14204	31121	2944	5738	2062
宁夏	703874	643425	22185	38036	228	10306	2094
新疆	3964112	3579132	129738	245141	10102	72395	16298

2-92 各地区股份制建筑业企业费用情况

单位：万元

地 区	管理费用	#税金	#财产保险费	#差旅费	#工会经费	财务费用	#利息支出
全国总计	**10966241**	**561571**	**75444**	**636276**	**174016**	**1527574**	**1132082**
北 京	1058538	22415	5941	52867	8856	2	68113
天 津	326390	9283	1198	12422	3211	64637	52414
河 北	452455	27059	2090	16735	4466	60171	25879
山 西	390942	9159	3912	14435	4436	52351	33715
内蒙古	185565	14542	997	6597	2326	32315	22564
辽 宁	460540	24165	3204	19342	5716	47307	29072
吉 林	206756	20602	1027	9147	1882	40202	7181
黑龙江	199216	21052	817	14931	3289	20471	8729
上 海	628320	13294	1713	27767	6117	45560	35347
江 苏	1363105	66409	5456	90629	26217	201908	136748
浙 江	710265	32940	6181	46299	16353	194009	182186
安 徽	266113	16618	1787	16937	5349	40859	28079
福 建	228658	7408	807	12578	2934	12849	8464
江 西	102068	7917	690	6367	2449	23301	12215
山 东	765528	54729	6441	40569	13942	156258	131087
河 南	664311	57254	9058	57640	19300	102698	71253
湖 北	486953	23633	2289	30979	8010	55086	32861
湖 南	269344	18738	7026	17918	7880	42521	19001
广 东	659891	30307	2746	31348	7336	73937	49611
广 西	77764	2091	377	3871	706	7678	5719
海 南	7646	162	16	478	228	200	98
重 庆	233152	15840	1540	15558	4742	44606	30463
四 川	389255	17139	2626	23315	7838	77964	57950
贵 州	36586	1506	238	1764	381	3280	1907
云 南	159029	6005	579	6666	1409	28122	20498
西 藏	47562	2797	28	491	132	1246	376
陕 西	284368	14974	4550	39302	4983	47138	30874
甘 肃	115271	14803	914	11248	1080	29224	9484
青 海	20984	774	79	487	105	1033	855
宁 夏	25817	1023	114	831	233	4314	3779
新 疆	143851	6934	1006	6758	2108	16328	15563

2-93 各地区股份制建筑业企业利润及税金情况

单位：万元

地 区	利润总额	#应交所得税	税金总额	工程结算税金及附加	管理费用中的税金
全国总计	**13268882**	**2543497**	**12733006**	**12171435**	**561571**
北 京	1358043	154953	904223	881808	22415
天 津	340115	82089	314591	305308	9283
河 北	455762	92815	515405	488346	27059
山 西	156215	24614	310031	300872	9159
内蒙古	322693	52450	192366	177823	14542
辽 宁	516411	122331	483009	458844	24165
吉 林	181807	35937	269191	248589	20602
黑龙江	196357	40052	264674	243622	21052
上 海	660313	112817	639629	626334	13294
江 苏	1980723	417466	1595535	1529126	66409
浙 江	1271285	273561	1445804	1412863	32940
安 徽	278877	48934	312879	296262	16618
福 建	287301	95910	313447	306039	7408
江 西	138955	26024	159883	151966	7917
山 东	959621	197634	769914	715185	54729
河 南	661898	144483	811270	754016	57254
湖 北	452895	87574	531330	507697	23633
湖 南	413000	77252	439479	420741	18738
广 东	945257	172772	664322	634015	30307
广 西	60854	13714	78912	76821	2091
海 南	9593	1488	7045	6883	162
重 庆	401775	62354	302452	286612	15840
四 川	389287	79352	448993	431855	17139
贵 州	32747	6212	43183	41676	1506
云 南	151723	31605	140990	134985	6005
西 藏	50357	4859	18248	15451	2797
陕 西	392912	40023	449210	434236	14974
甘 肃	74813	11545	132138	117336	14803
青 海	8233	1396	14978	14204	774
宁 夏	10631	3191	23208	22185	1023
新 疆	108429	28093	136672	129738	6934

2-94 各地区股份制建筑业企业应收工程款及企业亏损情况

地　区	应收工程款（万元）	#竣工工程	企业个数（个）	#亏损企业个数	亏损企业的比重（%）
全国总计	**54663034**	**24629432**	**25020**	**2815**	**11.3**
北　京	7948664	2086639	1185	265	22.4
天　津	2094091	792819	410	78	19.0
河　北	2843861	1416121	1085	128	11.8
山　西	2118614	778124	479	89	18.6
内蒙古	871863	553590	429	24	5.6
辽　宁	2178341	1037473	1269	215	16.9
吉　林	836449	504677	410	36	8.8
黑龙江	822916	485267	805	132	16.4
上　海	3589951	1244182	560	69	12.3
江　苏	5112532	2659947	2745	99	3.6
浙　江	3255429	1772813	1199	86	7.2
安　徽	1198012	603604	939	91	9.7
福　建	566917	331275	659	77	11.7
江　西	325806	143938	494	38	7.7
山　东	5343388	2945363	2295	200	8.7
河　南	1444183	538799	2126	167	7.9
湖　北	1999425	758258	1070	92	8.6
湖　南	1283287	686421	899	71	7.9
广　东	2730719	1127753	1600	227	14.2
广　西	244975	102911	238	30	12.6
海　南	23823	14533	45	4	8.9
重　庆	1096759	490755	764	78	10.2
四　川	1474309	912608	1259	168	13.3
贵　州	207939	119309	217	44	20.3
云　南	1063249	537366	499	87	17.4
西　藏	88042	20590	48	5	10.4
陕　西	2145942	884192	410	39	9.5
甘　肃	669036	416617	335	49	14.6
青　海	60596	31850	141	50	35.5
宁　夏	258730	158471	96	18	18.8
新　疆	765186	473167	310	59	19.0

2-95 各地区股份制建筑业企业主要经济效益指标

地 区	产值利润率 (%)	产值利税率 (%)	资本利润率 (%)	资本利税率 (%)	人均利润 (元/人)	人均利税 (元/人)	资产负债率 (%)
全国总计	**3.5**	**6.9**	**22.6**	**44.2**	**6787**	**13301**	**66.5**
北 京	5.2	8.7	18.1	30.2	14198	23651	57.2
天 津	3.4	6.5	17.6	33.8	10298	19823	73.5
河 北	3.1	6.5	21.0	44.7	5846	12456	69.6
山 西	1.4	4.2	12.7	38.0	3496	10433	83.5
内蒙古	6.0	9.6	33.1	52.9	7398	11808	62.3
辽 宁	3.4	6.6	24.8	48.0	6002	11615	67.2
吉 林	2.8	6.8	20.3	50.3	4863	12063	59.0
黑龙江	3.5	8.3	13.9	32.7	4639	10893	61.3
上 海	3.6	7.2	32.5	64.1	13728	27025	79.7
江 苏	3.7	6.6	35.5	64.1	7180	12964	63.1
浙 江	2.6	5.5	30.3	64.7	5655	12086	64.8
安 徽	3.1	6.6	17.9	37.9	4516	9582	64.1
福 建	3.3	7.0	19.0	39.8	4887	10218	61.9
江 西	3.2	6.8	16.4	35.4	5254	11299	57.7
山 东	4.0	7.3	22.5	40.6	6232	11232	67.9
河 南	2.9	6.6	16.9	37.6	4613	10268	61.6
湖 北	3.0	6.5	20.2	44.0	7244	15742	69.8
湖 南	3.7	7.6	22.7	46.9	5802	11976	53.6
广 东	5.7	9.7	25.9	44.1	14219	24211	68.9
广 西	2.6	6.0	13.8	31.6	5125	11771	64.2
海 南	5.6	9.8	11.4	19.8	8269	14341	54.4
重 庆	4.8	8.4	28.8	50.5	7618	13352	66.8
四 川	2.7	5.9	16.1	34.7	3859	8309	67.0
贵 州	2.9	6.7	10.8	25.1	4208	9758	63.6
云 南	3.2	6.3	14.3	27.6	5503	10617	69.6
西 藏	11.1	15.1	17.8	24.3	26147	35622	30.1
陕 西	3.4	7.4	29.7	63.7	9559	20488	79.0
甘 肃	2.4	6.6	12.3	34.2	3289	9098	68.4
青 海	1.7	4.7	3.6	10.1	1981	5585	57.1
宁 夏	1.7	5.3	6.6	20.9	2034	6473	74.0
新 疆	2.7	6.1	15.6	35.3	4587	10369	69.8

2-96　各地区外商投资建筑业企业签订合同情况

单位：万元

地　区	合同总额	上年结转合同额	本年新签合同额
全国总计	**6751905**	**2747151**	**4004753**
北　京	1158990	548170	610819
天　津	163200	76454	86746
河　北	21660	9128	12532
山　西	54537	16048	38488
内蒙古	850	250	600
辽　宁	659749	303425	356324
吉　林	33734	11300	22434
黑龙江	9766		9766
上　海	1425111	729957	695154
江　苏	1010529	253931	756598
浙　江	400995	105016	295978
安　徽	44237	6921	37316
福　建	26684	14548	12137
江　西	1833	355	1478
山　东	649411	250601	398810
河　南	13816	1892	11924
湖　北	34609	5192	29417
湖　南	25404	949	24454
广　东	860086	384242	475844
广　西	143853	26010	117843
海　南			
重　庆	8147	2008	6139
四　川	2754	690	2064
贵　州	1544		1544
云　南			
西　藏			
陕　西			
甘　肃	1	1	
青　海	323		323
宁　夏			
新　疆	83	63	20

2-97 各地区外商投资建筑业企业承包工程完成情况

单位：万元

地 区	直接从建设单位承揽工程完成的产值	自行完成施工产值	分包出去工程的产值	从建设单位以外承揽工程完成的产值
全国总计	**3955566**	**3733663**	**221903**	**418036**
北 京	615140	500202	114939	75916
天 津	59651	59651		10551
河 北	14589	14589		
山 西	33979	33979		
内蒙古	853	853		
辽 宁	425893	424288	1605	2140
吉 林	21908	21908		
黑龙江	9766	9766		
上 海	731513	660675	70838	123204
江 苏	769620	752584	17036	51263
浙 江	196359	192858	3501	146267
安 徽	34812	34812		
福 建	18607	18607		1842
江 西	1606	1606		
山 东	283529	283529		220
河 南	13680	13680		
湖 北	35643	35643		
湖 南	23351	23351		
广 东	565689	551707	13983	5108
广 西	88774	88774		
海 南				
重 庆	5756	5756		1441
四 川	2980	2980		
贵 州	1544	1544		
云 南				
西 藏				
陕 西				
甘 肃	1		1	1
青 海	323	323		
宁 夏				
新 疆				83

2-98 各地区外商投资建筑业总产值和竣工产值

单位：万元

地区	建筑业总产值	#装饰装修产值	#在外省完成的产值	按构成分组：建筑工程产值	按构成分组：安装工程产值	按构成分组：其他产值	竣工产值
全国总计	**4151699**	**1234062**	**1358202**	**3141078**	**849858**	**160763**	**2571315**
北京	576117	249014	244957	560601	7346	8170	380331
天津	70202	5809	15250	23386	29103	17714	27225
河北	14589	14589	3250	1776	12813		2130
山西	33979	62	2418	21090		12889	25351
内蒙古	853			853			180
辽宁	426428	111137	36573	327760	97961	707	270358
吉林	21908			21908			18829
黑龙江	9766			9766			9127
上海	783879	304094	304488	521660	211193	51026	502671
江苏	803847	431140	333933	674093	129754		759191
浙江	339125	13287	253076	264456	70958	3711	133156
安徽	34812	47	11667	18359	5938	10514	18959
福建	20449	1442	7360	14621	3522	2306	10552
江西	1606				606	1000	1606
山东	283749		94190	39846	235781	8122	36157
河南	13680	3931	833	7936	5237	506	6851
湖北	35643	34889	11540	10772		24871	10559
湖南	23351	10542	5600	6323	14932	2096	21053
广东	556815	45845	33061	543231	13306	278	270372
广西	88774			65568	9754	13453	57302
海南							
重庆	7197	7045		3894		3303	5604
四川	2980	866	7	1228	1655	97	1803
贵州	1544			1544			1544
云南							
西藏							
陕西							
甘肃	1	1			1		
青海	323	323		323			323
宁夏							
新疆	83			83			83

2-99 各地区外商投资建筑业企业房屋建筑面积

地　区	房屋建筑施工面积（万平方米）	#本年新开工	#实行投标承包面积	#本年新开工	房屋建筑竣工面积（万平方米）	房屋建筑面积竣工率（%）
全国总计	**2544.3**	**1355.0**	**2105.4**	**783.7**	**676.1**	**26.6**
北　京	101.1	28.9	95.8	27.1	17.3	17.1
天　津	26.9	7.4			14.3	53.1
河　北						
山　西	38.6	24.4	33.4	21.4	11.5	29.7
内蒙古						
辽　宁	151.5	63.5	124.9	63.5	62.5	41.2
吉　林	33.9	23.5	33.9	23.5	33.9	100.0
黑龙江	5.1	5.1	5.1	5.1	5.1	100.0
上　海	377.4	133.1	311.8	127.1	159.1	42.2
江　苏	154.4	90.9	116.4	74.3	40.3	26.1
浙　江	953.2	596.2	748.7	77.1	88.0	9.2
安　徽	15.5	13.1	13.1	13.1	9.7	62.8
福　建	10.1	4.3			4.3	43.0
江　西						
山　东	19.4	15.1	7.3	3.0	9.6	49.7
河　南						
湖　北						
湖　南						
广　东	595.6	329.2	594.4	328.0	158.8	26.7
广　西	61.6	20.4	20.4	20.4	61.6	100.0
海　南						
重　庆						
四　川						
贵　州						
云　南						
西　藏						
陕　西						
甘　肃						
青　海						
宁　夏						
新　疆						

2-100　各地区按主要用途分的外商投资建筑业企业房屋建筑竣工面积

单位：万平方米

地　区	合　计	厂房、仓库	住　宅	办公用房	批发和零售用房	住宿和餐饮用房
全国总计	**676.1**	**309.7**	**288.1**	**52.0**		**1.4**
北　京	17.3	10.0	3.1	1.6		
天　津	14.3	14.3				
河　北						
山　西	11.5		4.9	2.5		
内蒙古						
辽　宁	62.5	40.6	2.1	19.9		
吉　林	33.9		33.9			
黑龙江	5.1		5.1			
上　海	159.1	158.4	0.5	0.2		
江　苏	40.3	22.5	14.7	1.1		1.4
浙　江	88.0	47.4	14.1	16.8		
安　徽	9.7	1.3	6.1	1.4		
福　建	4.3	4.3				
江　西						
山　东	9.6	9.6				
河　南						
湖　北						
湖　南						
广　东	158.8	1.2	157.6			
广　西	61.6	0.1	46.1	8.6		
海　南						
重　庆						
四　川						
贵　州						
云　南						
西　藏						
陕　西						
甘　肃						
青　海						
宁　夏						
新　疆						

2-100 续表

单位：万平方米

地　区	居民服务业用　房	教育用房	文化、体育和娱乐用房	卫生医疗用　房	科研用房	其他用房
全国总计	**9.3**	**11.4**	**1.5**	**0.3**		**2.4**
北　京		2.7				
天　津						
河　北						
山　西		0.9	1.1			2.0
内蒙古						
辽　宁						
吉　林						
黑龙江						
上　海						0.1
江　苏		0.7				
浙　江	3.8	5.9				
安　徽		0.5		0.1		0.3
福　建						
江　西						
山　东						
河　南						
湖　北						
湖　南						
广　东						
广　西	5.5	0.8	0.4	0.1		
海　南						
重　庆						
四　川						
贵　州						
云　南						
西　藏						
陕　西						
甘　肃						
青　海						
宁　夏						
新　疆						

2-101　各地区按主要用途分的外商投资建筑业企业房屋建筑竣工价值

单位：万元

地　区	合　计	厂房、仓库	住　宅	办公用房	批发和零售用房	住宿和餐饮用房
全国总计	**888420**	**435767**	**332986**	**79940**		**6566**
北　京	50869	26543	7478	5121		
天　津	13008	13008				
河　北						
山　西	12088		5033	2975		
内蒙古						
辽　宁	118074	80927	2462	34685		
吉　林	18829		18829			
黑龙江	9127		9127			
上　海	220900	219003	1184	426		
江　苏	72884	40604	23980	1429		6566
浙　江	90350	38573	15541	26412		
安　徽	7487	1222	4650	978		
福　建	7014	7014				
江　西						
山　东	7699	7699				
河　南						
湖　北						
湖　南						
广　东	202790	1107	201683			
广　西	57302	68	43019	7916		
海　南						
重　庆						
四　川						
贵　州						
云　南						
西　藏						
陕　西						
甘　肃						
青　海						
宁　夏						
新　疆						

2-101 续表

单位：万元

地 区	居民服务业用 房	教育用房	文化、体育和娱乐用房	卫生医疗用 房	科研用房	其他用房
全国总计	**9084**	**19894**	**1686**	**204**		**2294**
北 京		11727				
天 津						
河 北						
山 西		923	1347			1810
内蒙古						
辽 宁						
吉 林						
黑龙江						
上 海						288
江 苏		305				
浙 江	4000	5825				
安 徽		355		87		196
福 建						
江 西						
山 东						
河 南						
湖 北						
湖 南						
广 东						
广 西	5085	758	339	117		
海 南						
重 庆						
四 川						
贵 州						
云 南						
西 藏						
陕 西						
甘 肃						
青 海						
宁 夏						
新 疆						

2-102 各地区外商投资建筑业企业施工机械设备情况

地区	年末自有施工机械设备总台数(台)	年末自有施工机械设备总功率(千瓦)	年末自有施工机械设备净值(万元)	技术装备率(元/人)	动力装备率(千瓦/人)
全国总计	**25787**	**423442**	**94717**	**9252**	**4.1**
北京	1173	35017	5028	8346	5.8
天津	166	2356	461	4658	2.4
河北					
山西	338	2944	1192	6945	1.7
内蒙古	87	1333	94	3450	4.9
辽宁	3884	76968	18219	12287	5.2
吉林	348	5425	879	125571	77.5
黑龙江	145	5531	941	64473	37.9
上海	2516	34959	9729	12651	4.5
江苏	4813	139324	15265	9096	8.3
浙江	862	17662	14192	13321	1.7
安徽	715	8603	3734	14519	3.3
福建	318	4587	1368	10698	3.6
江西	120	5000	1506	114098	37.9
山东	1126	27695	6721	3661	1.5
河南	157	215	104	1097	0.2
湖北	985	1608	445	5936	2.1
湖南	547	2832	581	5702	2.8
广东	4347	39694	8562	7579	3.5
广西	2269	4157	5436	9222	0.7
海南					
重庆	807	6138	124	3255	16.1
四川	58	19	50	1716	0.1
贵州	6	1375	86	22737	36.2
云南					
西藏					
陕西					
甘肃					
青海					
宁夏					
新疆					

2-103 各地区外商投资建筑业企业主要生产效益指标

地区	建筑业企业个数(个)	计算建筑业劳动生产率的平均人数(人)	按总产值计算的劳动生产率(元/人)	人均竣工产值(元/人)	人均施工面积(平方米/人)	人均竣工面积(平方米/人)
全国总计	**351**	**149852**	**277053**	**171590**	**169.8**	**45.1**
北京	51	22053	261242	172462	45.8	7.9
天津	14	2078	337834	131015	129.5	68.7
河北	2	193	755891	110383		
山西	3	2367	143553	107103	163.2	48.4
内蒙古	1	214	39860	8388		
辽宁	50	21715	196375	124503	69.8	28.8
吉林	1	2300	95252	81865	147.2	147.2
黑龙江	2	392	249143	232832	131.0	131.0
上海	66	24357	321829	206376	155.0	65.3
江苏	67	25287	317889	300230	61.1	16.0
浙江	9	10742	315700	123958	887.4	81.9
安徽	7	2538	137161	74702	61.0	38.3
福建	6	1220	167616	86491	82.6	35.5
江西	2	135	118933	118933		
山东	24	14832	191309	24377	13.1	6.5
河南	8	846	161696	80975		
湖北	5	777	458730	135889		
湖南	3	1040	224527	202432		
广东	16	10009	556314	270129	595.1	158.6
广西	2	5895	150593	97204	104.5	104.5
海南						
重庆	2	467	154109	120004		
四川	6	299	99659	60298		
贵州	1	38	406421	406421		
云南						
西藏						
陕西						
甘肃	1	10	1000			
青海	1	27	119556	119556		
宁夏						
新疆	1	21	39571	39571		

2-104 各地区外商投资建筑业企业营业额

单位：万元

地 区	企业营业额	在境外完成的营业额	企业总产值	#建筑业总产值
全国总计	**4669017**	**57518**	**4611500**	**4151699**
北 京	678886	16934	661952	576117
天 津	123428		123428	70202
河 北	14589		14589	14589
山 西	33979		33979	33979
内蒙古	853		853	853
辽 宁	450389	10898	439491	426428
吉 林	21908		21908	21908
黑龙江	9766		9766	9766
上 海	845379	11366	834013	783879
江 苏	951880	5130	946750	803847
浙 江	384350	8652	375697	339125
安 徽	37280	3	37277	34812
福 建	21041		21041	20449
江 西	1606		1606	1606
山 东	287421	280	287142	283749
河 南	13763		13763	13680
湖 北	36630		36630	35643
湖 南	27902		27902	23351
广 东	626942	4256	622686	556815
广 西	88774		88774	88774
海 南				
重 庆	7197		7197	7197
四 川	2995		2995	2980
贵 州	1544		1544	1544
云 南				
西 藏				
陕 西				
甘 肃	1		1	1
青 海	323		323	323
宁 夏				
新 疆	192		192	83

2-105 各地区外商投资建筑业企业资产构成

单位：万元

地　区	资产合计	#流动资产小计	#长期投资	#固定资产小计	#无形及递延资产
全国总计	**4282005**	**3575554**	**175395**	**461218**	**52132**
北　京	563134	473562	47015	30591	2707
天　津	93283	77493	50	10834	2222
河　北	9839	9407	120	309	3
山　西	10408	7988	200	2219	1
内蒙古	837	743		94	
辽　宁	506068	321580	65597	108093	10661
吉　林	5753	4666		1086	
黑龙江	18138	16884		1254	
上　海	819218	758813	2842	51702	3326
江　苏	825524	677143	18066	111091	18993
浙　江	245852	208259		30064	6240
安　徽	51080	41908	120	8606	440
福　建	34097	26354		4726	2474
江　西	4378	1892		2006	480
山　东	362066	274298	36179	47467	3965
河　南	44280	22448	240	21569	5
湖　北	16256	12310	878	3058	9
湖　南	31555	30100		1452	3
广　东	591109	566755	3408	19511	590
广　西	30789	26552		4237	
海　南					
重　庆	4227	3858		369	
四　川	12307	11461	680	162	4
贵　州	1091	508		583	
云　南					
西　藏					
陕　西					
甘　肃	59			59	
青　海	265	243		22	
宁　夏					
新　疆	394	329		56	9

2-106 各地区外商投资建筑业企业流动资产、无形及递延资产

单位：万元

地 区	流动资产	#存货	无形及递延资产	#无形资产
全国总计	**3575554**	**773411**	**52132**	**30255**
北 京	473562	75583	2707	1026
天 津	77493	31314	2222	441
河 北	9407	1366	3	3
山 西	7988	151	1	1
内蒙古	743	43		
辽 宁	321580	68075	10661	4746
吉 林	4666	810		
黑龙江	16884	66		
上 海	758813	110421	3326	1124
江 苏	677143	70012	18993	11931
浙 江	208259	65643	6240	3928
安 徽	41908	6521	440	413
福 建	26354	1955	2474	2412
江 西	1892	67	480	480
山 东	274298	48170	3965	3607
河 南	22448	3775	5	5
湖 北	12310	3052	9	6
湖 南	30100	2588	3	
广 东	566755	281878	590	123
广 西	26552	51		
海 南				
重 庆	3858	1045		
四 川	11461	630	4	
贵 州	508	50		
云 南				
西 藏				
陕 西				
甘 肃				
青 海	243	23		
宁 夏				
新 疆	329	124	9	9

2-107 各地区外商投资建筑业企业固定资产情况

单位：万元

地 区	固定资产小计	固定资产原价	#生产经营用	固定资产折旧	#本年折旧	在建工程
全国总计	**461218**	**673857**	**517526**	**239105**	**41035**	**18695**
北 京	30591	55270	46400	30513	6410	4002
天 津	10834	15540	1431	4812	894	106
河 北	309	1505	1411	1196	64	
山 西	2219	2330	2330	947	418	824
内蒙古	94	355	355	261	20	
辽 宁	108093	149931	118022	47526	8812	5512
吉 林	1086	2537	2537	1451	80	
黑龙江	1254	2452	1462	1240	274	
上 海	51702	90370	60811	39285	4499	348
江 苏	111091	135747	115621	29728	6818	3294
浙 江	30064	56051	55180	26253	4203	103
安 徽	8606	11674	6081	3238	322	170
福 建	4726	10252	1985	5526	380	
江 西	2006	2156	2006	150	60	
山 东	47467	68328	59594	21780	3036	879
河 南	21569	20077	6757	3876	882	3257
湖 北	3058	4961	1936	1978	210	74
湖 南	1452	1681	1675	707	87	
广 东	19511	35033	30171	16519	3360	125
广 西	4237	4625	312	388	21	
海 南						
重 庆	369	927	793	558	39	
四 川	162	506	450	344	48	
贵 州	583	1270	102	687	89	
云 南						
西 藏						
陕 西						
甘 肃	59	59		1		
青 海	22	117		95	5	
宁 夏						
新 疆	56	104	104	48	1	

2-108　各地区外商投资建筑业企业负债及所有者权益

单位：万元

地　区	负债合计	流动负债	长期负债	所有者权益	#实收资本
全国总计	**2907833**	**2751561**	**156272**	**1374171**	**838647**
北　京	405363	397586	7778	157771	122545
天　津	74028	70617	3411	19255	16571
河　北	4576	4576		5263	4660
山　西	4589	4589		5819	5803
内蒙古	34	34		803	803
辽　宁	326706	314560	12146	179362	100625
吉　林	3323	3323		2430	2430
黑龙江	6577	6577		11560	11242
上　海	635213	618176	17037	184005	121790
江　苏	484546	477938	6608	340979	175466
浙　江	157413	157170	243	88439	55049
安　徽	35678	35678		15402	9546
福　建	21419	20592	827	12677	10538
江　西	2378	2378		2000	1800
山　东	276111	171197	104914	85956	67297
河　南	28675	26409	2266	15605	7354
湖　北	6366	6366		9890	5591
湖　南	23193	23193		8361	7899
广　东	383474	382430	1044	207635	91339
广　西	15905	15905		14884	12561
海　南					
重　庆	4560	4560		-333	1330
四　川	7095	7095		5212	4300
贵　州	392	392		699	1500
云　南					
西　藏					
陕　西					
甘　肃				59	59
青　海	9	9		255	300
宁　夏					
新　疆	210	210		184	250

2-109 各地区外商投资建筑业企业实收资本

单位：万元

地区	合计	国家资本	集体资本	法人资本	个人资本	港澳台资本	外商资本
全国总计	**838647**	**10027**	**11438**	**217484**	**34281**	**1572**	**563845**
北京	122545	1795	1905	44266	1199	412	72968
天津	16571		202	4144	1308		10917
河北	4660			3745			915
山西	5803	25		1785			3993
内蒙古	803				218		585
辽宁	100625	1550	2406	23898	13546		59225
吉林	2430				2430		
黑龙江	11242	497					10745
上海	121790	3073	1178	16735	643	157	100004
江苏	175466	766		30256	9110		135334
浙江	55049			43732	781	869	9668
安徽	9546	2222		614	112		6599
福建	10538			901			9637
江西	1800						1800
山东	67297	50	5748	26095	4581	34	30789
河南	7354			1110	260		5984
湖北	5591			3417	89		2085
湖南	7899			1395			6504
广东	91339	50		4571	4	100	86616
广西	12561			7815			4746
海南							
重庆	1330			764			566
四川	4300			2085			2215
贵州	1500						1500
云南							
西藏							
陕西							
甘肃	59						59
青海	300						300
宁夏							
新疆	250			156			94

2-110 各地区外商投资建筑业企业收入情况

单位：万元

地区	工程结算收入	工程结算成本	工程结算税金及附加	工程结算利润	经营费用	其他业务收入	#其他业务利润
全国总计	**4476900**	**3850954**	**117891**	**435738**	**72317**	**166482**	**40575**
北京	758236	662921	20108	66220	8988	20046	6484
天津	67139	58557	746	-4655	12491	56108	15919
河北	14952	12509	245	2198		36	33
山西	32351	29507	652	645	1547	22	2
内蒙古	853	803	26	24	1		
辽宁	420481	348485	11961	58353	1683	491	-282
吉林	24918	23291	817	810			
黑龙江	9696	9070	337	289			
上海	874223	760605	19925	77283	16410	23035	6617
江苏	820160	681790	22413	99567	16391	37983	5071
浙江	360149	322537	6971	25632	5009	6746	799
安徽	34413	28357	854	4819	382	186	100
福建	23821	21383	428	1776	234	33	26
江西	1606	1493	28	80	5		
山东	263820	225469	7105	27542	3704	4713	552
河南	14759	11220	491	2638	410	1322	881
湖北	32486	29719	1042	1689	36	134	35
湖南	23771	18126	735	4835	74	10	10
广东	633329	546329	19884	62841	4275	15111	4028
广西	55290	50454	2827	2009			
海南							
重庆	5625	4697	169	168	591	382	274
四川	2960	2064	116	712	68	15	15
贵州	1457	1217		225	15		-5
云南							
西藏							
陕西							
甘肃	1			1			
青海	323	285	10	28			
宁夏							
新疆	83	68	3	11	2	109	15

2-111 各地区外商投资建筑业企业费用情况

单位：万元

地区	管理费用	#税金	#财产保险费	#差旅费	#工会经费	财务费用	#利息支出
全国总计	**230543**	**5452**	**770**	**10763**	**1693**	**14927**	**9642**
北京	47225	729	132	2352	310	507	265
天津	6026	42		25		406	-122
河北	1429	9		28	2	66	66
山西	385	8	8	118	3	25	5
内蒙古	23	2	2	1			
辽宁	23559	1410	90	2059	308	4439	3728
吉林	522	7		9		1	1
黑龙江	705	51	9	70	13	497	497
上海	67644	540	158	2277	401	724	210
江苏	40198	1215	156	1852	263	1898	1071
浙江	9735	467	98	582	165	3223	2698
安徽	1964	79	17	167	34	148	68
福建	1482	51	40	93	22	176	134
江西	41	2		3		12	12
山东	7598	190	31	402	51	2530	806
河南	2514	37	10	106	20	-1	-4
湖北	910	15	2	11	5	27	25
湖南	1597	14	4	56	7	-19	-13
广东	14613	575	7	495	69	245	187
广西	1179			14	16	-5	-5
海南							
重庆	454	2	2	26	1	8	
四川	465	4	4	11	4	15	9
贵州	209	3				4	4
云南							
西藏							
陕西							
甘肃							
青海	28			1			
宁夏							
新疆	39			6			

2-112 各地区外商投资建筑业企业利润及税金情况

单位：万元

地　区	利润总额	#应交所得税	税金总额	工程结算税金及附加	管理费用中的税金
全国总计	**225268**	**47878**	**123343**	**117891**	**5452**
北　京	24228	5825	20836	20108	729
天　津	5069	1799	788	746	42
河　北	734	51	254	245	9
山　西	234	13	661	652	8
内蒙古	1		28	26	2
辽　宁	28773	9321	13371	11961	1410
吉　林	233	233	824	817	7
黑龙江	-942		387	337	51
上　海	14698	6027	20464	19925	540
江　苏	58579	11976	23628	22413	1215
浙　江	12358	2187	7438	6971	467
安　徽	2807	494	933	854	79
福　建	162	85	479	428	51
江　西	27	1	30	28	2
山　东	17824	1492	7295	7105	190
河　南	1212	132	528	491	37
湖　北	807	221	1057	1042	15
湖　南	3373	367	750	735	14
广　东	54037	7427	20459	19884	575
广　西	835	167	2828	2827	
海　南					
重　庆	-24	7	171	169	2
四　川	247	53	121	116	4
贵　州	8		3		3
云　南					
西　藏					
陕　西					
甘　肃					
青　海			10	10	
宁　夏					
新　疆	-11		3	3	

2-113 各地区外商投资建筑业企业应收工程款及企业亏损情况

地 区	应收工程款 (万元)	#竣工工程	企业个数 (个)	#亏损企业个数	亏损企业的比重 (%)
全国总计	**741498**	**446880**	**351**	**85**	**24.2**
北 京	87741	46844	51	19	37.3
天 津	8151	818	14	6	42.9
河 北	8175	4088	2		
山 西	4888	4888	3		
内蒙古			1		
辽 宁	22108	14625	50	16	32.0
吉 林	8816	3766	1		
黑龙江	398	398	2	2	100.0
上 海	82543	55058	66	17	25.8
江 苏	259908	174423	67	11	16.4
浙 江	50455	14544	9	2	22.2
安 徽	4789	2625	7		
福 建	7302	504	6	1	16.7
江 西			2		
山 东	10914	8348	24	2	8.3
河 南	2325	112	8	1	12.5
湖 北	3163	3158	5	2	40.0
湖 南	4028	4025	3	1	33.3
广 东	158955	96294	16	2	12.5
广 西	15303	12312	2		
海 南					
重 庆			2	1	50.0
四 川	1486		6	1	16.7
贵 州			1		
云 南					
西 藏					
陕 西					
甘 肃			1		
青 海	51	51	1		
宁 夏					
新 疆			1	1	100.0

2-114 各地区外商投资建筑业企业主要经济效益指标

地　区	产值利润率 (%)	产值利税率 (%)	资本利润率 (%)	资本利税率 (%)	人均利润 (元/人)	人均利税 (元/人)	资产负债率 (%)
全国总计	**5.4**	**8.4**	**26.9**	**41.6**	**15033**	**23264**	**67.9**
北　京	4.2	7.8	19.8	36.8	10986	20434	72.0
天　津	7.2	8.3	30.6	35.3	24392	28186	79.4
河　北	5.0	6.8	15.8	21.2	38052	51197	46.5
山　西	0.7	2.6	4.0	15.4	987	3778	44.1
内蒙古	0.1	3.4	0.1	3.6	37	1336	4.1
辽　宁	6.7	9.9	28.6	41.9	13250	19408	64.6
吉　林	1.1	4.8	9.6	43.5	1014	4596	57.8
黑龙江	-9.6	-5.7	-8.4	-4.9	-24041	-14163	36.3
上　海	1.9	4.5	12.1	28.9	6034	14436	77.5
江　苏	7.3	10.2	33.4	46.9	23166	32510	58.7
浙　江	3.6	5.8	22.4	36.0	11505	18429	64.0
安　徽	8.1	10.7	29.4	39.2	11060	14736	69.8
福　建	0.8	3.1	1.5	6.1	1325	5250	62.8
江　西	1.7	3.5	1.5	3.2	1993	4215	54.3
山　东	6.3	8.9	26.5	37.3	12017	16935	76.3
河　南	8.9	12.7	16.5	23.7	14329	20566	64.8
湖　北	2.3	5.2	14.4	33.3	10386	23991	39.2
湖　南	14.4	17.7	42.7	52.2	32432	39639	73.5
广　东	9.7	13.4	59.2	81.6	53988	74429	64.9
广　西	0.9	4.1	6.6	29.2	1417	6213	51.7
海　南							
重　庆	-0.3	2.0	-1.8	11.1	-510	3148	107.9
四　川	8.3	12.3	5.7	8.6	8261	12298	57.7
贵　州	0.5	0.7	0.5	0.7	2000	2763	35.9
云　南							
西　藏							
陕　西							
甘　肃	40.0	50.0	0.7	0.8	400	500	
青　海	0.1	3.2	0.1	3.4	74	3778	3.5
宁　夏							
新　疆	-13.5	-10.3	-4.5	-3.4	-5333	-4095	53.3

2-115 各地区港澳台商投资建筑业企业签订合同情况

单位：万元

地　区	合同总额	上年结转合同额	本年新签合同额
全国总计	**6504385**	**2746626**	**3757760**
北　京	1194540	435529	759011
天　津	75184	9303	65882
河　北	28327	751	27576
山　西	50426	12920	37507
内蒙古			
辽　宁	118433	25176	93257
吉　林	55443		55443
黑龙江	55061	1751	53310
上　海	2178298	1019898	1158401
江　苏	494140	127983	366157
浙　江	372330	206333	165997
安　徽	39902	11041	28861
福　建	335642	142260	193382
江　西	111972	18130	93841
山　东	85354	10634	74720
河　南	45868	20570	25299
湖　北	47629	5926	41704
湖　南	4203	2535	1668
广　东	1166234	685569	480665
广　西	5000	1230	3770
海　南			
重　庆	6913	3841	3071
四　川	9965	1013	8951
贵　州			
云　南	21870	3763	18106
西　藏			
陕　西	815	201	615
甘　肃	633	264	369
青　海	7	5	1
宁　夏	89		89
新　疆	108		108

2-116 各地区港澳台商投资建筑业企业承包工程完成情况

单位：万元

地区	直接从建设单位承揽工程完成的产值	自行完成施工产值	分包出去工程的产值	从建设单位以外承揽工程完成的产值
全国总计	**3337299**	**3052749**	**284550**	**293149**
北京	586873	520893	65979	80693
天津	57658	49542	8117	32324
河北	24893	23835	1058	
山西	46836	46836		148
内蒙古				
辽宁	87763	87763		
吉林	55165	55165		
黑龙江	81389	81389		28
上海	836989	704369	132621	89654
江苏	346490	344262	2228	26680
浙江	134934	133931	1002	32303
安徽	26469	26469		
福建	219576	193777	25799	26339
江西	39649	39649		
山东	78068	73173	4895	
河南	22436	22354	82	
湖北	43373	43362	11	
湖南	3048	3048		
广东	618902	576149	42753	3220
广西	1664	1664		
海南				
重庆	5308	5308		1518
四川	7676	7676		
贵州				
云南	10648	10648		237
西藏				
陕西	815	810	5	5
甘肃	473	473		
青海	7	7		
宁夏	89	89		
新疆	108	108		

2-117 各地区港澳台商投资建筑业总产值和竣工产值

单位：万元

地区	建筑业总产值	#装饰装修产值	#在外省完成的产值	按构成分组			竣工产值
				建筑工程产值	安装工程产值	其他产值	
全国总计	**3345898**	**1064557**	**1089150**	**2645016**	**582429**	**118453**	**1992871**
北京	601586	255196	360753	595272	6261	54	318215
天津	81866	37821	6001	67339	4120	10407	44916
河北	23835	17453	117	134	455	23246	14190
山西	46984	9342	4486	28385	2198	16401	21192
内蒙古							
辽宁	87763	35593	5654	67673	19285	805	72945
吉林	55165	2338	347	55028		138	2338
黑龙江	81417	500	18517	81389		28	465
上海	794023	265434	179851	504678	281877	7469	277203
江苏	370942	72744	58781	316804	54074	64	304212
浙江	166235	837	116832	121596	44306	333	142970
安徽	26469	750	6637	17420	4359	4691	14604
福建	220116	46283	141327	194594	6894	18628	137649
江西	39649	6552		34571	4966	113	18331
山东	73173	24666	100	43920	14368	14885	27644
河南	22354	1981	1924	20280	2074		8967
湖北	43362	11538	1009	28294	10814	4253	30993
湖南	3048	175	94	3048			1939
广东	579369	267412	179909	448985	118211	12173	540212
广西	1664			1384	280		1632
海南							
重庆	6826	2083		3100	1643	2083	3150
四川	7676	4607	91	4607	622	2447	2114
贵州							
云南	10885	349	6722	5497	5150	237	5500
西藏							
陕西	815	815		815			815
甘肃	473				473		473
青海	7			7			7
宁夏	89	89		89			89
新疆	108			108			108

2-118 各地区港澳台商投资建筑业企业房屋建筑面积

地　区	房屋建筑施工面积（万平方米）	#本年新开工	#实行投标承包面积	#本年新开工	房屋建筑竣工面积（万平方米）	房屋建筑面积竣工率（%）
全国总计	**1662.0**	**777.9**	**750.3**	**494.6**	**545.1**	**32.8**
北　京	506.3	201.6	256.4	145.7	53.8	10.6
天　津	68.2	45.5			34.7	50.9
河　北	0.1		0.1		0.1	100.0
山　西	9.2	9.2	9.2	9.2	8.2	89.5
内蒙古						
辽　宁	6.8	5.7	6.8	5.7		
吉　林						
黑龙江						
上　海	34.7	27.8	27.8	27.5	6.6	19.0
江　苏	176.7	101.3	121.6	73.3	82.0	46.4
浙　江	223.6	167.1	143.1	117.4	138.9	62.1
安　徽	8.7	7.0	2.4	2.4	3.8	43.2
福　建	261.6	95.9	77.4	44.9	36.9	14.1
江　西	2.7	2.7	2.7	2.7		
山　东	23.1	9.0	14.8	8.3	5.0	21.7
河　南	37.8	16.8	37.8	16.8	8.9	23.6
湖　北	8.0	8.0			8.0	100.0
湖　南	10.3	1.0	10.3	1.0	3.0	29.3
广　东	282.0	78.1	39.9	39.9	152.7	54.2
广　西	2.4	1.4			2.4	100.0
海　南						
重　庆						
四　川						
贵　州						
云　南						
西　藏						
陕　西						
甘　肃						
青　海						
宁　夏						
新　疆						

2-119 各地区按主要用途分的港澳台商投资建筑业企业房屋建筑竣工面积

单位：万平方米

地 区	合 计	厂房、仓库	住 宅	办公用房	批发和零售用 房	住宿和餐饮用 房
全国总计	**545.1**	**204.3**	**240.8**	**36.0**	**12.2**	**11.1**
北 京	53.8		53.8			
天 津	34.7	15.4	0.9	10.0		7.8
河 北	0.1					
山 西	8.2	0.2	6.3	0.3		0.2
内蒙古						
辽 宁						
吉 林						
黑龙江						
上 海	6.6	6.4		0.2		
江 苏	82.0	54.2	12.8	9.2		1.5
浙 江	138.9	109.3	14.1		3.6	1.6
安 徽	3.8		1.1	1.1		
福 建	36.9	1.0	15.6	6.4	8.5	
江 西						
山 东	5.0		3.6			
河 南	8.9		8.9			
湖 北	8.0	8.0				
湖 南	3.0		0.9			
广 东	152.7	8.7	121.5	8.8		
广 西	2.4	1.1	1.3			
海 南						
重 庆						
四 川						
贵 州						
云 南						
西 藏						
陕 西						
甘 肃						
青 海						
宁 夏						
新 疆						

2-119 续表　　单位：万平方米

地　区	居民服务业用　房	教育用房	文化、体育和娱乐用房	卫生医疗用　房	科研用房	其他用房
全国总计	**2.0**	**2.8**	**11.6**			**24.3**
北　京						
天　津						0.6
河　北						0.1
山　西	1.2					
内蒙古						
辽　宁						
吉　林						
黑龙江						
上　海						
江　苏	0.5	1.4				2.4
浙　江			10.2			
安　徽		1.4				0.2
福　建	0.2					5.2
江　西						
山　东			1.4			
河　南						
湖　北						
湖　南						2.1
广　东						13.8
广　西						
海　南						
重　庆						
四　川						
贵　州						
云　南						
西　藏						
陕　西						
甘　肃						
青　海						
宁　夏						
新　疆						

2-120 各地区按主要用途分的港澳台商投资建筑业企业房屋建筑竣工价值

单位：万元

地区	合计	厂房、仓库	住宅	办公用房	批发和零售用房	住宿和餐饮用房
全国总计	**704548**	**194901**	**380532**	**40992**	**14714**	**7771**
北京	103797		103797			
天津	13358	6218	1665	641		4578
河北	65					
山西	7446	189	5881	245		297
内蒙古						
辽宁						
吉林						
黑龙江						
上海	13772	13157		615		
江苏	72616	40485	11386	13618		895
浙江	134220	104286	13670		1820	2000
安徽	5436		1695	2000		
福建	58864	965	26649	10298	12894	
江西						
山东	4802		3256			
河南	6199		6199			
湖北	17023	17023				
湖南	1680		420			
广东	263886	11911	205197	13574		
广西	1384	667	717			
海南						
重庆						
四川						
贵州						
云南						
西藏						
陕西						
甘肃						
青海						
宁夏						
新疆						

2-120 续表 单位：万元

地　区	居民服务业用　房	教育用房	文化、体育和娱乐用房	卫生医疗用　房	科研用房	其他用房
全国总计	**1792**	**3460**	**13991**			**46396**
北　京						
天　津						254
河　北						65
山　西	835					
内蒙古						
辽　宁						
吉　林						
黑龙江						
上　海						
江　苏	642	2022				3568
浙　江			12444			
安　徽		1438				303
福　建	315					7743
江　西						
山　东			1547			
河　南						
湖　北						
湖　南						1260
广　东						33204
广　西						
海　南						
重　庆						
四　川						
贵　州						
云　南						
西　藏						
陕　西						
甘　肃						
青　海						
宁　夏						
新　疆						

2-121 各地区港澳台商投资建筑业企业施工机械设备情况

地 区	年末自有施工机械设备总台数(台)	年末自有施工机械设备总功率(千瓦)	年末自有施工机械设备净值(万元)	技术装备率(元/人)	动力装备率(千瓦/人)
全国总计	**28692**	**438099**	**112931**	**10402**	**4.0**
北 京	2066	16958	3997	3149	1.3
天 津	928	20828	1419	4467	6.6
河 北	352	7771	1689	16036	7.4
山 西	1369	43114	4592	28751	27.0
内蒙古					
辽 宁	3449	19994	6741	14619	4.3
吉 林	139	1210	52	1483	3.4
黑龙江	440	16058	4367	37290	13.7
上 海	1639	7731	4122	4393	0.8
江 苏	3812	92465	23104	10991	4.4
浙 江	2028	13411	10730	10692	1.3
安 徽	540	13234	3390	24655	9.6
福 建	3345	11533	3765	2972	0.9
江 西	644	329	4883	22016	0.1
山 东	1019	38678	9678	32595	13.0
河 南	253	11545	252	1287	5.9
湖 北	495	9234	400	2550	5.9
湖 南	241	2686	183	6404	9.4
广 东	5062	91071	17912	9558	4.9
广 西	116	4181	10151	303015	12.5
海 南					
重 庆	42	4158	661	23017	14.5
四 川	667	10650	459	8156	18.9
贵 州					
云 南	13	725	314	8169	1.9
西 藏					
陕 西	30	435	62	9538	6.7
甘 肃					
青 海					
宁 夏	3	100	9	3750	4.2
新 疆					

2-122 各地区港澳台商投资建筑业企业主要生产效益指标

地　区	建筑业企业个数(个)	计算建筑业劳动生产率的平均人数(人)	按总产值计算的劳动生产率(元/人)	人均竣工产值(元/人)	人均施工面积(平方米/人)	人均竣工面积(平方米/人)
全国总计	**444**	**147572**	**226730**	**135044**	**112.6**	**36.9**
北　京	53	28117	213958	113175	180.1	19.2
天　津	17	3426	238955	131102	199.1	101.3
河　北	6	866	275236	163855	0.7	0.7
山　西	9	1933	243061	109633	47.5	42.5
内蒙古						
辽　宁	23	6928	126678	105290	9.8	
吉　林	3	3083	178933	7582		
黑龙江	3	3414	238480	1363		
上　海	76	18389	431792	150744	18.9	3.6
江　苏	59	25531	145291	119154	69.2	32.1
浙　江	13	11343	146552	126042	197.1	122.5
安　徽	7	1597	165744	91448	54.6	23.6
福　建	29	13356	164807	103062	195.8	27.6
江　西	9	2072	191358	88471	13.1	
山　东	23	3049	239991	90666	75.6	16.4
河　南	5	1733	128991	51742	217.8	51.3
湖　北	21	2269	191104	136591	35.3	35.3
湖　南	4	282	108096	68745	366.6	107.6
广　东	63	18408	314738	293466	153.2	83.0
广　西	2	235	70817	69443	102.8	102.8
海　南						
重　庆	5	303	225281	103947		
四　川	6	537	142948	39371		
贵　州						
云　南	3	584	186378	94171		
西　藏						
陕　西	1	65	125431	125431		
甘　肃	1	16	295375	295375		
青　海	1	5	13400	13400		
宁　夏	1	24	36958	36958		
新　疆	1	7	153714	153714		

2-123 各地区港澳台商投资建筑业企业营业额

单位：万元

地区	企业营业额	在境外完成的营业额	企业总产值	#建筑业总产值
全国总计	**3779141**	**62509**	**3716632**	**3345898**
北京	630232	10974	619258	601586
天津	82556		82556	81866
河北	23910		23910	23835
山西	46984		46984	46984
内蒙古				
辽宁	89320	312	89008	87763
吉林	55165		55165	55165
黑龙江	81417		81417	81417
上海	919678	1853	917825	794023
江苏	427087	581	426507	370942
浙江	218997		218997	166235
安徽	30448		30448	26469
福建	229395	4990	224405	220116
江西	39649		39649	39649
山东	73490		73490	73173
河南	22354		22354	22354
湖北	43552		43552	43362
湖南	3533		3533	3048
广东	712645	43800	668845	579369
广西	1664		1664	1664
海南				
重庆	26976		26976	6826
四川	7713		7713	7676
贵州				
云南	10885		10885	10885
西藏				
陕西	815		815	815
甘肃	473		473	473
青海	7		7	7
宁夏	89		89	89
新疆	108		108	108

2-124 各地区港澳台商投资建筑业企业资产构成

单位：万元

地 区	资产合计	#流动资产小计	#长期投资	#固定资产小计	#无形及递延资产
全国总计	**3884115**	**3294583**	**156293**	**384030**	**46064**
北 京	739027	653237	54802	25260	5273
天 津	148319	114985	2678	24616	5894
河 北	13306	9859	361	2597	420
山 西	51307	42092	2063	6896	66
内蒙古					
辽 宁	99194	86889	944	10724	635
吉 林	55769	37994	15999	1759	18
黑龙江	31552	24726		6442	384
上 海	1003070	945342	12229	40702	3345
江 苏	485167	410183	8167	58821	7928
浙 江	108582	80360	1671	22080	4466
安 徽	39580	24272		14956	332
福 建	159527	137585	6672	14561	709
江 西	61892	47183	1664	12242	789
山 东	111320	74366	3171	29765	3754
河 南	17791	16088		1458	245
湖 北	113078	89236	2058	20231	1453
湖 南	4249	3412	60	579	81
广 东	567003	435550	43667	77463	10120
广 西	2432	1747		686	
海 南					
重 庆	44126	36010	33	8083	
四 川	6799	5696		985	118
贵 州					
云 南	17666	15233		2365	36
西 藏					
陕 西	1213	748	54	411	
甘 肃	925	867		58	
青 海	310	35		275	
宁 夏	567	552		11	
新 疆	347	339		7	

2-125 各地区港澳台商投资建筑业企业流动资产、无形及递延资产

单位：万元

地　区	流动资产	#存货	无形及递延资产	#无形资产
全国总计	**3294583**	**620427**	**46064**	**40813**
北　京	653237	158157	5273	4909
天　津	114985	20445	5894	5736
河　北	9859	1752	420	350
山　西	42092	10381	66	66
内蒙古				
辽　宁	86889	20872	635	620
吉　林	37994	729	18	
黑龙江	24726	1780	384	384
上　海	945342	178828	3345	1308
江　苏	410183	53037	7928	6958
浙　江	80360	24406	4466	4217
安　徽	24272	1955	332	332
福　建	137585	27874	709	607
江　西	47183	11292	789	789
山　东	74366	18928	3754	3754
河　南	16088	6733	245	245
湖　北	89236	14319	1453	1200
湖　南	3412	820	81	40
广　东	435550	65373	10120	9144
广　西	1747	30		
海　南				
重　庆	36010	1108		
四　川	5696	826	118	118
贵　州				
云　南	15233	371	36	36
西　藏				
陕　西	748	130		
甘　肃	867			
青　海	35	5		
宁　夏	552	273		
新　疆	339	8		

2-126 各地区港澳台商投资建筑业企业固定资产情况

单位：万元

地区	固定资产小计	固定资产原价	#生产经营用	固定资产折旧	#本年折旧	在建工程
全国总计	**384030**	**541110**	**353446**	**219475**	**38522**	**27405**
北京	25260	44754	34576	19669	4654	82
天津	24616	37866	10222	14423	1327	1170
河北	2597	3719	3575	1563	287	90
山西	6896	17741	14542	11344	853	499
内蒙古						
辽宁	10724	14881	13166	6111	1451	627
吉林	1759	1323	1304	483	138	
黑龙江	6442	14477	14477	8038	168	
上海	40702	70908	22393	32106	4639	1843
江苏	58821	73916	55822	26674	5109	10736
浙江	22080	24851	19520	8141	1483	5324
安徽	14956	18846	8427	4008	1629	
福建	14561	25058	17136	11513	2212	505
江西	12242	19046	18396	8145	3005	
山东	29765	46316	36988	16982	2351	421
河南	1458	3228	1019	1770	160	
湖北	20231	23918	21081	6015	749	688
湖南	579	1395	830	947	187	90
广东	77463	81820	53791	36893	7714	4855
广西	686	1607	53	928	90	
海南						
重庆	8083	8376	761	294	19	
四川	985	1956	1329	1048	96	76
贵州						
云南	2365	3734	3077	1769	140	400
西藏						
陕西	411	847	847	435	30	
甘肃	58	82		24	12	
青海	275	322		46	12	
宁夏	11	46	39	35	4	
新疆	7	79	79	72	1	

2-127 各地区港澳台商投资建筑业企业负债及所有者权益

单位：万元

地区	负债合计	流动负债	长期负债	所有者权益	#实收资本
全国总计	**2544407**	**2495023**	**49384**	**1339709**	**936114**
北京	553929	551052	2877	185097	143413
天津	138363	134869	3495	9956	34367
河北	5354	5330	24	7952	4576
山西	34580	34069	511	16727	19855
内蒙古					
辽宁	50472	38985	11486	48722	32623
吉林	34399	34399		21370	11101
黑龙江	9204	9204		22348	12863
上海	770601	768951	1650	232469	170379
江苏	289383	277319	12064	195784	124821
浙江	63499	63329	170	45083	32508
安徽	15637	15637		23944	18445
福建	81974	81269	705	77553	49129
江西	30644	24981	5663	31248	19577
山东	55349	54075	1274	55971	45273
河南	10130	10130		7661	4338
湖北	69787	69787		43290	29497
湖南	1276	1145	131	2973	2898
广东	307287	298841	8446	259716	146969
广西	961	961		1471	2022
海南					
重庆	4968	4968		39158	18848
四川	2516	1802	715	4283	3410
贵州					
云南	12395	12222	173	5271	7344
西藏					
陕西	60	60		1153	1153
甘肃	639	639		286	286
青海	9	9		301	300
宁夏	639	639		-73	60
新疆	352	352		-6	60

2-128 各地区港澳台商投资建筑业企业实收资本

单位：万元

地 区	合 计	国家资本	集体资本	法人资本	个人资本	港澳台资本	外商资本
全国总计	**936114**	**31109**	**13262**	**231847**	**17974**	**636298**	**5624**
北 京	143413	3074	2164	35420	1276	101480	
天 津	34367		206	13670		20492	
河 北	4576			1673		2903	
山 西	19855	3934		2899	1777	11245	
内蒙古							
辽 宁	32623	1851	804	13828	828	15312	
吉 林	11101	430		6497		4174	
黑龙江	12863			3575	400	5716	3172
上 海	170379	1163	1677	49417	560	115497	2065
江 苏	124821		707	17236	1459	105419	
浙 江	32508		1704	10155	188	20461	
安 徽	18445	683		375		17387	
福 建	49129		270	9844	3020	35995	
江 西	19577	600		5740		13237	
山 东	45273		5369	11959	660	27285	
河 南	4338			1463	100	2775	
湖 北	29497	2750		6474		20273	
湖 南	2898			678		1845	375
广 东	146969	16624	362	36657	1892	91434	
广 西	2022			255		1767	
海 南							
重 庆	18848			1498	4120	13230	
四 川	3410			375	505	2530	
贵 州							
云 南	7344			1972	1189	4169	13
西 藏							
陕 西	1153					1153	
甘 肃	286			186		100	
青 海	300					300	
宁 夏	60					60	
新 疆	60					60	

2-129 各地区港澳台商投资建筑业企业收入情况

单位：万元

地区	工程结算收入	工程结算成本	工程结算税金及附加	工程结算利润	经营费用	其他业务收入	#其他业务利润
全国总计	**3595013**	**3129871**	**93080**	**331329**	**40733**	**166521**	**44936**
北京	726134	651629	17125	48940	8441	5535	2267
天津	79827	71130	1860	5774	1063	28349	3566
河北	25953	20746	632	4574	1	10	10
山西	45012	41998	929	1970	115		
内蒙古							
辽宁	95781	84614	2455	8272	440	1682	327
吉林	56861	46684	1149	8979	50	72	72
黑龙江	27580	24385	828	2367			
上海	952829	826959	22412	100291	3168	9722	1420
江苏	386496	321865	9347	46700	8584	14840	627
浙江	165643	145793	4523	14587	740	6243	649
安徽	26436	20000	824	3379	2232	3980	-975
福建	216476	195037	6653	13020	1767	92	53
江西	39722	33843	1084	4762	33	68	14
山东	62256	49520	1736	10464	536	115	68
河南	22354	18363	667	3216	108	19	19
湖北	49778	40695	926	4389	3769	19013	7565
湖南	3067	2262	101	664	41	58	18
广东	589222	514984	18338	46458	9443	54984	15169
广西	4812	4455	159	182	16		
海南							
重庆	4651	4044	168	426	13	21626	13956
四川	6483	4638	972	766	108	37	35
贵州							
云南	6276	5167	150	912	46	76	76
西藏							
陕西	689	570	21	98			
甘肃	473	376	14	82			
青海	7	3	1	3			
宁夏	89	36	3	29	21		
新疆	108	77	3	27			

2-130 各地区港澳台商投资建筑业企业费用情况

单位：万元

地 区	管理费用	#税金	#财产保险费	#差旅费	#工会经费	财务费用	#利息支出
全国总计	**182261**	**7121**	**909**	**10225**	**843**	**24011**	**12321**
北 京	32592	583	82	1845	58	5172	4327
天 津	4968	151	82	181	17	374	235
河 北	2117	108	8	81	21	73	63
山 西	1646	59	52	172	19	122	46
内蒙古							
辽 宁	5122	148	14	221	34	369	274
吉 林	547	16		10	11	37	25
黑龙江	2116	10		1		49	18
上 海	53819	1052	72	2755	50	6691	157
江 苏	19253	937	150	1288	306	4372	3491
浙 江	4959	1962	91	312	100	838	787
安 徽	1932	146	20	71	13	24	24
福 建	7409	225	64	500	23	1126	369
江 西	1689	8	1	9	2	1536	386
山 东	5086	217	59	257	7	1092	626
河 南	1781	154		228	11	38	20
湖 北	2365	57	8	103	13	208	-13
湖 南	531	45	1	17	2	142	128
广 东	32633	1182	194	2042	145	1681	1352
广 西	228			8			
海 南							
重 庆	229	29		23		10	-4
四 川	656	14	9	62	9	42	9
贵 州							
云 南	353	17		32	1	14	1
西 藏							
陕 西	102	1		1			
甘 肃	72		1	6			
青 海	3	1					
宁 夏	30			1	1		
新 疆	26						

2-131 各地区港澳台商投资建筑业企业利润及税金情况

单位：万元

地　区	利润总额	#应交所得税	税金总额	工程结算税金及附加	管理费用中的税金
全国总计	**184597**	**29630**	**100201**	**93080**	**7121**
北　京	42562	3173	17708	17125	583
天　津	1776	548	2011	1860	151
河　北	1991	461	740	632	108
山　西	220	197	987	929	59
内蒙古					
辽　宁	1003	252	2603	2455	148
吉　林	8517	2043	1165	1149	16
黑龙江	201	10	838	828	10
上　海	42618	8580	23464	22412	1052
江　苏	23772	3510	10284	9347	937
浙　江	9523	1298	6486	4523	1962
安　徽	475	105	970	824	146
福　建	5086	938	6878	6653	225
江　西	1570	376	1092	1084	8
山　东	4983	1187	1953	1736	217
河　南	1416	319	821	667	154
湖　北	6398	1856	983	926	57
湖　南	25	22	146	101	45
广　东	30231	4455	19520	18338	1182
广　西	-46	92	160	159	
海　南					
重　庆	1710	108	197	168	29
四　川	-62	21	986	972	14
贵　州					
云　南	622	79	167	150	17
西　藏					
陕　西	-4		22	21	1
甘　肃	10		14	14	
青　海	-1		1	1	1
宁　夏	-1		3	3	
新　疆	2	1	3	3	

2-132 各地区港澳台商投资建筑业应收工程款及企业亏损情况

地区	应收工程款(万元)	#竣工工程	企业个数(个)	#亏损企业个数	亏损企业的比重(%)
全国总计	**799695**	**370111**	**444**	**115**	**25.9**
北京	196950	79940	53	20	37.7
天津	49774	30607	17	7	41.2
河北	1966	1672	6	2	33.3
山西	10225	3078	9	4	44.4
内蒙古					
辽宁	26257	22095	23	5	21.7
吉林	3776	1952	3		
黑龙江			3		
上海	168270	61886	76	24	31.6
江苏	102530	50261	59	11	18.6
浙江	18431	13541	13	6	46.2
安徽	12678	10520	7	1	14.3
福建	24915	15949	29	4	13.8
江西	2704	112	9	2	22.2
山东	18419	4135	23	1	4.3
河南	669	109	5		
湖北	9079	8546	21	9	42.9
湖南	259	259	4	1	25.0
广东	138611	64614	63	10	15.9
广西	1202	30	2	1	50.0
海南					
重庆	29	29	5	2	40.0
四川	894	729	6	2	33.3
贵州					
云南	11996		3		
西藏					
陕西			1	1	100.0
甘肃	31	31	1		
青海			1	1	100.0
宁夏	17	17	1	1	100.0
新疆	15	1	1		

2-133 各地区港澳台商投资建筑业企业主要经济效益指标

地区	产值利润率 (%)	产值利税率 (%)	资本利润率 (%)	资本利税率 (%)	人均利润 (元/人)	人均利税 (元/人)	资产负债率 (%)
全国总计	**5.5**	**8.5**	**19.7**	**30.4**	**12509**	**19299**	**65.5**
北京	7.1	10.0	29.7	42.0	15137	21435	75.0
天津	2.2	4.6	5.2	11.0	5183	11052	93.3
河北	8.4	11.5	43.5	59.7	22993	31540	40.2
山西	0.5	2.6	1.1	6.1	1138	6246	67.4
内蒙古							
辽宁	1.1	4.1	3.1	11.1	1448	5205	50.9
吉林	15.4	17.5	76.7	87.2	27624	31403	61.7
黑龙江	0.2	1.3	1.6	8.1	588	3042	29.2
上海	5.4	8.3	25.0	38.8	23176	35936	76.8
江苏	6.4	9.2	19.0	27.3	9311	13339	59.6
浙江	5.7	9.6	29.3	49.2	8396	14113	58.5
安徽	1.8	5.5	2.6	7.8	2972	9044	39.5
福建	2.3	5.4	10.4	24.4	3808	8958	51.4
江西	4.0	6.7	8.0	13.6	7579	12851	49.5
山东	6.8	9.5	11.0	15.3	16343	22747	49.7
河南	6.3	10.0	32.6	51.5	8169	12904	56.9
湖北	14.8	17.0	21.7	25.0	28197	32529	61.7
湖南	0.8	5.6	0.9	5.9	887	6078	30.0
广东	5.2	8.6	20.6	33.9	16423	27027	54.2
广西	-2.8	6.8	-2.3	5.6	-1949	4838	39.5
海南							
重庆	25.1	27.9	9.1	10.1	56449	62957	11.3
四川	-0.8	12.0	-1.8	27.1	-1151	17205	37.0
贵州							
云南	5.7	7.3	8.5	10.7	10658	13517	70.2
西藏							
陕西	-0.5	2.2	-0.4	1.5	-631	2738	4.9
甘肃	2.1	5.1	3.5	8.5	6250	15188	69.1
青海	-7.5	9.0	-0.2	0.2	-1000	1200	2.9
宁夏	-1.6	1.7	-2.3	2.5	-583	625	112.8
新疆	1.6	4.6	2.8	8.3	2429	7143	101.6

三、中央和地方建筑业企业

3-1 各地区中央建筑业企业签订合同情况

单位：万元

地　区	合同总额	上年结转合同额	本年新签合同额
全国总计	**374383914**	**164862882**	**209521033**
北　京	58481324	22517862	35963461
天　津	23126042	9152502	13973540
河　北	13671375	6601940	7069434
山　西	23246857	12202469	11044387
内蒙古	1820312	910977	909335
辽　宁	11770204	5215195	6555009
吉　林	6746882	2829346	3917537
黑龙江	5420371	2776354	2644017
上　海	25141226	9390188	15751039
江　苏	8066021	3795522	4270499
浙　江	2378696	1101784	1276911
安　徽	12038731	3728972	8309759
福　建	4380569	1870695	2509873
江　西	3048166	1570746	1477420
山　东	14181058	6845199	7335859
河　南	18863885	6299732	12564152
湖　北	39333860	19621638	19712222
湖　南	13393531	6054540	7338991
广　东	20689528	8412996	12276532
广　西	2160372	617369	1543002
海　南	20714	377	20336
重　庆	5433218	2961864	2471354
四　川	17344519	8745699	8598820
贵　州	3064036	1461858	1602178
云　南	2562138	1411663	1150476
西　藏			
陕　西	29106403	14635407	14470995
甘　肃	1776917	688811	1088105
青　海	1993162	1203364	789798
宁　夏	471262	201071	270190
新　疆	4652540	2036741	2615799

3-2 各地区中央建筑业企业承包工程完成情况

单位：万元

地　区	直接从建设单位承揽工程完成的产值	自行完成施工产值	分包出去工程的产值	从建设单位以外承揽工程完成的产值
全国总计	**158772152**	**147964188**	**10807963**	**7887081**
北　京	24025284	18974573	5050711	2759499
天　津	10200566	8679158	1521408	962541
河　北	5567144	5556908	10237	298085
山　西	9549797	9492766	57031	166784
内蒙古	896814	896814		33692
辽　宁	6087135	5921846	165289	43100
吉　林	3181851	3157633	24217	56502
黑龙江	2745420	2581439	163981	44074
上　海	12262160	11466796	795364	409386
江　苏	3860833	3663811	197022	169729
浙　江	1183785	956044	227741	11736
安　徽	4289424	4183946	105478	20069
福　建	1962740	1946160	16579	62407
江　西	1748837	1690107	58730	32480
山　东	6409250	6171103	238147	82278
河　南	10188090	10102737	85353	211853
湖　北	14035188	13791164	244023	506833
湖　南	4299411	4277921	21490	315125
广　东	6783326	5780538	1002788	874875
广　西	980597	979460	1138	37818
海　南	19773	19773		
重　庆	1627092	1592010	35082	92047
四　川	8166940	7762625	404316	438858
贵　州	1738969	1736957	2012	12250
云　南	921629	908642	12987	5211
西　藏				
陕　西	11746276	11612210	134066	87556
甘　肃	933093	832733	100360	580
青　海	764283	741312	22972	87605
宁　夏	316100	316100		
新　疆	2280349	2170905	109444	64108

3-3 各地区中央建筑业总产值和竣工产值

单位：万元

地区	建筑业总产值	#装饰装修产值	#在外省完成的产值	按构成分组 建筑工程产值	安装工程产值	其他产值	竣工产值
全国总计	**155851269**	**3954828**	**95846650**	**136609947**	**16216039**	**3025284**	**60434927**
北京	21734072	1979809	18490349	20869346	671317	193410	8604321
天津	9641699	34892	5811318	8435108	950457	256134	5327627
河北	5854993	136610	3216116	4607005	893103	354885	2159671
山西	9659550	36075	7760155	9193391	426488	39670	2066246
内蒙古	930506	12129	364146	856424	53927	20155	499394
辽宁	5964946	17198	2744504	4599059	1275746	90141	1676209
吉林	3214135	91	2251852	2679637	519443	15055	2507581
黑龙江	2625513	8414	661538	1583221	904117	138175	949693
上海	11876182	227149	7985630	10623777	925889	326516	5064305
江苏	3833540	5792	2393960	2887750	855150	90640	1731755
浙江	967780	19011	410716	622642	274873	70265	360386
安徽	4204015	28942	2257342	3831820	317525	54670	909134
福建	2008567	44240	957886	1856384	108642	43541	1150253
江西	1722586	6000	1132812	1576636	99385	46566	619239
山东	6253380	41125	3057886	4371165	1800831	81385	2093688
河南	10314590	691516	5083888	8816285	1308454	189852	3564623
湖北	14297998	50359	8801127	13004873	1029004	264121	5935239
湖南	4593046	61806	3261216	4145669	360865	86512	2147366
广东	6655413	364510	3255262	6417624	216641	21149	2979786
广西	1017278	2975	352511	651909	353932	11437	461232
海南	19773			650	19123		17677
重庆	1684057	12302	985273	1565429	115562	3066	429697
四川	8201483	106263	4470424	7213117	814477	173889	2594515
贵州	1749207	1083	863424	1462528	273681	12998	632928
云南	913853		470776	879533	24010	10310	372533
西藏							
陕西	11699765	38186	7387503	10537233	828062	334471	3296326
甘肃	833313		408754	463631	329392	40290	438673
青海	828917		565520	728443	74800	25674	312083
宁夏	316100		46998	209413	99888	6800	184944
新疆	2235013	28351	397764	1920246	291259	23508	1347807

3-4 各地区中央建筑业企业房屋建筑面积

地　区	房屋建筑施工面积(万平方米)	#本年新开工	#实行投标承包面积	#本年新开工	房屋建筑竣工面积(万平方米)	房屋建筑面积竣工率(%)
全国总计	**45672.4**	**16981.3**	**42623.5**	**15785.9**	**10011.5**	**21.9**
北　京	11849.6	4658.2	11301.0	4448.9	2094.6	17.7
天　津	2512.9	888.4	2470.3	881.6	664.2	26.4
河　北	1636.0	782.2	1576.4	771.7	248.3	15.2
山　西	589.5	233.7	579.0	228.7	64.2	10.9
内蒙古	153.7	65.3	147.7	65.3	33.6	21.9
辽　宁	1154.7	648.2	1134.2	635.3	133.9	11.6
吉　林	204.4	180.7	204.4	180.7	146.7	71.8
黑龙江	107.4	59.6	79.5	46.9	81.4	75.8
上　海	4183.0	1323.9	4098.0	1291.9	850.1	20.3
江　苏	948.1	325.8	904.0	316.2	248.4	26.2
浙　江	13.9	2.7	10.8	1.7	1.0	7.1
安　徽	1143.2	366.7	1103.4	360.7	326.8	28.6
福　建	633.8	240.6	473.2	139.8	201.0	31.7
江　西	129.4	64.8	95.4	24.4	59.7	46.1
山　东	2265.3	752.9	2225.4	750.7	382.3	16.9
河　南	1693.6	690.5	1684.5	680.7	338.4	20.0
湖　北	5149.9	1550.0	4040.0	1224.5	1331.2	25.8
湖　南	2950.7	871.9	2937.5	863.9	756.6	25.6
广　东	3701.8	1399.1	3322.7	1181.8	764.0	20.6
广　西	34.5	21.1	29.1	15.7	21.2	61.5
海　南						
重　庆	271.7	120.1	258.7	107.6	78.9	29.1
四　川	1097.8	405.6	851.8	322.6	352.4	32.1
贵　州	1224.5	371.2	1192.2	358.7	174.0	14.2
云　南	100.0	70.2	83.8	56.3	65.0	65.0
西　藏						
陕　西	791.9	227.2	731.3	196.3	175.4	22.2
甘　肃	46.5	10.3	43.3	9.9	20.7	44.5
青　海	31.7	15.6	31.1	15.2	10.7	33.6
宁　夏	166.0	40.7	166.0	40.7	25.2	15.2
新　疆	886.8	594.2	848.8	567.5	361.8	40.8

3-5 各地区按主要用途分的中央建筑业企业房屋建筑竣工面积

单位：万平方米

地区	合计	厂房、仓库	住宅	办公用房	批发和零售用房	住宿和餐饮用房
全国总计	**10011.5**	**2161.1**	**5085.4**	**994.3**	**300.6**	**179.0**
北京	2094.6	244.2	1061.7	406.7	19.5	29.8
天津	664.2	194.4	272.5	58.6	15.2	15.2
河北	248.3	83.1	140.5	15.8		2.0
山西	64.2	18.4	35.6	4.5	0.2	
内蒙古	33.6	14.1	14.8	0.7		1.4
辽宁	133.9	38.1	65.7	8.1	5.1	
吉林	146.7	43.9	41.4	61.3		
黑龙江	81.4	22.8	13.9	3.0		
上海	850.1	274.8	237.5	38.5	51.5	37.7
江苏	248.4	61.2	100.5	47.0	19.5	
浙江	1.0	0.9		0.1		
安徽	326.8	58.6	216.9	15.6	8.4	1.4
福建	201.0	20.1	130.2	21.1	7.8	1.5
江西	59.7	36.2	11.7	11.0		0.3
山东	382.3	88.7	98.7	66.2	43.1	20.5
河南	338.4	101.4	214.3	8.5		1.1
湖北	1331.2	385.6	742.6	53.9	35.1	21.1
湖南	756.6	50.5	522.4	53.1	42.4	10.2
广东	764.0	134.9	456.9	45.5	36.5	5.2
广西	21.2	6.0	12.6	2.7		
海南						
重庆	78.9	36.2	33.1	5.8		
四川	352.4	135.0	139.3	6.3		21.2
贵州	174.0	33.8	97.6	11.5	12.0	
云南	65.0	15.1	35.5	12.7		1.6
西藏						
陕西	175.4	29.7	111.4	10.9		0.1
甘肃	20.7	0.6	20.1			
青海	10.7		10.7			
宁夏	25.2	4.3	8.6	1.8		
新疆	361.8	28.6	238.7	23.5	4.3	8.8

3-5 续表

单位：万平方米

地　区	居民服务业用　房	教育用房	文化、体育和娱乐用房	卫生医疗用房	科研用房	其他用房
全国总计	**138.0**	**294.0**	**343.8**	**118.1**	**81.5**	**315.4**
北　京	27.6	78.5	75.6	27.6	18.1	105.4
天　津		14.2	47.8	4.2		42.2
河　北	0.6	0.3	0.1	0.3	0.7	4.9
山　西		3.0		2.5		
内蒙古		2.6				
辽　宁		0.5	3.5	1.8		11.1
吉　林						0.1
黑龙江	3.1	3.3	3.3			31.9
上　海	28.4	16.2	120.5	18.5	10.9	15.5
江　苏	12.6	0.1		1.6	3.2	2.8
浙　江						
安　徽	0.4		7.8	0.9	0.7	16.0
福　建	1.5	7.7	2.1	0.7	6.2	2.1
江　西		0.2				0.3
山　东	0.2	4.0	25.5	3.2	9.0	23.2
河　南		0.6	0.5	9.9	1.6	0.6
湖　北	2.4	32.1	28.6	17.8	10.7	1.2
湖　南	27.5	24.9	13.2	2.5	0.2	9.7
广　东	7.5	33.2	12.9	9.5	16.5	5.4
广　西						
海　南						
重　庆		3.9				
四　川	0.6	44.4	0.5	0.3	1.0	3.8
贵　州	15.1	0.5			1.3	2.1
云　南						
西　藏						
陕　西	2.5	1.0			0.1	19.8
甘　肃						
青　海						
宁　夏		0.9				9.5
新　疆	8.2	22.1	2.0	16.7	1.2	7.7

3-6 各地区按主要用途分的中央建筑业企业房屋建筑竣工价值

单位：万元

地 区	合计	厂房、仓库	住宅	办公用房	批发和零售用 房	住宿和餐饮用 房
全国总计	**15002649**	**3229193**	**6385292**	**1755994**	**420773**	**313573**
北 京	3833100	430744	1578369	785630	28424	52392
天 津	1174279	340531	400714	81861	17070	29090
河 北	354491	141057	168543	21999		11172
山 西	108978	41370	49806	9980	122	
内蒙古	48633	26443	14915	1400		2755
辽 宁	263165	105936	70475	11615	6568	
吉 林	180115	60817	52090	67159		
黑龙江	122957	43721	14869	3761		
上 海	1585945	540167	321786	80543	104550	54342
江 苏	319029	83892	129498	65677	16309	
浙 江	1441	1336		105		
安 徽	475757	84007	269725	40576	8160	2189
福 建	251758	19511	152848	36120	11740	2204
江 西	69923	42923	15703	9984		490
山 东	649246	129649	115282	151132	60811	41892
河 南	447016	130212	273572	8238		1626
湖 北	1320374	374232	668964	80063	53946	17975
湖 南	1128314	92568	659264	132239	60067	47400
广 东	1085944	170636	657435	74696	27455	10000
广 西	25639	7145	14370	4124		
海 南						
重 庆	114264	69448	30487	6383		
四 川	416622	134435	161523	10658		25556
贵 州	230324	61617	96437	16228	20430	
云 南	59737	7035	45648	4354		2700
西 藏						
陕 西	289669	39313	146730	17602		143
甘 肃	35269	886	34375	8		
青 海	8788		8788			
宁 夏	18276	5872	6489	2528		
新 疆	383597	43691	226590	31334	5122	11648

3-6 续表

单位：万元

地　区	居民服务业用　房	教育用房	文化、体育和娱乐用房	卫生医疗用房	科研用房	其他用房
全国总计	**232257**	**517331**	**732567**	**228895**	**170338**	**1016437**
北　京	51574	168466	136081	61243	37747	502431
天　津		31793	97929	7255		168036
河　北	649	648	96	1376	1077	7874
山　西		2850		4850		
内蒙古		3120				
辽　宁		918	37625	2579		27449
吉　林						50
黑龙江	3707	6509	3985			46405
上　海	60636	37752	257163	54064	48185	26758
江　苏	14498	60		1596	4267	3233
浙　江						
安　徽	228		24504	799	1077	44493
福　建	6295	12145	2297	1058	5529	2012
江　西		565				259
山　东	421	6808	64729	5400	13258	59865
河　南		718	992	20292	5000	6367
湖　北	6250	31417	43172	31230	12255	872
湖　南	34530	40716	43322	4951	360	12897
广　东	9047	60610	15669	17989	34976	7432
广　西						
海　南						
重　庆		7947				
四　川	731	75767	658	821	1674	4799
贵　州	28697	669			3336	2911
云　南						
西　藏						
陕　西	3821	980			97	80983
甘　肃						
青　海						
宁　夏		1308				2079
新　疆	11174	25566	4348	13393	1500	9234

3-7 各地区中央建筑业企业施工机械设备情况

地　区	年末自有施工机械设备总台数(台)	年末自有施工机械设备总功率(千瓦)	年末自有施工机械设备净值(万元)	技术装备率(元/人)	动力装备率(千瓦/人)
全国总计	**959201**	**31272339**	**9056426**	**26582**	**9.2**
北　京	42714	2009630	544663	23796	8.8
天　津	38682	2507267	1291113	83474	16.2
河　北	44855	1533822	306299	33691	16.9
山　西	28068	1727428	368895	14374	6.7
内蒙古	5121	200705	62022	22859	7.4
辽　宁	38552	1252093	264889	23037	10.9
吉　林	14284	371996	44985	6318	5.2
黑龙江	29948	706403	142515	11641	5.8
上　海	30580	1573180	823060	52286	10.0
江　苏	33990	473786	296079	38903	6.2
浙　江	16330	317059	145515	95363	20.8
安　徽	20588	844158	263180	26077	8.4
福　建	12874	256900	64656	4651	1.8
江　西	13668	174473	62794	19821	5.5
山　东	37364	1093798	281141	16090	6.3
河　南	54386	2339374	660929	20690	7.3
湖　北	122237	4711328	989131	40477	19.3
湖　南	42509	958745	237276	15991	6.5
广　东	15742	818342	481078	37185	6.3
广　西	11573	313318	66603	16296	7.7
海　南	20	60	15	178	0.1
重　庆	4957	308978	86706	19113	6.8
四　川	133173	2130924	565074	27356	10.3
贵　州	13052	236796	53408	8111	3.6
云　南	4754	200898	45968	21620	9.4
西　藏					
陕　西	109781	2720827	574109	18705	8.9
甘　肃	7901	186942	62177	27119	8.2
青　海	7509	498376	113664	72518	31.8
宁　夏	2612	48973	23789	47493	9.8
新　疆	21377	755760	134694	18666	10.5

3-8 各地区中央建筑业企业主要生产效益指标

地区	建筑业企业个数（个）	计算建筑业劳动生产率的平均人数（人）	按总产值计算的劳动生产率（元/人）	人均竣工产值（元/人）	人均施工面积（平方米/人）	人均竣工面积（平方米/人）
全国总计	**1306**	**4509373**	**345616**	**134021**	**101.3**	**22.2**
北京	206	729549	297911	117940	162.4	28.7
天津	58	220698	436873	241399	113.9	30.1
河北	50	91179	642143	236861	179.4	27.2
山西	50	294423	328084	70180	20.0	2.2
内蒙古	7	39074	238139	127807	39.3	8.6
辽宁	88	194945	305981	85984	59.2	6.9
吉林	16	144032	223154	174099	14.2	10.2
黑龙江	37	104761	250619	90653	10.3	7.8
上海	63	178487	665381	283735	234.4	47.6
江苏	33	127005	301842	136353	74.6	19.6
浙江	16	17257	560804	208835	8.1	0.6
安徽	29	132288	317793	68724	86.4	24.7
福建	23	139643	143836	82371	45.4	14.4
江西	24	37527	459026	165012	34.5	15.9
山东	72	190600	328089	109847	118.9	20.1
河南	67	330962	311655	107705	51.2	10.2
湖北	65	229218	623773	258934	224.7	58.1
湖南	31	176519	260201	121651	167.2	42.9
广东	84	145565	457212	204705	254.3	52.5
广西	9	29346	346650	157170	11.8	7.2
海南	2	840	235395	210435		
重庆	29	47084	357671	91262	57.7	16.8
四川	54	318075	257847	81569	34.5	11.1
贵州	19	72944	239801	86769	167.9	23.8
云南	8	18073	505645	206127	55.3	36.0
西藏						
陕西	53	317890	368044	103694	24.9	5.5
甘肃	24	25096	332050	174798	18.5	8.3
青海	12	17454	474915	178803	18.2	6.1
宁夏	12	16072	196678	115072	103.3	15.7
新疆	65	122767	182053	109786	72.2	29.5

3-9 各地区中央建筑业企业营业额

单位：万元

地　区	企业营业额	在境外完成的营业额	企业总产值	#建筑业总产值
全国总计	**182713453**	**15276959**	**167436494**	**155851269**
北　京	30824887	8261463	22563424	21734072
天　津	11729376	953286	10776089	9641699
河　北	6140713	164378	5976335	5854993
山　西	10253782	494783	9758999	9659550
内蒙古	982548		982548	930506
辽　宁	6270359	125320	6145039	5964946
吉　林	3293122	58957	3234165	3214135
黑龙江	3138014	473879	2664135	2625513
上　海	13754494	490303	13264191	11876182
江　苏	3988188	94258	3893931	3833540
浙　江	1328543	42309	1286234	967780
安　徽	4434004	104711	4329292	4204015
福　建	2168835	95584	2073251	2008567
江　西	1911603	27923	1883680	1722586
山　东	6774926	234144	6540782	6253380
河　南	11315985	525744	10790242	10314590
湖　北	18475811	1437030	17038781	14297998
湖　南	4803730	105253	4698477	4593046
广　东	7688545	275539	7413006	6655413
广　西	1616808	69211	1547598	1017278
海　南	19773		19773	19773
重　庆	1857859	536	1857323	1684057
四　川	9515473	402827	9112646	8201483
贵　州	1893106	40592	1852515	1749207
云　南	1192219	134699	1057520	913853
西　藏				
陕　西	12285574	285309	12000265	11699765
甘　肃	1022595	6960	1015636	833313
青　海	1046875	175708	871167	828917
宁　夏	345119	80	345040	316100
新　疆	2640587	196175	2444412	2235013

3-10 各地区中央建筑业企业资产构成

单位：万元

地 区	资产合计	#流动资产小计	#长期投资	#固定资产小计	#无形及递延资产
全国总计	**161631182**	**119132157**	**17341927**	**17490215**	**4853154**
北 京	43801471	28937213	12303988	1595092	362072
天 津	10310365	7204261	838579	1799715	200300
河 北	5102504	4310480	86814	541496	99545
山 西	8020040	6982146	366843	553675	102677
内蒙古	769749	607713	9761	88752	63491
辽 宁	3895014	3223696	44672	445900	122441
吉 林	1068404	671443	4851	343101	41411
黑龙江	2179024	1921631	21520	213270	6856
上 海	10966499	8312771	841886	1249480	261219
江 苏	3211186	2601056	16098	465243	90166
浙 江	1050126	760781	29069	212400	35287
安 徽	3990289	3402444	147118	304062	90610
福 建	2269155	1550110	263598	355111	77835
江 西	1183724	978903	15392	160207	27458
山 东	5974171	5007983	204550	604918	108483
河 南	7751479	6230115	155077	1050205	267315
湖 北	17216876	11378494	374297	2536788	2167908
湖 南	3078770	2499107	107798	355184	85983
广 东	6838697	5024393	858729	753918	126018
广 西	885983	670606	30065	146321	23301
海 南	20699	13547	1895	5257	
重 庆	1321031	1067265	8241	223614	19246
四 川	5746673	4501414	236312	809070	134416
贵 州	1195729	952839	44463	166599	23466
云 南	852561	637077	18615	136750	56143
西 藏					
陕 西	9466907	7239946	215287	1603328	120987
甘 肃	663276	500539	4826	113900	39180
青 海	684668	363102	64987	232721	21506
宁 夏	297177	232264	8714	52027	2392
新 疆	1818936	1348821	17884	372110	75443

3-11 各地区中央建筑业企业流动资产、无形及递延资产

单位：万元

地　区	流动资产	#存货	无形及递延资产	#无形资产
全国总计	**119132157**	**28945671**	**4853154**	**3951846**
北　京	28937213	4190915	362072	265141
天　津	7204261	1853768	200300	139402
河　北	4310480	1245168	99545	63675
山　西	6982146	991006	102677	63439
内蒙古	607713	169488	63491	59785
辽　宁	3223696	1155130	122441	78564
吉　林	671443	160033	41411	32530
黑龙江	1921631	595985	6856	3176
上　海	8312771	2592213	261219	186823
江　苏	2601056	611162	90166	73560
浙　江	760781	98675	35287	24750
安　徽	3402444	958224	90610	70969
福　建	1550110	259918	77835	74023
江　西	978903	216760	27458	20853
山　东	5007983	1270360	108483	85666
河　南	6230115	1780600	267315	183568
湖　北	11378494	4231521	2167908	1978006
湖　南	2499107	594535	85983	67369
广　东	5024393	1266026	126018	89237
广　西	670606	194827	23301	20919
海　南	13547	120		
重　庆	1067265	193688	19246	16438
四　川	4501414	1426619	134416	94511
贵　州	952839	215402	23466	19229
云　南	637077	171024	56143	48079
西　藏				
陕　西	7239946	1961195	120987	83345
甘　肃	500539	99866	39180	19763
青　海	363102	93315	21506	18480
宁　夏	232264	64282	2392	1471
新　疆	1348821	283849	75443	69077

3-12 各地区中央建筑业企业固定资产情况

单位：万元

地　区	固定资产小计	固定资产原价	#生产经营用	固定资产折旧	#本年折旧	在建工程
全国总计	**17490215**	**25247961**	**21913130**	**9806697**	**2104389**	**1681241**
北　京	1595092	2078054	1828239	767362	179354	250870
天　津	1799715	2174185	2123861	831544	159142	451435
河　北	541496	851865	687371	345590	78623	26820
山　西	553675	898087	846794	375155	116024	21931
内蒙古	88752	137978	132092	50685	9750	1459
辽　宁	445900	843271	755346	420351	59435	21309
吉　林	343101	488202	348446	161902	89947	16784
黑龙江	213270	447760	430591	240472	50576	125
上　海	1249480	2038774	1944765	897840	133074	108496
江　苏	465243	611870	540950	220655	52900	8852
浙　江	212400	366170	352491	153770	23801	
安　徽	304062	448555	408763	166109	32553	7860
福　建	355111	446432	371585	100198	14816	2963
江　西	160207	226948	161454	105764	27649	20693
山　东	604918	989354	920265	449560	76345	43967
河　南	1050205	1585251	1335458	627279	118555	63386
湖　北	2536788	3412305	2383270	1304338	246131	424542
湖　南	355184	548416	478249	206893	56981	9881
广　东	753918	1106825	1043912	438640	85210	79831
广　西	146321	260674	243008	122626	21428	8251
海　南	5257	7389	220	2615	537	
重　庆	223614	279079	236534	72702	41631	1342
四　川	809070	1214979	1129298	486027	109768	35086
贵　州	166599	245083	157288	81907	15354	1405
云　南	136750	215236	126459	83455	28386	4749
西　藏						
陕　西	1603328	2257254	2197243	712553	198702	50702
甘　肃	113900	178241	164846	78476	11828	2613
青　海	232721	295132	45559	70475	14832	7771
宁　夏	52027	82976	82707	31806	5944	858
新　疆	372110	511619	436069	199949	45115	7260

3-13 各地区中央建筑业企业负债及所有者权益

单位：万元

地 区	负债合计	流动负债	长期负债	所有者权益	#实收资本
全国总计	**120396556**	**108525284**	**11871272**	**41234626**	**20030124**
北 京	24198376	21689649	2508727	19603095	6765086
天 津	7965695	7121886	843809	2344670	1500733
河 北	4412570	4150589	261981	689934	437382
山 西	7113046	6880246	232800	906994	631065
内蒙古	633963	573070	60893	135786	107845
辽 宁	3145654	2966033	179621	749360	445105
吉 林	742649	705900	36749	325755	231471
黑龙江	2048309	1705830	342479	130715	299176
上 海	8492207	7999733	492475	2474292	1441901
江 苏	2558749	2471907	86843	652437	513144
浙 江	750171	715755	34415	299956	173934
安 徽	3394848	3296815	98033	595441	359631
福 建	1505545	1324081	181464	763609	524577
江 西	1025061	989944	35117	158664	88472
山 东	5110153	4873897	236256	864018	662624
河 南	6529932	6105895	424037	1221547	953196
湖 北	14121098	10487556	3633542	3095778	1203485
湖 南	2584177	2481208	102969	494593	311401
广 东	5141260	4742808	398452	1697437	1062382
广 西	706552	649488	57064	179431	98338
海 南	8489	8489		12211	3600
重 庆	1020062	953866	66197	300968	193873
四 川	4702527	4229482	473045	1044146	569396
贵 州	931516	883469	48047	264213	175306
云 南	729903	645568	84336	122657	59520
西 藏					
陕 西	8159393	7387208	772186	1307513	723440
甘 肃	503487	508140	-4654	159789	85155
青 海	577003	459561	117441	107666	61606
宁 夏	248910	248600	310	48267	43694
新 疆	1335252	1268612	66640	483684	303588

3-14 各地区中央建筑业企业实收资本

单位：万元

地区	合计	国家资本	集体资本	法人资本	个人资本	港澳台资本	外商资本
全国总计	**20030124**	**9701488**	**115187**	**9922555**	**254660**	**19486**	**16749**
北京	6765086	247049	9388	6471125	22215	8653	6656
天津	1500733	658436	870	700130	141297		
河北	437382	295725	4003	137394	260		
山西	631065	470448	1000	155969	3648		
内蒙古	107845	103769		184	3892		
辽宁	445105	397151	23973	12597	10638	746	
吉林	231471	88403	50	132482	10536		
黑龙江	299176	77393	4035	213349	4400		
上海	1441901	1394724	12781	12694	14857	5344	1500
江苏	513144	292224	138	219057	1725		
浙江	173934	92150		77414			4370
安徽	359631	312821	1118	45641	50		
福建	524577	522422	1599	407	150		
江西	88472	85263	2869	340			
山东	662624	614199	5420	36837	6169		
河南	953196	762989	117	189262	828		
湖北	1203485	994024	8059	195251	4921	1230	
湖南	311401	273787		37614			
广东	1062382	624662	7296	427988	1463		973
广西	98338	88338		10000			
海南	3600	3600					
重庆	193873	178924	101	12018	2830		
四川	569396	342368	12963	213071	995		
贵州	175306	174706	600				
云南	59520	56157	1745	1144	474		
西藏							
陕西	723440	200732	3152	506157	6636	3512	3250
甘肃	85155	53598	118	30303	1136		
青海	61606	29328		32277			
宁夏	43694	38065	356	3023	2251		
新疆	303588	228035	13436	48829	13289		

3-15 各地区中央建筑业企业收入情况

单位：万元

地区	工程结算收入	工程结算成本	工程结算税金及附加	工程结算利润	经营费用	其他业务收入	#其他业务利润
全国总计	**175775238**	**160833071**	**5294537**	**9317614**	**330015**	**2408459**	**340579**
北京	29382323	27511296	711982	1140498	18548	232383	62915
天津	11486217	10527349	310570	636096	12203	135065	16499
河北	5813040	5286692	169999	346057	10293	185881	26409
山西	10335161	9616579	246799	464899	6885	41802	10086
内蒙古	953924	880264	30880	42379	402	38772	3713
辽宁	5595889	4991572	168732	433798	1787	30653	2709
吉林	2988405	2728799	116729	138227	4650	178777	10857
黑龙江	2964803	2603199	201858	157273	2472	6063	652
上海	12967865	11725600	376635	839223	26408	204553	25077
江苏	4356981	3979346	123329	239094	15213	19755	1811
浙江	1239666	1104145	35565	99037	919	10045	3539
安徽	6507451	6075503	216093	214121	1735	58048	3563
福建	2469538	2228561	157328	81019	2630	4545	1950
江西	1729982	1583563	56677	87405	2338	12815	2911
山东	6940337	6340880	202205	380189	17063	113823	5533
河南	10494030	9655956	319175	511114	7785	82823	16100
湖北	16264454	14574414	476870	1100163	113007	398072	44820
湖南	4618035	4213166	138098	260337	6434	52546	3744
广东	7673989	7068767	222960	375692	6570	31298	8343
广西	1168562	1047846	28075	91468	1172	13572	-5062
海南	17117	13781	610	2726		241	57
重庆	1773719	1616097	54309	99540	3773	73568	15062
四川	8109151	7463076	222633	411322	12120	244201	31975
贵州	1741058	1571151	56735	82084	31088	21517	4191
云南	1031658	912365	25994	92957	341	4891	2775
西藏							
陕西	12807056	11556678	495739	735047	19592	67112	18282
甘肃	933687	863037	24127	44971	1553	38810	2511
青海	818692	722599	28613	66220	1261	28574	2438
宁夏	342080	311266	11280	19400	135	10593	2065
新疆	2250368	2059527	63942	125261	1638	67664	15055

3-16 各地区中央建筑业企业费用情况

单位：万元

地 区	管理费用	#税金	#财产保险费	#差旅费	#工会经费	财务费用	#利息支出
全国总计	**5078136**	**172712**	**25410**	**315396**	**68592**	**689910**	**563317**
北 京	726023	13906	2504	43295	5918	-30859	32633
天 津	272792	7341	1161	14444	3947	55762	40934
河 北	210677	14686	573	9130	2523	16001	5766
山 西	351415	5146	3427	10632	3227	33073	27471
内蒙古	24504	1095	93	2169	61	3548	3359
辽 宁	205760	11498	685	7831	3039	20960	13430
吉 林	113578	14825	376	5609	811	24284	5256
黑龙江	74767	10326	228	7895	3236	8405	7794
上 海	419365	8765	2576	25411	4322	52020	37348
江 苏	118941	2392	1198	8922	1492	16852	14422
浙 江	71145	1490	642	4518	867	2831	2158
安 徽	132420	17902	374	9025	2630	-5884	-11888
福 建	47280	1540	148	4805	671	7287	5374
江 西	56631	828	84	2779	712	9231	5730
山 东	208759	8637	1625	11073	3546	32563	23575
河 南	286700	10425	548	20548	5329	50569	33050
湖 北	494815	10506	3328	33824	10157	174105	151642
湖 南	145970	2144	741	8334	1342	19100	14341
广 东	174824	5791	400	12560	3241	26894	19421
广 西	58800	775	69	1581	481	5991	4551
海 南	2339	29		67	28	-15	-17
重 庆	38161	4456	150	2485	1006	6927	4717
四 川	234530	5847	425	13715	2487	47829	39499
贵 州	55352	1431	118	4270	1266	8640	7698
云 南	47677	266		2046	364	8750	7116
西 藏							
陕 西	305400	5985	2495	36577	3034	71957	45463
甘 肃	33358	499	285	1208	539	2901	2079
青 海	46284	610	243	3235	632	7884	8833
宁 夏	14725	543	72	489	393	668	445
新 疆	105146	3028	842	6922	1293	11635	11120

3-17 各地区中央建筑业企业利润及税金情况

单位：万元

地区	利润总额	#应交所得税	税金总额	工程结算税金及附加	管理费用中的税金
全国总计	**4788603**	**705073**	**5467249**	**5294537**	**172712**
北京	1333709	129886	725888	711982	13906
天津	350125	73188	317911	310570	7341
河北	142361	31582	184685	169999	14686
山西	115675	15510	251945	246799	5146
内蒙古	17914	2115	31975	30880	1095
辽宁	77664	16984	180231	168732	11498
吉林	11754	2497	131554	116729	14825
黑龙江	129331	12220	212184	201858	10326
上海	455029	77061	385400	376635	8765
江苏	106749	21202	125721	123329	2392
浙江	28552	5494	37055	35565	1490
安徽	79574	17399	233995	216093	17902
福建	28967	7435	158868	157328	1540
江西	21896	3578	57504	56677	828
山东	98601	15870	210842	202205	8637
河南	189531	36593	329600	319175	10425
湖北	537292	84792	487377	476870	10506
湖南	114884	20192	140242	138098	2144
广东	206023	29576	228750	222960	5791
广西	25640	6819	28850	28075	775
海南	409	75	639	610	29
重庆	58331	9153	58765	54309	4456
四川	166996	20920	228480	222633	5847
贵州	20022	5627	58166	56735	1431
云南	40167	5544	26260	25994	266
西藏					
陕西	383293	40626	501724	495739	5985
甘肃	6184	4261	24626	24127	499
青海	17963	2252	29222	28613	610
宁夏	1822	430	11822	11280	543
新疆	22145	6195	66970	63942	3028

3-18 各地区中央建筑业企业应收工程款及企业亏损情况

地　区	应收工程款（万元）	#竣工工程	企业个数（个）	#亏损企业个数	亏损企业的比重（%）
全国总计	**27987993**	**8277502**	**1306**	**169**	**12.9**
北　京	6824301	1007978	206	39	18.9
天　津	1899539	742771	58	4	6.9
河　北	1295118	429778	50	4	8.0
山　西	1525310	579945	50	7	14.0
内蒙古	180683	69588	7		
辽　宁	1142430	362333	88	12	13.6
吉　林	233946	47689	16	4	25.0
黑龙江	120626	52412	37	11	29.7
上　海	2438352	874805	63	10	15.9
江　苏	693632	122205	33	1	3.0
浙　江	128563	40007	16	2	12.5
安　徽	1101197	613861	29	2	6.9
福　建	145636	53434	23	6	26.1
江　西	270901	103037	24	3	12.5
山　东	1467701	459640	72	7	9.7
河　南	973501	139174	67	7	10.4
湖　北	1893126	572947	65	6	9.2
湖　南	643218	142700	31	1	3.2
广　东	1089044	286190	84	8	9.5
广　西	96483	23873	9	1	11.1
海　南	2223		2		
重　庆	247201	65912	29	2	6.9
四　川	787186	385044	54	3	5.6
贵　州	378721	107760	19	3	15.8
云　南	147088	9487	8		
西　藏					
陕　西	1529815	570218	53	3	5.7
甘　肃	117986	105687	24	6	25.0
青　海	95770	26446	12	2	16.7
宁　夏	97850	53892	12	5	41.7
新　疆	420845	228690	65	10	15.4

3-19 各地区中央建筑业企业主要经济效益指标

地区	产值利润率 (%)	产值利税率 (%)	资本利润率 (%)	资本利税率 (%)	人均利润 (元/人)	人均利税 (元/人)	资产负债率 (%)
全国总计	**3.1**	**6.6**	**23.9**	**51.2**	**10619**	**22743**	**74.5**
北京	6.1	9.5	19.7	30.4	18281	28231	55.2
天津	3.6	6.9	23.3	44.5	15864	30269	77.3
河北	2.4	5.6	32.5	74.8	15613	35869	86.5
山西	1.2	3.8	18.3	58.3	3929	12486	88.7
内蒙古	1.9	5.4	16.6	46.3	4585	12768	82.4
辽宁	1.3	4.3	17.4	57.9	3984	13229	80.8
吉林	0.4	4.5	5.1	61.9	816	9950	69.5
黑龙江	4.9	13.0	43.2	114.2	12345	32600	94.0
上海	3.8	7.1	31.6	58.3	25494	47086	77.4
江苏	2.8	6.1	20.8	45.3	8405	18304	79.7
浙江	3.0	6.8	16.4	37.7	16545	38017	71.4
安徽	1.9	7.5	22.1	87.2	6015	23703	85.1
福建	1.4	9.4	5.5	35.8	2074	13451	66.3
江西	1.3	4.6	24.7	89.7	5835	21158	86.6
山东	1.6	4.9	14.9	46.7	5173	16235	85.5
河南	1.8	5.0	19.9	54.5	5727	15686	84.2
湖北	3.8	7.2	44.6	85.1	23440	44703	82.0
湖南	2.5	5.6	36.9	81.9	6508	14453	83.9
广东	3.1	6.5	19.4	40.9	14153	29868	75.2
广西	2.5	5.4	26.1	55.4	8737	18568	79.7
海南	2.1	5.3	11.4	29.1	4865	12468	41.0
重庆	3.5	7.0	30.1	60.4	12389	24870	77.2
四川	2.0	4.8	29.3	69.5	5250	12433	81.8
贵州	1.1	4.5	11.4	44.6	2745	10719	77.9
云南	4.4	7.3	67.5	111.6	22225	36755	85.6
西藏							
陕西	3.3	7.6	53.0	122.3	12057	27840	86.2
甘肃	0.7	3.7	7.3	36.2	2464	12277	75.9
青海	2.2	5.7	29.2	76.6	10292	27034	84.3
宁夏	0.6	4.3	4.2	31.2	1134	8489	83.8
新疆	1.0	4.0	7.3	29.4	1804	7259	73.4

3-20 各地区地方建筑业企业签订合同情况

单位：万元

地　区	合同总额	上年结转合同额	本年新签合同额
全国总计	**960906402**	**317942861**	**642963542**
北　京	34174316	13778629	20395687
天　津	16354280	5726193	10628086
河　北	27529939	7843667	19686272
山　西	13262495	3489489	9773006
内蒙古	11564421	2557680	9006741
辽　宁	37700345	10426642	27273703
吉　林	11192672	2097349	9095323
黑龙江	13204961	2584716	10620244
上　海	49704575	20850441	28854134
江　苏	128958066	37828751	91129315
浙　江	159591710	60452150	99139560
安　徽	27623717	8436177	19187540
福　建	35275509	12840110	22435399
江　西	18318615	5919367	12399249
山　东	53795669	13694044	40101625
河　南	36981837	9857548	27124289
湖　北	31357561	9349392	22008169
湖　南	36939614	13613875	23325739
广　东	66886413	29463168	37423245
广　西	15803048	5741217	10061831
海　南	2540689	979558	1561132
重　庆	28494579	9177715	19316864
四　川	40734456	12801865	27932590
贵　州	7450259	2696041	4754219
云　南	17143415	4927282	12216133
西　藏	1206554	268960	937594
陕　西	16117600	4802321	11315279
甘　肃	7773970	2611828	5162142
青　海	2078933	577380	1501553
宁　夏	3325071	726235	2598836
新　疆	7821115	1823073	5998042

3-21 各地区地方建筑业企业承包工程完成情况

单位：万元

地区	直接从建设单位承揽工程完成的产值	自行完成施工产值	分包出去工程的产值	从建设单位以外承揽工程完成的产值
全国总计	**600022365**	**588201559**	**11820806**	**24024589**
北京	18112128	17205394	906734	1657557
天津	9152371	8843657	308714	629397
河北	19189754	19172561	17193	222907
山西	8606910	8486185	120726	115306
内蒙古	8695425	8665138	30286	51610
辽宁	27690259	27620201	70058	261328
吉林	8216246	8200265	15981	14018
黑龙江	10731986	10718461	13525	79883
上海	26242543	22699250	3543293	3730007
江苏	91786413	91175113	611300	7642444
浙江	93058447	92189279	869168	2730156
安徽	18082489	17857503	224986	334210
福建	19074924	18917244	157680	1115455
江西	11319507	11264035	55472	245806
山东	39042884	38928910	113974	609248
河南	25401987	25252757	149231	397521
湖北	19670270	19500923	169347	420006
湖南	20178335	20089917	88419	391057
广东	33693112	30483858	3209253	953695
广西	8219536	8108801	110734	217676
海南	1416277	1412999	3278	6669
重庆	17326835	16743707	583129	724731
四川	24855765	24740403	115362	432583
贵州	3474483	3464253	10229	25609
云南	10523008	10505457	17551	542894
西藏	944575	944375	200	4946
陕西	11271887	11074915	196972	316743
甘肃	4895664	4878855	16808	86691
青海	1212758	1210229	2529	4273
宁夏	2270718	2260384	10334	15762
新疆	5664872	5586529	78343	44399

3-22 各地区地方建筑业总产值和竣工产值

单位：万元

地区	建筑业总产值	#装饰装修产值	#在外省完成的产值	按构成分组			竣工产值
				建筑工程产值	安装工程产值	其他产值	
全国总计	**612226147**	**39142992**	**133989667**	**535474234**	**56975401**	**19776512**	**412223111**
北京	18862951	4333299	5259882	18216165	478524	168262	12030417
天津	9473054	487204	873349	7327411	1313188	832456	5297675
河北	19395468	696356	3689843	16752940	1740452	902076	12041957
山西	8601490	445841	364421	7081895	1090629	428966	4511222
内蒙古	8716749	149893	298300	7620975	621476	474298	6175621
辽宁	27881530	1673561	2324596	24016975	3261055	603499	19439340
吉林	8214283	219561	403429	7171570	716715	325999	6006691
黑龙江	10798344	357953	782204	8986073	1402882	409389	6713437
上海	26429257	3560979	3829578	20791246	4526708	1111303	16831362
江苏	98817557	5140202	35011767	91013313	7089975	714270	79930978
浙江	94919434	5876209	43784303	84852171	7492578	2574685	63184486
安徽	18191712	873463	2240388	15676083	1721953	793676	11840007
福建	20032699	1145653	7465787	18093488	1529315	409895	12727512
江西	11509842	502732	2233944	10144745	776233	588863	7666289
山东	39538158	2018893	2538816	32668643	5686284	1183232	24741762
河南	25650277	1457342	3974486	22307838	2262656	1079782	17165789
湖北	19920930	1218060	2749289	16839145	1764248	1317537	12972028
湖南	20480974	715330	3476814	17566469	1360218	1554288	13798842
广东	31437554	5312046	4250368	26562265	3984807	890482	20752191
广西	8326478	272088	573706	7239928	751494	335055	5591170
海南	1419668	51356	29207	1334191	52794	32684	727130
重庆	17468438	641952	2391299	15389488	1454704	624246	11173696
四川	25172986	1029954	3062186	22271957	2087514	813515	16306057
贵州	3489863	52873	363310	3006467	258827	224569	1423321
云南	11048352	242196	455215	9377716	1001218	669418	7060541
西藏	949320	22921		861039	70524	17758	772881
陕西	11391659	265751	709748	9961015	1202564	228080	5685107
甘肃	4965547	169739	489856	4325952	495998	143597	3165664
青海	1214502	20980	131899	885388	130635	198480	519900
宁夏	2276146	43449	155300	2175604	72679	27863	1821338
新疆	5630928	145156	76376	4956083	576553	98292	4148699

3-23 各地区地方建筑业企业房屋建筑面积

地区	房屋建筑施工面积（万平方米）	#本年新开工	#实行投标承包面积	#本年新开工	房屋建筑竣工面积（万平方米）	房屋建筑面积竣工率（%）
全国总计	**542921.5**	**283843.2**	**449520.6**	**244267.7**	**235390.2**	**43.4**
北　京	10871.1	3925.8	9844.9	3541.0	3130.8	28.8
天　津	4059.8	1757.6	3498.7	1489.9	1575.9	38.8
河　北	15899.5	9434.7	13731.6	8353.7	7502.8	47.2
山　西	5954.7	2958.9	4819.4	2680.9	2221.5	37.3
内蒙古	5669.7	3746.0	4991.0	3520.6	3107.0	54.8
辽　宁	17605.8	11389.7	15293.3	9980.1	9094.5	51.7
吉　林	5148.3	4389.7	4623.5	4039.7	3799.6	73.8
黑龙江	4894.0	3615.3	3686.6	2894.2	3338.7	68.2
上　海	14886.9	5915.2	11891.9	5167.4	4869.9	32.7
江　苏	98711.9	50421.4	88656.0	44959.5	43059.1	43.6
浙　江	105593.5	49922.2	91027.6	43312.0	40238.7	38.1
安　徽	17547.7	10354.0	13764.2	8553.1	8485.7	48.4
福　建	21057.2	9463.4	16189.9	7429.3	7234.0	34.4
江　西	11886.3	6293.1	8813.3	5396.4	5884.4	49.5
山　东	36680.7	22309.8	30473.2	19495.0	16264.6	44.3
河　南	22902.4	14214.9	19604.8	12575.9	11655.9	50.9
湖　北	15349.4	10146.4	11944.6	8341.6	8949.5	58.3
湖　南	19491.6	9961.6	17314.8	9452.5	9317.2	47.8
广　东	26425.1	10596.7	14534.7	6744.1	10351.7	39.2
广　西	9018.4	3884.8	6922.2	3110.1	3592.7	39.8
海　南	1221.0	638.4	991.7	524.0	390.5	32.0
重　庆	16204.1	8733.4	12025.6	7056.1	7394.2	45.6
四　川	25123.0	12822.9	19165.7	10679.5	11041.2	43.9
贵　州	3728.9	1492.3	3080.2	1261.7	1070.2	28.7
云　南	7647.6	4120.4	5709.8	3437.5	3706.2	48.5
西　藏	283.6	191.6	199.2	157.6	177.5	62.6
陕　西	8254.4	4346.0	7200.9	3888.5	2952.8	35.8
甘　肃	4131.7	2360.9	3365.0	2040.6	1703.7	41.2
青　海	459.3	256.8	340.3	200.4	201.0	43.8
宁　夏	1947.5	1213.1	1849.7	1173.6	922.8	47.4
新　疆	4266.8	2966.3	3966.0	2811.2	2156.0	50.5

3-24 各地区按主要用途分的地方建筑业企业房屋建筑竣工面积

单位：万平方米

地　区	合计	厂房、仓库	住宅	办公用房	批发和零售用　房	住宿和餐饮用　房
全国总计	**235390.2**	**39109.3**	**146795.8**	**17648.0**	**4591.5**	**3272.1**
北　京	3130.8	258.0	1848.9	470.4	58.2	43.1
天　津	1575.9	418.9	738.3	86.6	36.1	18.0
河　北	7502.8	920.7	5032.3	577.5	72.1	77.3
山　西	2221.5	166.2	1571.7	170.1	50.4	26.0
内蒙古	3107.0	123.1	2364.6	194.3	55.7	61.6
辽　宁	9094.5	1385.3	6072.9	513.3	163.6	83.9
吉　林	3799.6	337.2	2908.1	295.7	44.9	20.1
黑龙江	3338.7	301.6	2283.9	175.1	96.5	19.6
上　海	4869.9	1521.5	2195.5	379.3	102.9	73.8
江　苏	43059.1	6477.3	28960.4	2783.9	966.1	653.1
浙　江	40238.7	11439.3	19836.2	3918.1	1031.3	768.9
安　徽	8485.7	1327.7	5262.9	690.9	84.8	71.0
福　建	7234.0	1535.3	4338.2	536.6	143.0	104.3
江　西	5884.4	825.5	3818.1	478.9	88.6	47.9
山　东	16264.6	3081.6	10315.1	957.0	319.7	211.5
河　南	11655.9	1306.7	7560.1	1010.4	146.4	192.2
湖　北	8949.5	1328.8	5712.2	719.8	141.2	65.5
湖　南	9317.2	1026.7	5909.7	789.1	186.1	137.7
广　东	10351.7	2326.5	5793.8	710.3	197.8	141.8
广　西	3592.7	374.3	2380.3	257.4	40.6	46.0
海　南	390.5	11.7	276.5	20.6	11.0	10.6
重　庆	7394.2	670.9	5620.2	348.4	114.2	46.8
四　川	11041.2	1038.9	7926.7	457.8	198.5	137.1
贵　州	1070.2	60.9	661.4	92.1	22.2	9.6
云　南	3706.2	214.3	2273.4	309.0	93.4	74.0
西　藏	177.5	1.4	117.4	30.0	1.4	1.5
陕　西	2952.8	213.7	1981.7	301.7	24.0	38.6
甘　肃	1703.7	210.0	1053.6	119.0	43.7	24.3
青　海	201.0	4.8	129.6	21.0	0.8	2.5
宁　夏	922.8	69.4	605.7	63.3	34.0	10.0
新　疆	2156.0	131.3	1246.4	170.2	22.4	53.6

3-24 续表

单位：万平方米

地 区	居民服务业用 房	教育用房	文化、体育和娱乐用房	卫生医疗用房	科研用房	其他用房
全国总计	**2461.8**	**8809.8**	**2186.5**	**2462.7**	**677.2**	**7375.4**
北 京	50.1	142.4	54.1	27.7	45.5	132.6
天 津	14.2	43.4	7.3	24.9	8.5	179.6
河 北	105.9	253.1	36.5	55.2	20.1	352.1
山 西	28.8	129.3	16.0	20.6		42.4
内蒙古	27.7	122.9	31.2	20.2	0.4	105.2
辽 宁	91.5	263.8	62.3	69.1	25.0	363.7
吉 林	16.2	71.9	11.8	39.5	4.7	49.4
黑龙江	35.7	117.9	61.4	54.0	3.6	189.4
上 海	61.7	116.9	89.4	22.1	6.1	300.6
江 苏	503.9	1013.2	407.8	332.7	182.3	778.5
浙 江	348.5	947.9	406.4	333.3	190.1	1018.7
安 徽	92.1	527.1	45.1	105.2	7.2	271.8
福 建	42.4	252.0	56.7	46.2	14.1	165.2
江 西	103.9	228.7	46.1	50.5	4.4	191.8
山 东	209.2	342.3	126.5	86.8	22.1	592.8
河 南	149.6	582.6	87.6	183.6	21.0	415.7
湖 北	34.3	428.3	77.1	145.2	33.6	263.5
湖 南	105.0	436.9	83.2	238.2	19.1	385.5
广 东	137.6	380.2	113.3	91.8	16.3	442.5
广 西	29.8	211.3	30.0	58.0	5.8	159.2
海 南	3.5	32.9	6.4	7.1	0.3	9.8
重 庆	68.9	301.9	22.4	50.0	4.5	146.0
四 川	52.6	621.8	107.4	186.3	18.0	296.0
贵 州	10.8	128.9	18.8	28.0	2.0	35.4
云 南	40.6	374.6	60.6	52.2	11.8	202.4
西 藏	3.5	10.5	1.3	3.7	0.1	6.7
陕 西	24.2	192.4	48.5	33.7	3.9	90.3
甘 肃	20.6	125.8	23.2	33.9	1.6	47.7
青 海	3.8	25.2	1.3	5.8		6.2
宁 夏	4.0	81.3	11.3	5.1	0.4	38.3
新 疆	41.2	302.2	35.5	52.3	4.5	96.5

3-25 各地区按主要用途分的地方建筑业企业房屋建筑竣工价值

单位：万元

地 区	合计	厂房、仓库	住宅	办公用房	批发和零售用 房	住宿和餐饮用 房
全国总计	**245535889**	**36908539**	**149080263**	**21378265**	**5332112**	**4063725**
北 京	5128397	410835	2638977	937675	95882	71252
天 津	2317812	484322	1071826	108632	55314	21064
河 北	7468909	1011951	4742572	600352	64509	90715
山 西	2244248	167241	1530909	188211	47869	29994
内蒙古	3365411	145280	2380839	276513	56834	90436
辽 宁	10007394	1619764	6271794	667630	183057	150610
吉 林	3902281	338076	2876353	363032	59577	24202
黑龙江	3789564	369019	2431029	241279	132518	26334
上 海	7113757	1672800	2897954	764921	176005	130316
江 苏	49697073	6883664	32727790	3645090	1216957	847847
浙 江	43881879	9738429	22656835	4909143	1357716	1146136
安 徽	7028311	945000	4343481	658803	65985	85268
福 建	7834898	1361118	4890911	613461	155643	125786
江 西	4494459	618130	2849626	428361	75570	43486
山 东	14646343	2503409	9199552	1018604	316925	203588
河 南	10201832	1091986	6386311	995407	134337	165744
湖 北	8284614	1207422	5066035	746164	111401	63676
湖 南	8218242	951196	5077788	815592	136953	104120
广 东	10937336	1992865	6116516	934298	234689	147951
广 西	3398417	432739	2145286	279730	39158	47307
海 南	453281	16283	317243	24154	13396	13393
重 庆	6938031	668196	5185501	369218	111467	45881
四 川	10428461	985161	7284153	463429	199301	132736
贵 州	867629	66907	494588	97319	24594	6761
云 南	3780487	236130	2245480	342532	84368	79880
西 藏	273279	1743	163448	68404	1655	2008
陕 西	3339298	310182	2100812	350652	20004	54173
甘 肃	2162539	431313	1128276	148849	100243	23775
青 海	223950	5613	134014	28034	768	3605
宁 夏	918849	65906	570419	78080	36669	13453
新 疆	2188910	175860	1153949	214698	22749	72232

3-25 续表

单位：万元

地区	居民服务业用房	教育用房	文化、体育和娱乐用房	卫生医疗用房	科研用房	其他用房
全国总计	**2973459**	**9845486**	**3271266**	**3051584**	**940028**	**8691161**
北京	133256	238324	127963	80201	117742	276290
天津	29622	81409	15938	45912	14723	389050
河北	106177	286769	55817	105720	26627	377700
山西	30257	141947	18387	35030		54403
内蒙古	39463	158503	47768	52537	655	116582
辽宁	116472	353958	79735	85177	31878	447320
吉林	21603	82839	10269	40544	5857	79929
黑龙江	45307	157261	107370	85952	5258	188236
上海	193481	211788	262991	56406	11652	735442
江苏	647487	1446113	546316	450342	238726	1046743
浙江	425221	1098644	660164	441792	253001	1194799
安徽	58929	417445	74796	91057	7024	280525
福建	54577	312271	72890	59679	15632	172931
江西	58339	180928	41384	40702	5829	152104
山东	222513	344903	233077	106516	30070	467188
河南	123834	503716	89685	179648	25459	505706
湖北	34534	469668	104121	156295	33100	292198
湖南	85251	406011	73834	203518	17886	346095
广东	241367	426764	183848	165330	20755	472954
广西	25145	188361	29421	64236	8412	138623
海南	4084	35978	9620	7380	670	11081
重庆	59528	284372	21142	52111	3303	137314
四川	51526	666041	113121	205404	30166	297424
贵州	7214	106520	16455	19648	3700	23924
云南	36043	429698	69807	61182	16846	178520
西藏	4494	14835	1575	6132	35	8950
陕西	43512	229467	85867	35386	6240	103003
甘肃	20405	149887	50250	38853	2263	68424
青海	3809	29554	2347	7491	2	8714
宁夏	3814	97710	15268	6332	447	30752
新疆	46197	293802	50042	65071	6071	88241

3-26 各地区地方建筑业企业施工机械设备情况

地　区	年末自有施工机械设备总台数（台）	年末自有施工机械设备总功率（千瓦）	年末自有施工机械设备净值（万元）	技术装备率（元/人）	动力装备率（千瓦/人）
全国总计	**8775709**	**158953213**	**27993358**	**8402**	**4.8**
北　京	159030	3021303	456546	13881	9.2
天　津	77976	1899092	431075	16476	7.3
河　北	424639	6894918	1075285	9892	6.3
山　西	185719	3291648	659615	15302	7.6
内蒙古	82775	1798846	367281	7813	3.8
辽　宁	347713	7572787	1453032	12023	6.3
吉　林	84402	1328959	289869	9404	4.3
黑龙江	129862	2882898	620290	11228	5.2
上　海	128145	2043645	599318	8232	2.8
江　苏	1339401	27799734	4652608	9102	5.4
浙　江	829535	13267179	2987973	6147	2.7
安　徽	361735	5068652	902030	6761	3.8
福　建	267577	5038343	962380	7097	3.7
江　西	156533	2371266	467203	6322	3.2
山　东	690760	12705629	2229508	8609	4.9
河　南	595928	9706149	1519946	7905	5.0
湖　北	431206	7439921	1351524	11257	6.2
湖　南	426260	6728914	1067493	8213	5.2
广　东	716338	7773189	1594167	9976	4.9
广　西	197781	2616322	373936	7602	5.3
海　南	17410	430502	37145	3623	4.2
重　庆	185021	3880860	784403	6866	3.4
四　川	277204	4774338	899917	4601	2.4
贵　州	49071	895363	191090	7220	3.4
云　南	145209	2689398	634982	9617	4.1
西　藏	4775	140463	36507	9599	3.7
陕　西	167731	3743116	497408	8620	6.5
甘　肃	152556	8248170	322865	7587	19.4
青　海	26043	500953	102201	13414	6.6
宁　夏	35720	816927	154106	23729	12.6
新　疆	81654	1583729	271653	20887	12.2

3-27 各地区地方建筑业企业主要生产效益指标

地　区	建筑业企业个数（个）	计算建筑业劳动生产率的平均人数（人）	按总产值计算的劳动生产率（元/人）	人均竣工产值（元/人）	人均施工面积（平方米/人）	人均竣工面积（平方米/人）
全国总计	**69511**	**36988758**	**165517**	**111446**	**146.8**	**63.6**
北　京	3020	894721	210825	134460	121.5	35.0
天　津	1307	372441	254350	142242	109.0	42.3
河　北	2089	1213134	159879	99263	131.1	61.8
山　西	1646	562346	152957	80221	105.9	39.5
内蒙古	775	709536	122851	87037	79.9	43.8
辽　宁	4279	1905891	146291	101996	92.4	47.7
吉　林	929	555155	147964	108198	92.7	68.4
黑龙江	1882	813899	132674	82485	60.1	41.0
上　海	2894	1048011	252185	160603	142.0	46.5
江　苏	8596	5277610	187239	151453	187.0	81.6
浙　江	4756	4812154	197249	131302	219.4	83.6
安　徽	2334	1301129	139815	90998	134.9	65.2
福　建	2063	1419749	141100	89646	148.3	51.0
江　西	1268	756861	152073	101291	157.0	77.7
山　东	6145	2868746	137824	86246	127.9	56.7
河　南	4015	1878912	136517	91360	121.9	62.0
湖　北	2795	1230934	161836	105384	124.7	72.7
湖　南	1812	1296562	157964	106426	150.3	71.9
广　东	4171	1609499	195325	128936	164.2	64.3
广　西	985	472721	176139	118276	190.8	76.0
海　南	137	97810	145146	74341	124.8	39.9
重　庆	2336	1157510	150914	96532	140.0	63.9
四　川	3326	2019187	124669	80756	124.4	54.7
贵　州	555	245949	141894	57871	151.6	43.5
云　南	1919	689806	160166	102355	110.9	53.7
西　藏	165	50274	188829	153734	56.4	35.3
陕　西	932	648715	175603	87636	127.2	45.5
甘　肃	813	465561	106657	67997	88.7	36.6
青　海	371	102084	118971	50929	45.0	19.7
宁　夏	462	188531	120731	96607	103.3	48.9
新　疆	734	323320	174160	128316	132.0	66.7

3-28 各地区地方建筑业企业营业额

单位：万元

地　区	企业营业额	在境外完成的营业额	企业总产值	#建筑业总产值
全国总计	**665197118**	**6059852**	**659137266**	**612226147**
北　京	21054201	615593	20438609	18862951
天　津	10048604	25554	10023050	9473054
河　北	20044782	150686	19894096	19395468
山　西	9110287	31793	9078494	8601490
内蒙古	8827409		8827409	8716749
辽　宁	28533466	229352	28304113	27881530
吉　林	8315990	27293	8288698	8214283
黑龙江	11003944	158184	10845760	10798344
上　海	32378883	358334	32020549	26429257
江　苏	104657124	319467	104337656	98817557
浙　江	97885052	995000	96890052	94919434
安　徽	19129967	573272	18556695	18191712
福　建	20304335	50497	20253838	20032699
江　西	12378724	161808	12216916	11509842
山　东	41636030	521446	41114584	39538158
河　南	26601890	325141	26276749	25650277
湖　北	20546268	165955	20380313	19920930
湖　南	21097727	95557	21002170	20480974
广　东	34451365	194313	34257052	31437554
广　西	28687018	77324	28609694	8326478
海　南	1645828	3517	1642311	1419668
重　庆	18133771	119266	18014505	17468438
四　川	26193194	326571	25866623	25172986
贵　州	3603831	85097	3518734	3489863
云　南	11434828	140898	11293930	11048352
西　藏	960325		960325	949320
陕　西	11829638	138907	11690731	11391659
甘　肃	5340888	130228	5210660	4965547
青　海	1222950	860	1222090	1214502
宁　夏	2328468	7281	2321187	2276146
新　疆	5810331	30657	5779674	5630928

3-29 各地区地方建筑业企业资产构成

单位：万元

地区	资产合计	#流动资产小计	#长期投资	#固定资产小计	#无形及递延资产
全国总计	**460012695**	**355657829**	**21954106**	**71693370**	**8071814**
北京	26163896	21244390	2337838	1967090	369791
天津	9576460	7781241	409241	1262377	97630
河北	13746772	10268339	482012	2581980	362669
山西	8338712	6411213	254279	1560035	74275
内蒙古	6655299	4763300	320158	1333343	202211
辽宁	20176987	15226697	795903	3695293	410311
吉林	5270994	3899678	154525	1133309	75438
黑龙江	8650197	6507580	185477	1695399	218720
上海	30571793	26375171	2117824	1767066	181665
江苏	59458653	47675935	2240629	8547353	776526
浙江	47850939	38067990	2986312	5972297	646406
安徽	13033807	9853560	376533	2454327	286368
福建	12340843	9744870	464509	1976078	127763
江西	6930819	4749710	317122	1613839	222310
山东	34739089	26036637	1350523	6413635	825900
河南	16079220	10976712	428774	4106610	494606
湖北	13910119	9712529	395084	3376440	360087
湖南	11545331	7913340	359392	2831449	323486
广东	36550941	29596409	1972756	4189819	449425
广西	6004123	4505747	327330	981123	150093
海南	926803	805682	14796	94665	9831
重庆	13850148	10449179	829225	1965015	212018
四川	18758992	13979440	1184342	3179614	306072
贵州	3436499	2562309	170588	603187	77818
云南	10411678	7568298	670674	1807504	275015
西藏	772865	416966	22553	306964	14066
陕西	11953364	9710179	244771	1731838	198204
甘肃	4137357	2748568	139266	1146039	88249
青海	1276965	847808	67612	304300	55070
宁夏	2216989	1666066	107740	400713	36442
新疆	4676045	3592285	226321	694670	143352

3-30 各地区地方建筑业企业流动资产、无形及递延资产

单位：万元

地　区	流动资产	#存货	无形及递延资产	#无形资产
全国总计	**355657829**	**91668568**	**8071814**	**6746753**
北　京	21244390	5528285	369791	301112
天　津	7781241	2019391	97630	84927
河　北	10268339	2373948	362669	292797
山　西	6411213	1336963	74275	52883
内蒙古	4763300	692754	202211	159239
辽　宁	15226697	3023643	410311	327233
吉　林	3899678	455382	75438	61329
黑龙江	6507580	1200407	218720	200718
上　海	26375171	6916576	181665	147432
江　苏	47675935	13577395	776526	659504
浙　江	38067990	10495637	646406	581757
安　徽	9853560	2315627	286368	234212
福　建	9744870	2930963	127763	99476
江　西	4749710	945135	222310	182452
山　东	26036637	6807373	825900	728981
河　南	10976712	2739761	494606	421677
湖　北	9712529	2675775	360087	273907
湖　南	7913340	1622739	323486	282513
广　东	29596409	6787125	449425	344573
广　西	4505747	1299317	150093	136139
海　南	805682	212063	9831	6643
重　庆	10449179	3164542	212018	173631
四　川	13979440	3501483	306072	245206
贵　州	2562309	567879	77818	63407
云　南	7568298	1757283	275015	235138
西　藏	416966	92621	14066	12787
陕　西	9710179	4976722	198204	161394
甘　肃	2748568	629912	88249	54437
青　海	847808	132276	55070	50738
宁　夏	1666066	362649	36442	34607
新　疆	3592285	526940	143352	135906

3-31 各地区地方建筑业企业固定资产情况

单位：万元

地区	固定资产小计	固定资产原价		固定资产折旧		在建工程
			#生产经营用		#本年折旧	
全国总计	**71693370**	**91065832**	**67942995**	**30587938**	**5458750**	**6689719**
北 京	1967090	2899010	2184688	1152154	223294	183424
天 津	1262377	1680174	1128420	577916	116072	122258
河 北	2581980	3378904	2637666	1118470	175264	198453
山 西	1560035	1966940	1447546	684154	112982	145963
内蒙古	1333343	1600062	1213985	488224	69651	144552
辽 宁	3695293	5090847	4259640	1770946	347784	204435
吉 林	1133309	1349080	838310	430452	64625	47974
黑龙江	1695399	2344485	2034922	779048	204108	49561
上 海	1767066	2861933	2120724	1298055	251179	169550
江 苏	8547353	11005804	8754367	3807580	643744	754445
浙 江	5972297	7723948	6137304	2539855	466411	658635
安 徽	2454327	2974840	2222617	922280	170229	281736
福 建	1976078	2365317	1867730	745445	156677	153820
江 西	1613839	1820607	1112785	501999	129204	147598
山 东	6413635	7769694	5677133	2607013	458251	447239
河 南	4106610	4893437	3497397	1444942	315680	480919
湖 北	3376440	4082896	2743087	1193021	193879	285356
湖 南	2831449	3467881	2268760	1160871	195620	318709
广 东	4189819	5689351	4370419	2249338	357875	565279
广 西	981123	1106760	755263	329872	50939	115911
海 南	94665	116077	92676	34653	5101	4004
重 庆	1965015	2369341	1610625	779878	131703	215590
四 川	3179614	3810818	2726717	1174364	178280	328286
贵 州	603187	620903	450476	190968	29031	146330
云 南	1807504	2290051	1555074	783033	123339	194138
西 藏	306964	270451	66064	40235	6757	23620
陕 西	1731838	2232104	1721703	687351	97534	106436
甘 肃	1146039	1300063	887733	374109	69652	99257
青 海	304300	406494	268939	145448	22384	26944
宁 夏	400713	552456	445733	188309	34667	28703
新 疆	694670	1025108	844492	387957	56835	40594

3-32 各地区地方建筑业企业负债及所有者权益

单位：万元

地 区	负债合计	流动负债	长期负债	所有者权益	#实收资本
全国总计	**288760329**	**275435812**	**13324518**	**171252366**	**112812753**
北 京	19158526	18168235	990291	7005370	5509600
天 津	6895322	6578556	316767	2681138	2133348
河 北	8350119	7816728	533391	5396653	3526913
山 西	5566413	5384689	181724	2772299	2143140
内蒙古	3785820	3550335	235484	2869479	1577185
辽 宁	12531183	12022924	508259	7645804	4918316
吉 林	3110117	2885992	224125	2160877	2053663
黑龙江	5085249	4844462	240787	3564949	2933153
上 海	22204303	21486011	718292	8367490	5179712
江 苏	36083660	35148679	934981	23374994	12963396
浙 江	29244162	28412573	831589	18606777	10629274
安 徽	8134900	7777302	357597	4898907	3290637
福 建	6925564	6784117	141447	5415279	3919348
江 西	3828251	3622508	205743	3102568	2233060
山 东	21928339	20856473	1071866	12810750	8429375
河 南	7929999	7602469	327530	8149221	5786141
湖 北	7639712	7107332	532380	6270407	4414788
湖 南	6525371	5828954	696417	5019961	3434659
广 东	24564448	23193473	1370975	11986493	7436705
广 西	3939628	3715478	224150	2064495	1491871
海 南	625077	618457	6620	301725	189049
重 庆	8284718	7467010	817709	5565429	3618679
四 川	11345605	10679151	666455	7413387	5121753
贵 州	2378090	2155694	222396	1058409	859987
云 南	6486124	6010571	475553	3925554	2912103
西 藏	214189	190424	23765	558676	454781
陕 西	8230974	8108978	121995	3722391	2077337
甘 肃	2493330	2363304	130026	1644027	1251193
青 海	690364	636980	53384	586601	531392
宁 夏	1405544	1348016	57528	811445	609498
新 疆	3175230	3069940	105290	1500815	1182697

3-33 各地区地方建筑业企业实收资本

单位：万元

地区	合计						
		国家资本	集体资本	法人资本	个人资本	港澳台资本	外商资本
全国总计	**112812753**	**16819909**	**9617781**	**28220575**	**56940959**	**643878**	**569650**
北　京	5509600	490374	343716	2691064	1824895	93238	66312
天　津	2133348	478849	171398	639382	811826	20672	11220
河　北	3526913	507487	329737	660812	2025060	2903	915
山　西	2143140	589091	172236	378198	988377	11245	3993
内蒙古	1577185	158122	135222	442014	841243		585
辽　宁	4918316	843907	418149	808448	2770786	14591	62437
吉　林	2053663	625887	74839	516913	830555	5469	
黑龙江	2933153	658362	288041	659366	1305557	6535	15292
上　海	5179712	988316	426402	1022035	2529456	112935	100568
江　苏	12963396	926583	653676	3120248	8014093	109136	139660
浙　江	10629274	359487	307987	2424377	7506581	25544	5297
安　徽	3290637	632103	276295	787170	1571083	17387	6599
福　建	3919348	276030	198153	656743	2742440	36345	9637
江　西	2233060	681318	410006	491992	634607	13337	1800
山　东	8429375	961821	1195306	2522717	3690312	28430	30789
河　南	5786141	619040	613241	1390433	3153325	3775	6326
湖　北	4414788	775070	354790	1263325	1996985	19523	5097
湖　南	3434659	732014	331863	837071	1524181	2351	7179
广　东	7436705	1613967	821703	2239435	2580124	95524	85953
广　西	1491871	418122	254784	260418	552035	1767	4746
海　南	189049	28635	32626	68373	59415		
重　庆	3618679	619568	192708	637460	2154647	13230	1066
四　川	5121753	752123	404932	1079723	2880232	2530	2215
贵　州	859987	378401	97884	147681	234522		1500
云　南	2912103	512991	341001	678667	1375262	4169	13
西　藏	454781	250135	50928	85190	68529		
陕　西	2077337	291656	330709	676340	776679	1953	
甘　肃	1251193	231238	224356	395802	399238	500	59
青　海	531392	128398	57932	188731	155731	300	300
宁　夏	609498	126362	29652	98046	355008	429	
新　疆	1182697	164453	77511	352403	588177	60	94

3-34 各地区地方建筑业企业收入情况

单位：万元

地区	工程结算收入	工程结算成本	工程结算税金及附加	工程结算利润	经营费用	其他业务收入	#其他业务利润
全国总计	**568535493**	**501608426**	**19951507**	**42861326**	**4114234**	**8062792**	**1704716**
北京	21066818	18851995	638804	1434766	141253	642581	175153
天津	9568744	8666326	267905	581410	53103	364118	55214
河北	17746520	15729749	633446	1297770	85556	232982	38198
山西	8399889	7459677	274279	594264	71669	121442	23517
内蒙古	8512263	7122202	301008	1063619	25434	61378	22021
辽宁	26237531	23005429	882131	2243590	106381	271761	49438
吉林	7854689	6792751	275433	689659	96846	47464	29907
黑龙江	9992932	8584566	514098	837785	56483	114690	39975
上海	31564255	28767991	900599	1775602	120063	407763	100902
江苏	80394309	69852738	2857188	6832933	851450	1645256	200618
浙江	81183588	73468508	2801272	4610761	303048	553255	131693
安徽	17468494	15364153	613821	1343260	147261	179008	38138
福建	18804839	16783675	722173	1204945	94046	120983	32675
江西	9490217	8268381	401702	736430	83704	56257	26062
山东	35245256	30203838	1244415	3510562	286440	1193159	117804
河南	23525721	20311061	878700	2055186	280774	181322	46652
湖北	19682517	17284432	658258	1529735	210092	143489	34557
湖南	18592137	16365374	778242	1301020	147501	70913	31351
广东	36885688	32577105	1252556	2801620	254408	634606	211486
广西	7968781	7199744	283169	454259	31610	91780	23084
海南	1566617	1426234	52140	81554	6690	2097	1756
重庆	16848763	14636618	612636	1514142	85367	170460	62567
四川	22179491	19548454	790156	1608189	232692	217636	58827
贵州	3379291	3047440	123253	158949	49650	75539	11714
云南	9537007	8378092	325130	728989	104796	131519	49592
西藏	892235	648465	33464	203167	7139	6718	1172
陕西	10395195	9243357	336534	731103	84201	104194	32407
甘肃	4603658	3959329	189589	390076	64664	74762	21864
青海	1126288	981490	45494	90777	8527	7375	4017
宁夏	2332757	2108750	76937	140304	6767	35269	8160
新疆	5489004	4970506	186976	314901	16621	103016	24195

3-35 各地区地方建筑业企业费用情况

单位：万元

地区	管理费用	#税金	#财产保险费	#差旅费	#工会经费	财务费用	#利息支出
全国总计	**19172288**	**1118101**	**149597**	**1137335**	**297743**	**2797092**	**1933570**
北京	1123655	25867	9325	49936	7845	132292	118332
天津	405818	16490	1383	10450	2813	46433	31396
河北	578077	27002	3353	21155	6955	80170	39726
山西	378281	15265	3114	23724	4976	50024	28006
内蒙古	289101	22945	1319	11257	3545	54692	40596
辽宁	1046932	68786	7497	47557	14351	90510	57623
吉林	254870	13608	1185	12284	3290	37625	11252
黑龙江	401294	48222	1420	28423	8758	32315	16749
上海	1055626	22833	3657	39569	6916	67998	52614
江苏	2809404	147258	15080	188711	49546	433587	288275
浙江	1671286	91695	18291	124420	28788	437452	387159
安徽	592454	40147	4626	36056	10728	86722	62619
福建	566594	25683	2714	32794	6262	40630	26962
江西	278419	26943	1718	18037	5851	58907	26354
山东	1324357	106198	13463	77969	23222	273619	204062
河南	865246	82484	11986	80463	24095	116295	67210
湖北	707448	46278	5266	47455	13337	86221	40433
湖南	518959	38266	13453	37240	15678	97186	53011
广东	1373915	70596	6746	67561	15031	134866	91751
广西	267213	11314	1130	12530	2671	27472	16570
海南	28150	945	42	1714	446	449	162
重庆	483758	34460	4514	35550	9218	89345	65034
四川	768770	43191	5999	49429	14821	124396	83737
贵州	107605	4474	507	5595	1266	16923	14072
云南	357230	18189	2217	21806	3582	59589	41536
西藏	81242	6133	124	1335	155	2484	763
陕西	305599	25242	4734	20706	8021	42424	21436
甘肃	206105	22442	2097	19996	1801	44126	17203
青海	50828	2014	271	1897	310	4856	3818
宁夏	74484	3194	467	3653	1007	11790	10824
新疆	199569	9938	1899	8063	2456	15695	14288

3-36 各地区地方建筑业企业利润及税金情况

单位：万元

地 区	利润总额	#应交所得税	税金总额	工程结算税金及附加	管理费用中的税金
全国总计	**22398949**	**4695322**	**21069608**	**19951507**	**1118101**
北 京	417703	94684	664672	638804	25867
天 津	191861	58656	284395	267905	16490
河 北	602393	120158	660448	633446	27002
山 西	189936	44301	289545	274279	15265
内蒙古	726110	145765	323953	301008	22945
辽 宁	1111227	293761	950917	882131	68786
吉 林	375463	70719	289042	275433	13608
黑龙江	428871	71566	562320	514098	48222
上 海	919651	196314	923433	900599	22833
江 苏	3898679	819690	3004446	2857188	147258
浙 江	2715995	608269	2892966	2801272	91695
安 徽	664519	126674	653968	613821	40147
福 建	627770	198316	747856	722173	25683
江 西	399280	63056	428645	401702	26943
山 东	1966514	406282	1350613	1244415	106198
河 南	997651	207393	961184	878700	82484
湖 北	728187	146496	704536	658258	46278
湖 南	730639	129144	816508	778242	38266
广 东	1525625	326282	1323151	1252556	70596
广 西	172124	34694	294483	283169	11314
海 南	54824	4943	53085	52140	945
重 庆	920637	143628	647096	612636	34460
四 川	783783	160463	833348	790156	43191
贵 州	46310	10902	127727	123253	4474
云 南	346497	69349	343319	325130	18189
西 藏	120700	11531	39597	33464	6133
陕 西	355661	50757	361776	336534	25242
甘 肃	146905	24767	212031	189589	22442
青 海	36456	4626	47507	45494	2014
宁 夏	61395	16015	80131	76937	3194
新 疆	135582	36124	196914	186976	9938

3-37 各地区地方建筑业企业应收工程款及企业亏损情况

地区	应收工程款(万元)	#竣工工程	企业个数(个)	#亏损企业个数	亏损企业的比重(%)
全国总计	**83129623**	**43699992**	**69511**	**9054**	**13.0**
北京	4179547	2232324	3020	760	25.2
天津	1869585	779450	1307	246	18.8
河北	3247229	1853989	2089	266	12.7
山西	2351269	1080408	1646	333	20.2
内蒙古	1368255	836978	775	37	4.8
辽宁	3527397	1810660	4279	746	17.4
吉林	1433566	813211	929	81	8.7
黑龙江	1521887	873325	1882	382	20.3
上海	4556012	1887212	2894	512	17.7
江苏	11899811	5999027	8596	484	5.6
浙江	7253564	4272619	4756	402	8.5
安徽	2507900	1340342	2334	252	10.8
福建	1486900	821780	2063	239	11.6
江西	804554	449119	1268	94	7.4
山东	8419050	5028531	6145	587	9.6
河南	1630072	792221	4015	355	8.8
湖北	2568862	1369621	2795	304	10.9
湖南	2385778	1239381	1812	152	8.4
广东	5174855	2359673	4171	706	16.9
广西	997329	465700	985	189	19.2
海南	117729	47699	137	12	8.8
重庆	2351905	1156478	2336	246	10.5
四川	3237034	1822246	3326	424	12.7
贵州	445320	226738	555	128	23.1
云南	2207064	1259423	1919	407	21.2
西藏	145536	57542	165	7	4.2
陕西	2417909	998898	932	106	11.4
甘肃	1071906	608679	813	137	16.9
青海	189714	81920	371	138	37.2
宁夏	626396	428383	462	97	21.0
新疆	1135691	706414	734	225	30.7

3-38 各地区地方建筑业企业主要经济效益指标

地　区	产值利润率 (%)	产值利税率 (%)	资本利润率 (%)	资本利税率 (%)	人均利润 (元/人)	人均利税 (元/人)	资产负债率 (%)
全国总计	**3.7**	**7.1**	**19.9**	**38.5**	**6056**	**11752**	**62.8**
北　京	2.2	5.7	7.6	19.6	4669	12097	73.2
天　津	2.0	5.0	9.0	22.3	5151	12787	72.0
河　北	3.1	6.5	17.1	35.8	4966	10410	60.7
山　西	2.2	5.6	8.9	22.4	3378	8526	66.8
内蒙古	8.3	12.0	46.0	66.6	10234	14799	56.9
辽　宁	4.0	7.4	22.6	41.9	5830	10820	62.1
吉　林	4.6	8.1	18.3	32.4	6763	11970	59.0
黑龙江	4.0	9.2	14.6	33.8	5269	12178	58.8
上　海	3.5	7.0	17.8	35.6	8775	17586	72.6
江　苏	3.9	7.0	30.1	53.3	7387	13080	60.7
浙　江	2.9	5.9	25.6	52.8	5644	11656	61.1
安　徽	3.7	7.2	20.2	40.1	5107	10133	62.4
福　建	3.1	6.9	16.0	35.1	4422	9689	56.1
江　西	3.5	7.2	17.9	37.1	5275	10939	55.2
山　东	5.0	8.4	23.3	39.4	6855	11563	63.1
河　南	3.9	7.6	17.2	33.9	5310	10425	49.3
湖　北	3.7	7.2	16.5	32.5	5916	11639	54.9
湖　南	3.6	7.6	21.3	45.0	5635	11933	56.5
广　东	4.9	9.1	20.5	38.3	9479	17700	67.2
广　西	2.1	5.6	11.5	31.3	3641	9871	65.6
海　南	3.9	7.6	29.0	57.1	5605	11032	67.4
重　庆	5.3	9.0	25.4	43.3	7954	13544	59.8
四　川	3.1	6.4	15.3	31.6	3882	8009	60.5
贵　州	1.3	5.0	5.4	20.2	1883	7076	69.2
云　南	3.1	6.2	11.9	23.7	5023	10000	62.3
西　藏	12.7	16.9	26.5	35.2	24008	31885	27.7
陕　西	3.1	6.3	17.1	34.5	5483	11059	68.9
甘　肃	3.0	7.2	11.7	28.7	3155	7710	60.3
青　海	3.0	6.9	6.9	15.8	3571	8225	54.1
宁　夏	2.7	6.2	10.1	23.2	3256	7507	63.4
新　疆	2.4	5.9	11.5	28.1	4193	10284	67.9

四、按资质等级分组的建筑业企业

4-1 各地区总承包建筑业企业签订合同情况

单位：万元

地 区	合同总额	上年结转合同额	本年新签合同额
全国总计	**1219577395**	**453334168**	**766243227**
北 京	84767157	33843986	50923171
天 津	33862533	13710563	20151970
河 北	38727117	13799503	24927615
山 西	34177079	15150140	19026939
内蒙古	12737385	3346797	9390588
辽 宁	43275720	14667153	28608567
吉 林	16546689	4792138	11754551
黑龙江	17490673	5221238	12269435
上 海	66788697	27757252	39031445
江 苏	123054733	38835193	84219540
浙 江	151666526	58339614	93326912
安 徽	36130161	11351104	24779057
福 建	35971508	13777404	22194104
江 西	19662155	7046971	12615184
山 东	61819373	19473082	42346292
河 南	51304832	15213282	36091550
湖 北	65887638	27584486	38303152
湖 南	47801844	19043533	28758311
广 东	74655493	34062745	40592748
广 西	17195277	6152222	11043055
海 南	2425256	927621	1497635
重 庆	31195115	11289338	19905777
四 川	51071264	19153858	31917406
贵 州	10309237	4111420	6197817
云 南	18309987	6044390	12265597
西 藏	1154458	263478	890979
陕 西	43984981	19143768	24841213
甘 肃	8670184	2916322	5753863
青 海	3791159	1756089	2035070
宁 夏	3452529	871534	2580995
新 疆	11690637	3687946	8002691

4-2 各地区总承包建筑业企业承包工程完成情况

单位：万元

地 区	直接从建设单位承揽工程完成的产值	自行完成施工产值	分包出去工程的产值	从建设单位以外承揽工程完成的产值
全国总计	**676568590**	**655992254**	**20576337**	**23653630**
北 京	36895273	31164777	5730496	3132439
天 津	15767685	14427497	1340188	1214420
河 北	22909375	22895587	13788	432468
山 西	16541776	16391433	150343	110030
内蒙古	9074607	9044368	30239	84896
辽 宁	28560856	28337203	223653	220583
吉 林	10214068	10174503	39565	66732
黑龙江	12420911	12243866	177045	107150
上 海	33296301	29238891	4057410	3237654
江 苏	84571584	83858145	713439	5431208
浙 江	87609333	86626692	982641	1987417
安 徽	19589197	19333781	255415	264290
福 建	18725234	18599269	125965	816569
江 西	11752571	11649590	102981	203704
山 东	40362208	40053070	309138	463247
河 南	32062181	31845085	217097	356113
湖 北	30079537	29758128	321409	710282
湖 南	22719691	22633897	85794	600838
广 东	32249344	28447648	3801697	1358396
广 西	8678740	8569205	109535	189524
海 南	1364648	1362191	2458	3862
重 庆	17380005	16775619	604386	748427
四 川	28771975	28264426	507549	739284
贵 州	5043492	5031250	12241	28908
云 南	10311373	10281708	29665	492519
西 藏	905528	905328	200	4946
陕 西	21992243	21694673	297571	358089
甘 肃	5280107	5164658	115449	78815
青 海	1782238	1757249	24989	90907
宁 夏	2318215	2309907	8308	13679
新 疆	7338296	7152612	185684	106238

4-3 各地区总承包建筑业总产值和竣工产值

单位：万元

地区	建筑业总产值	#装饰装修产值	#在外省完成的产值	按构成分组 建筑工程产值	安装工程产值	其他产值	竣工产值
全国总计	**679645884**	**20341682**	**210815813**	**615915425**	**47132036**	**16598422**	**412947214**
北京	34297216	3730015	21535697	33143580	825113	328522	16832205
天津	15641917	95359	6435926	14389967	936435	315515	8125272
河北	23328055	529416	6446188	20582885	1843260	901911	12672710
山西	16501463	260687	7771218	15284137	1042205	175121	5681190
内蒙古	9129264	134342	641211	8189128	521319	418817	6256652
辽宁	28557785	779706	4570588	25975588	2139020	443178	17214108
吉林	10241235	128408	2639830	9155931	809022	276282	7644596
黑龙江	12351015	230312	1298625	10185281	1706331	459403	6939689
上海	32476545	1653259	10873303	27880245	3630616	965685	18760051
江苏	89289353	1133860	34114284	83660017	4892252	737084	71262012
浙江	88614109	3412944	42423779	80933515	5265982	2414612	58216412
安徽	19598071	421966	4121491	17847464	1147072	603535	10543476
福建	19415838	508838	7520369	18174515	885037	356287	12355336
江西	11853294	324382	3012480	10710188	591715	551391	7237263
山东	40516317	1073679	4991556	34529498	5254966	731853	23230952
河南	32201197	1446685	8195490	28987244	2412826	801127	18241581
湖北	30468409	668261	10718311	27464825	2033731	969853	16574253
湖南	23234734	487917	6286990	20709916	1150603	1374216	14660602
广东	29806043	1436722	4899884	27110360	2057575	638109	17999789
广西	8758730	207057	840747	7584438	900647	273645	5650273
海南	1366053	39551	22632	1307621	36536	21896	705439
重庆	17524046	331976	3240117	16180801	866144	477101	10609782
四川	29003710	700332	5985775	26377737	1931651	694322	16898792
贵州	5060158	22410	1225022	4367864	465876	226419	1973215
云南	10774227	96442	888433	9642345	548889	582993	6549563
西藏	910274	19999		824829	70234	15211	736308
陕西	22052762	209248	7985768	19916435	1665120	471207	8423756
甘肃	5243473	111900	866203	4446744	658545	138184	3353840
青海	1848156	8305	632622	1558414	172231	117512	764790
宁夏	2323586	9186	173076	2158973	134090	30523	1763957
新疆	7258850	128519	458198	6634943	536996	86911	5069352

4-4 各地区总承包建筑业企业房屋建筑面积

地　区	房屋建筑施工面积（万平方米）	#本年新开工	#实行投标承包面积	#本年新开工	房屋建筑竣工面积（万平方米）	房屋建筑面积竣工率（%）
全国总计	**576834.4**	**293073.5**	**484732.2**	**255183.1**	**239830.6**	**41.6**
北　京	22613.0	8550.1	21075.7	7974.7	5198.4	23.0
天　津	6288.5	2486.2	5894.0	2322.9	2112.9	33.6
河　北	17060.8	9907.8	14993.1	8930.8	7507.5	44.0
山　西	6482.0	3152.6	5364.9	2878.8	2253.1	34.8
内蒙古	5677.8	3719.5	4995.7	3494.4	3046.4	53.7
辽　宁	18238.7	11659.2	16051.0	10314.0	8913.9	48.9
吉　林	5110.5	4350.3	4609.4	4020.2	3748.9	73.4
黑龙江	4911.6	3610.9	3745.2	2923.8	3398.1	69.2
上　海	18561.2	7029.4	15645.1	6299.8	5568.9	30.0
江　苏	98871.6	50251.7	89111.2	44977.3	42963.2	43.5
浙　江	103923.4	48818.9	90062.4	43086.7	39711.0	38.2
安　徽	18131.3	10274.3	14495.9	8610.1	8456.3	46.6
福　建	21455.3	9503.0	16559.2	7480.2	7304.5	34.0
江　西	11577.3	6121.0	8629.9	5227.9	5590.8	48.3
山　东	37733.4	22211.6	32028.5	19706.8	15960.9	42.3
河　南	23964.0	14447.7	20935.4	12971.1	11679.9	48.7
湖　北	19196.2	10701.8	14843.1	8648.4	9677.9	50.4
湖　南	22104.5	10682.0	20004.6	10181.6	9912.9	44.8
广　东	29690.4	11764.6	17712.4	7849.4	10981.7	37.0
广　西	9024.6	3890.2	6926.5	3110.1	3608.9	40.0
海　南	1220.5	637.9	991.7	524.0	390.5	32.0
重　庆	16177.6	8672.9	12101.1	7028.2	7346.0	45.4
四　川	25410.0	12731.7	19530.1	10678.0	11023.7	43.4
贵　州	4912.2	1838.8	4271.2	1619.7	1242.4	25.3
云　南	7605.8	4106.0	5693.2	3434.6	3690.7	48.5
西　藏	270.9	182.8	196.3	157.6	173.2	64.0
陕　西	8854.1	4443.3	7793.5	3976.5	3053.7	34.5
甘　肃	4100.2	2299.6	3352.2	1998.2	1694.2	41.3
青　海	480.1	263.6	363.4	209.3	203.1	42.3
宁　夏	2093.0	1233.3	2000.5	1199.1	929.0	44.4
新　疆	5093.7	3530.9	4755.6	3349.0	2488.1	48.8

4-5 各地区按主要用途分的总承包建筑业企业房屋建筑竣工面积

单位：万平方米

地区	合计	厂房、仓库	住宅	办公用房	批发和零售用房	住宿和餐饮用房
全国总计	**239830.6**	**38560.8**	**149902.5**	**18300.6**	**4858.8**	**3399.1**
北京	5198.4	489.5	2900.6	874.9	77.7	72.8
天津	2112.9	522.8	1000.7	122.8	51.2	32.7
河北	7507.5	953.5	5080.9	545.6	69.3	74.1
山西	2253.1	171.2	1597.1	172.0	50.6	25.4
内蒙古	3046.4	136.1	2301.1	194.5	55.1	63.1
辽宁	8913.9	1307.3	5965.0	516.9	168.7	81.9
吉林	3748.9	362.9	2789.1	346.3	44.2	20.1
黑龙江	3398.1	322.3	2278.9	177.7	96.5	19.6
上海	5568.9	1672.3	2423.2	410.4	152.7	110.2
江苏	42963.2	6355.2	28958.1	2806.6	978.4	650.8
浙江	39711.0	11006.1	19821.9	3900.6	1028.2	766.8
安徽	8456.3	1136.4	5423.7	691.2	92.2	68.9
福建	7304.5	1433.5	4467.0	553.7	150.9	105.8
江西	5590.8	646.9	3737.7	479.7	86.6	46.8
山东	15960.9	2703.7	10244.5	1001.3	358.6	222.0
河南	11679.9	1223.6	7692.9	989.6	145.7	189.1
湖北	9677.9	1558.8	6122.3	720.1	174.6	82.0
湖南	9912.9	1035.0	6354.6	821.9	226.1	146.0
广东	10981.7	2413.6	6183.5	746.4	233.8	144.4
广西	3608.9	378.8	2392.8	258.0	40.6	46.0
海南	390.5	11.7	276.5	20.6	11.0	10.6
重庆	7346.0	664.3	5585.2	351.1	113.2	46.8
四川	11023.7	1091.1	7850.5	448.3	197.1	150.4
贵州	1242.4	94.7	758.8	103.1	34.2	9.6
云南	3690.7	206.6	2277.8	318.3	92.3	75.6
西藏	173.2	1.4	115.5	27.8	1.4	1.5
陕西	3053.7	226.7	2038.7	311.6	24.0	38.7
甘肃	1694.2	210.0	1053.9	114.7	43.0	22.4
青海	203.1	4.0	137.0	19.2	0.8	2.5
宁夏	929.0	63.2	607.0	65.1	34.0	10.0
新疆	2488.1	157.4	1466.0	190.4	26.2	62.1

4-5 续表

单位：万平方米

地　区	居民服务业用　房	教育用房	文化、体育和娱乐用房	卫生医疗用房	科研用房	其他用房
全国总计	**2579.2**	**9010.2**	**2472.9**	**2539.2**	**754.7**	**7452.5**
北　京	77.7	220.7	129.6	55.2	63.5	236.1
天　津	14.0	57.4	54.9	27.1	8.4	220.9
河　北	106.5	252.8	35.7	55.5	20.8	312.7
山　西	28.8	127.4	16.0	23.1		41.5
内蒙古	27.7	125.0	30.6	20.2	0.4	92.5
辽　宁	91.5	262.2	65.1	70.9	25.0	359.4
吉　林	15.8	70.0	11.8	37.8	4.7	45.9
黑龙江	38.8	121.2	64.8	54.0	3.6	220.7
上　海	89.2	129.4	210.0	40.3	16.7	314.6
江　苏	513.8	1008.9	404.6	329.8	183.9	773.1
浙　江	348.3	946.5	367.6	333.0	190.1	1001.8
安　徽	90.2	518.4	49.7	105.0	7.9	272.7
福　建	43.7	259.6	56.8	46.8	20.4	166.3
江　西	102.8	225.1	45.5	49.4	4.0	166.2
山　东	207.9	344.9	151.9	89.6	31.1	605.5
河　南	149.4	580.4	87.5	192.2	22.6	406.9
湖　北	36.1	446.6	105.1	157.0	44.4	230.9
湖　南	132.1	459.1	96.5	236.3	19.3	386.0
广　东	144.7	410.0	125.2	100.8	32.9	446.4
广　西	29.8	211.3	30.0	58.0	5.8	157.8
海　南	3.5	32.9	6.4	7.1	0.3	9.8
重　庆	64.2	300.7	22.4	49.9	4.5	143.7
四　川	48.6	646.0	106.0	174.2	19.0	292.5
贵　州	25.9	129.1	18.8	27.8	3.3	37.1
云　南	40.6	369.8	58.8	49.6	11.8	189.4
西　藏	3.5	10.5	1.3	3.7		6.7
陕　西	26.6	191.7	48.3	33.5	4.0	109.9
甘　肃	20.5	123.2	23.2	33.8	1.6	47.7
青　海	3.8	24.6	1.3	3.8		6.0
宁　夏	4.0	81.2	11.3	4.8	0.4	47.9
新　疆	49.3	323.4	36.1	69.0	4.2	103.9

4-6 各地区按主要用途分的总承包建筑业企业房屋建筑竣工价值

单位：万元

地区	合计	厂房、仓库	住宅	办公用房	批发和零售用房	住宿和餐饮用房
全国总计	**256258858**	**38545991**	**153655393**	**22798154**	**5718427**	**4320231**
北京	8925905	833200	4196691	1720314	124222	123595
天津	3424197	771815	1467126	183263	72359	49404
河北	7633574	1114501	4818109	593999	62443	90105
山西	2325134	202260	1567571	195707	47991	28919
内蒙古	3323029	169503	2321031	277378	55112	93191
辽宁	9979179	1638556	6168209	675030	189625	147910
吉林	3858121	386267	2746762	412436	58804	24202
黑龙江	3892426	412056	2427606	244475	132518	26334
上海	8596186	2138067	3213160	837473	279256	182510
江苏	49715773	6835106	32759033	3681723	1224185	846862
浙江	43517480	9501607	22640579	4881677	1354713	1143558
安徽	7280128	903021	4565386	684406	72771	84630
福建	8009843	1311218	5042634	645912	167383	127989
江西	4366912	539099	2817042	431116	74070	42960
山东	14841626	2375860	9171902	1143395	373596	236880
河南	10470022	1142291	6606255	976350	133929	162735
湖北	9113677	1498766	5432422	786154	163975	76163
湖南	9243493	1022862	5688742	929763	193020	150471
广东	11909542	2123512	6717554	1002367	261611	155451
广西	3419911	438415	2159656	281904	39158	47307
海南	453281	16283	317243	24154	13396	13393
重庆	6938512	702966	5151540	372635	110669	45881
四川	10528988	1059300	7249125	463290	198062	151774
贵州	1096288	128524	590667	112746	45024	6761
云南	3752691	227976	2255559	342730	84111	82580
西藏	239952	1743	161198	37363	1655	2008
陕西	3543646	328658	2187084	367326	20004	54316
甘肃	2168324	431710	1144622	143318	99970	21987
青海	224879	5162	139586	26158	768	3605
宁夏	923929	67451	570035	80608	36669	13453
新疆	2542209	218236	1361266	242986	27362	83300

4-6 续表

单位：万元

地　区	居民服务业用　房	教育用房	文化、体育和娱乐用房	卫生医疗用房	科研用房	其他用房
全国总计	**3189953**	**10263156**	**3935422**	**3242263**	**1106029**	**9483840**
北　京	184831	406530	264018	141257	155489	775760
天　津	29527	112952	113842	52642	14698	556570
河　北	106826	286884	53638	107096	27704	372270
山　西	30257	140200	18387	39880		53962
内蒙古	39463	161028	46785	52537	655	106346
辽　宁	116472	351544	116527	87756	31878	455673
吉　林	21195	79359	10269	37973	5857	74998
黑龙江	49014	163770	111356	85952	5258	234087
上　海	252759	243244	520154	109863	59231	760469
江　苏	659743	1441268	543926	448710	241307	1033910
浙　江	424939	1097444	612969	441578	253001	1165415
安　徽	57491	409062	96835	90889	8101	307535
福　建	60720	324370	73652	60667	21141	174156
江　西	57336	178791	41006	40011	5668	139812
山　东	222004	350710	297806	111620	43328	514526
河　南	123618	502740	90104	198877	30459	502665
湖　北	40344	491032	145302	182745	45354	251420
湖　南	119492	444663	117156	204436	18246	354644
广　东	249971	483031	198684	182821	55731	478811
广　西	25145	188361	29421	64236	8412	137896
海　南	4084	35978	9620	7380	670	11081
重　庆	55421	287299	21142	52021	3303	135636
四　川	50558	720992	111492	196491	31839	296066
贵　州	35911	107047	16455	19457	7036	26663
云　南	36043	419669	68217	55272	16846	163690
西　藏	4494	14835	1575	6132		8950
陕　西	47116	228727	85067	35175	6337	183836
甘　肃	20190	146812	50250	38778	2263	68424
青　海	3809	29055	2347	5861	2	8527
宁　夏	3814	97667	15268	5687	447	32832
新　疆	57370	318092	52155	78464	5767	97211

4-7 各地区总承包建筑业企业施工机械设备情况

地　区	年末自有施工机械设备总台数（台）	年末自有施工机械设备总功率（千瓦）	年末自有施工机械设备净值（万元）	技术装备率（元/人）	动力装备率（千瓦/人）
全国总计	**8173405**	**164290407**	**31896743**	**9774**	**5.0**
北　京	109014	4239450	826833	20499	10.5
天　津	68996	3358317	1022371	32947	10.8
河　北	438274	7485144	1254333	11655	7.0
山　西	172893	4275096	861608	14517	7.2
内蒙古	83356	1918517	399349	8522	4.1
辽　宁	301886	7213413	1393836	13028	6.7
吉　林	89037	1475213	278382	8774	4.6
黑龙江	139050	3254114	702600	11378	5.3
上　海	120083	3166814	1283359	17617	4.3
江　苏	1061371	22011490	3980085	8758	4.8
浙　江	707412	12281601	2797972	6140	2.7
安　徽	323285	5078950	994707	7919	4.0
福　建	219785	4583506	898481	6767	3.5
江　西	149735	2231229	478204	6766	3.2
山　东	629769	11917791	2162525	8795	4.8
河　南	537119	10500978	1966292	9970	5.3
湖　北	471777	10829323	2091276	16802	8.7
湖　南	427965	7113307	1208697	9030	5.3
广　东	602228	7219770	1809793	12656	5.0
广　西	197877	2776674	421294	8269	5.5
海　南	13504	408137	32501	3341	4.2
重　庆	168470	3174657	785705	7170	2.9
四　川	367793	6302689	1284124	6587	3.2
贵　州	60067	1098733	234685	7360	3.4
云　南	138275	2645055	620133	9946	4.2
西　藏	4627	133832	35393	9701	3.7
陕　西	265371	5732756	1034982	12294	6.8
甘　肃	146115	8056310	331467	7968	19.4
青　海	29456	926117	201031	24486	11.3
宁　夏	32745	704344	148911	26047	12.3
新　疆	96070	2177080	355816	19371	11.9

4-8 各地区总承包建筑业企业主要生产效益指标

地　区	建筑业企业个数(个)	计算建筑业劳动生产率的平均人数(人)	按总产值计算的劳动生产率(元/人)	人均竣工产　值(元/人)	人均施工面　积(平方米/人)	人均竣工面　积(平方米/人)
全国总计	**38375**	**36595915**	**185716**	**112840**	**157.6**	**65.5**
北　京	869	1292822	265290	130197	174.9	40.2
天　津	314	477114	327844	170300	131.8	44.3
河　北	1461	1197778	194761	105802	142.4	62.7
山　西	793	742431	222263	76521	87.3	30.3
内蒙古	625	700576	130311	89307	81.0	43.5
辽　宁	1678	1730781	164999	99459	105.4	51.5
吉　林	582	618777	165508	123544	82.6	60.6
黑龙江	1197	814110	151712	85243	60.3	41.7
上　海	1358	990521	327873	189396	187.4	56.2
江　苏	3867	4678473	190851	152319	211.3	91.8
浙　江	2651	4479017	197843	129976	232.0	88.7
安　徽	1294	1254513	156221	84044	144.5	67.4
福　建	1123	1383388	140350	89312	155.1	52.8
江　西	914	727768	162872	99445	159.1	76.8
山　东	3808	2715104	149226	85562	139.0	58.8
河　南	2015	1938040	166153	94124	123.7	60.3
湖　北	1507	1243396	245042	133298	154.4	77.8
湖　南	1335	1358505	171032	107917	162.7	73.0
广　东	2340	1440714	206884	124937	206.1	76.2
广　西	713	475202	184316	118903	189.9	75.9
海　南	103	92375	147881	76367	132.1	42.3
重　庆	1434	1105427	158527	95979	146.3	66.5
四　川	2163	2075139	139768	81435	122.4	53.1
贵　州	442	307028	164811	64268	160.0	40.5
云　南	1225	639825	168393	102365	118.9	57.7
西　藏	152	45680	199272	161188	59.3	37.9
陕　西	807	918799	240017	91682	96.4	33.2
甘　肃	576	449996	116523	74530	91.1	37.6
青　海	245	107311	172224	71269	44.7	18.9
宁　夏	291	183341	126736	96212	114.2	50.7
新　疆	493	411964	176201	123053	123.6	60.4

4-9 各地区总承包建筑业企业营业额

单位：万元

地 区	企业营业额	在境外完成的营业额	企业总产值	#建筑业总产值
全国总计	**753286311**	**20738204**	**732548107**	**679645884**
北 京	45004007	8817131	36186876	34297216
天 津	18023196	956580	17066616	15641917
河 北	24153858	268671	23885187	23328055
山 西	17547375	513079	17034296	16501463
内蒙古	9223294		9223294	9129264
辽 宁	29374733	343447	29031287	28557785
吉 林	10413459	85300	10328158	10241235
黑龙江	13045066	621775	12423291	12351015
上 海	39737930	793627	38944303	32476545
江 苏	94421301	386531	94034770	89289353
浙 江	91537582	1004679	90532903	88614109
安 徽	20679338	674314	20005024	19598071
福 建	19746314	138116	19608198	19415838
江 西	12625287	132821	12492466	11853294
山 东	42930968	736809	42194159	40516317
河 南	33962514	805522	33156992	32201197
湖 北	35059734	1538023	33521711	30468409
湖 南	24013518	199309	23814210	23234734
广 东	32581976	417910	32164067	29806043
广 西	29691035	126599	29564436	8758730
海 南	1586403		1586403	1366053
重 庆	18178801	111500	18067301	17524046
四 川	31055096	704489	30350607	29003710
贵 州	5313482	125689	5187794	5060158
云 南	11412596	269639	11142957	10774227
西 藏	921279		921279	910274
陕 西	23056754	419122	22637633	22052762
甘 肃	5723258	137188	5586071	5243473
青 海	2072619	176568	1896051	1848156
宁 夏	2382452	7240	2375212	2323586
新 疆	7811087	226529	7584558	7258850

4-10 各地区总承包建筑业企业资产构成

单位：万元

地 区	资产合计	#流动资产小计	#长期投资	#固定资产小计	#无形及递延资产
全国总计	**534846971**	**408243729**	**35670604**	**74372173**	**11505159**
北 京	62679577	44126184	14315256	2838737	629121
天 津	14878847	11564956	831995	1949119	247943
河 北	16942876	13140546	510898	2767065	422370
山 西	14340717	11826820	577474	1735237	152999
内蒙古	7012952	5070411	323621	1326976	258361
辽 宁	18860455	14579849	653495	3102668	438722
吉 林	5327693	3861728	136984	1223972	91331
黑龙江	9475145	7387903	167872	1659093	207870
上 海	35870708	29793780	2807373	2457164	404135
江 苏	50861411	41305129	1814244	6868983	655943
浙 江	42360731	33634587	2691124	5294247	562888
安 徽	14404288	11325247	410779	2233397	333588
福 建	12107743	9284339	613803	1985419	177609
江 西	6935380	4847764	300270	1547707	217357
山 东	34932817	26829344	1308242	5852153	798187
河 南	20273269	14574564	500808	4396562	690062
湖 北	27736599	18796820	698535	4986247	2447690
湖 南	13136447	9323878	394022	2894437	381082
广 东	35761969	28357404	2510644	4039298	468314
广 西	6230790	4650791	325228	1041885	164232
海 南	809671	705344	11462	83403	7772
重 庆	13368557	10178960	743828	1868235	213001
四 川	21135532	15891666	1282408	3406485	396696
贵 州	4401511	3340528	196970	739260	94104
云 南	9735003	7081928	547064	1721997	299232
西 藏	733138	391613	20898	294288	14048
陕 西	20679571	16432819	432749	3159035	302982
甘 肃	4254746	2875109	125000	1113534	122818
青 海	1705370	1030219	120914	480603	69814
宁 夏	2102527	1608610	94811	361649	34083
新 疆	5790933	4424893	201832	943320	200806

4-11 各地区总承包建筑业企业流动资产、无形及递延资产

单位：万元

地 区	流动资产	#存货	无形及递延资产	#无形资产
全国总计	**408243729**	**104796304**	**11505159**	**9563927**
北 京	44126184	8227622	629121	482255
天 津	11564956	2824565	247943	183316
河 北	13140546	3263497	422370	321740
山 西	11826820	2018011	152999	95622
内蒙古	5070411	812569	258361	212542
辽 宁	14579849	3451997	438722	330504
吉 林	3861728	527052	91331	75911
黑龙江	7387903	1614562	207870	188340
上 海	29793780	8215997	404135	304481
江 苏	41305129	12010798	655943	567855
浙 江	33634587	9313148	562888	503212
安 徽	11325247	2834793	333588	270473
福 建	9284339	2613166	177609	149653
江 西	4847764	983873	217357	176784
山 东	26829344	7051448	798187	713199
河 南	14574564	3946439	690062	555431
湖 北	18796820	6216686	2447690	2193130
湖 南	9323878	2000719	381082	325438
广 东	28357404	6778321	468314	349224
广 西	4650791	1404198	164232	148235
海 南	705344	186028	7772	5516
重 庆	10178960	3088131	213001	174951
四 川	15891666	4072422	396696	307349
贵 州	3340528	763025	94104	75694
云 南	7081928	1695050	299232	253830
西 藏	391613	89354	14048	12769
陕 西	16432819	6801480	302982	230713
甘 肃	2875109	662910	122818	71958
青 海	1030219	201411	69814	63183
宁 夏	1608610	368643	34083	32348
新 疆	4424893	758394	200806	188271

4-12 各地区总承包建筑业企业固定资产情况

单位：万元

地 区	固定资产小计	固定资产原价	#生产经营用	固定资产折旧	#本年折旧	在建工程
全国总计	**74372173**	**97051036**	**76041558**	**33611842**	**6243740**	**6893016**
北 京	2838737	3946316	3288664	1499683	307201	351213
天 津	1949119	2645471	2346565	969775	191948	250881
河 北	2767065	3765306	2950673	1294471	219853	185667
山 西	1735237	2350984	1908905	884383	196870	141857
内蒙古	1326976	1604576	1239695	492121	70485	142434
辽 宁	3102668	4498118	3917073	1684698	303443	177541
吉 林	1223972	1576176	1008845	519766	139346	50225
黑龙江	1659093	2413875	2114150	875103	213133	42080
上 海	2457164	4019554	3456631	1833478	315354	243869
江 苏	6868983	8960609	7285889	3152758	531027	564043
浙 江	5294247	6898277	5596093	2284953	414015	569697
安 徽	2233397	2781770	2180761	886031	169083	237760
福 建	1985419	2351124	1910610	678892	137359	129627
江 西	1547707	1762394	1093906	523924	140658	155127
山 东	5852153	7205788	5518532	2530478	426214	426895
河 南	4396562	5560071	4257504	1803965	370635	480866
湖 北	4986247	6406425	4510600	2180493	394956	601047
湖 南	2894437	3633426	2462046	1216077	221182	288248
广 东	4039298	5528597	4500215	2168332	351932	561646
广 西	1041885	1251084	927447	406605	61896	122103
海 南	83403	102661	77682	29402	4418	3462
重 庆	1868235	2267756	1624014	722037	150739	180423
四 川	3406485	4203114	3245512	1346042	226415	305541
贵 州	739260	824604	578337	257061	41576	144186
云 南	1721997	2199531	1483925	748716	130994	178337
西 藏	294288	253343	58637	35638	6230	23598
陕 西	3159035	4287161	3770526	1335202	285826	136680
甘 肃	1113534	1283780	917906	379573	67248	99418
青 海	480603	616385	268031	184975	32954	34208
宁 夏	361649	500520	411567	170226	30334	23986
新 疆	943320	1352242	1130621	516985	90415	40352

4-13 各地区总承包建筑业企业负债及所有者权益

单位：万元

地 区	负债合计	流动负债	长期负债	所有者权益	#实收资本
全国总计	**358541269**	**335379796**	**23161473**	**176305702**	**107719895**
北 京	38497945	35121275	3376670	24181632	10288070
天 津	11870036	11070362	799674	3008811	2389287
河 北	11688941	10922962	765979	5253934	3414885
山 西	11509602	11120680	388922	2831115	2072917
内蒙古	4205048	3911126	293922	2807904	1562572
辽 宁	12722311	12133229	589083	6138144	3786556
吉 林	3390115	3163309	226806	1937578	1897080
黑龙江	6538351	5957735	580616	2936794	2694470
上 海	27106481	25983379	1123102	8764227	5222741
江 苏	32090481	31218859	871622	18770930	10191365
浙 江	25945980	25174449	771530	16414751	9198243
安 徽	10028629	9618745	409884	4375659	2881835
福 建	7129470	6837122	292349	4978273	3587531
江 西	4113368	3902378	210990	2822012	1972397
山 东	23726097	22537609	1188488	11206719	7342316
河 南	12788019	12084068	703951	7485251	5399476
湖 北	19872361	15883171	3989191	7864238	4507368
湖 南	8199350	7441390	757960	4937097	3308613
广 东	25002106	23477367	1524739	10759862	6623433
广 西	4221145	3959703	261442	2009645	1408574
海 南	554232	547703	6529	255439	156238
重 庆	8358744	7511967	846777	5009814	3244879
四 川	13898489	12841819	1056669	7237043	4807235
贵 州	3171355	2916295	255059	1230157	956558
云 南	6355452	5862459	492993	3379551	2456483
西 藏	197268	173503	23765	535870	433881
陕 西	16004280	15129803	874478	4675291	2511736
甘 肃	2686204	2571210	114994	1568541	1147585
青 海	1140545	975997	164548	564826	490576
宁 夏	1453332	1406060	47272	649195	504134
新 疆	4075535	3924061	151474	1715398	1260864

4-14 各地区总承包建筑业企业实收资本

单位：万元

地 区	合计	国家资本	集体资本	法人资本	个人资本	港澳台资本	外商资本
全国总计	**107719895**	**23903161**	**8161890**	**31091829**	**43947061**	**315410**	**300544**
北 京	10288070	687646	292460	8322636	880418	63305	41605
天 津	2389287	1036201	124598	891447	328387	6180	2474
河 北	3414885	703538	308604	659195	1742849	700	
山 西	2072917	928349	137669	381197	620262	5225	215
内蒙古	1562572	241791	112331	428552	779314		585
辽 宁	3786556	1047354	322307	465965	1922758	1175	26997
吉 林	1897080	699973	55805	538206	599492	3604	
黑龙江	2694470	676392	244740	753077	1001428	4720	14112
上 海	5222741	2237159	293629	715076	1855432	64962	56484
江 苏	10191365	1022884	515863	2492901	6055453	49437	54828
浙 江	9198243	400069	243938	2077169	6467523	9023	522
安 徽	2881835	841403	210110	606120	1210978	11903	1321
福 建	3587531	730319	161853	475382	2199859	12326	7792
江 西	1972397	676249	356557	392875	540157	6560	
山 东	7342316	1396462	1061990	1979821	2876501	17114	10428
河 南	5399476	1300578	549166	1252159	2294580	2000	993
湖 北	4507368	1525220	282379	1212212	1477107	8050	2400
湖 南	3308613	917560	289842	733225	1367287	698	
广 东	6623433	2023881	704149	2053950	1727335	42324	71793
广 西	1408574	479436	242930	229016	450923	1522	4746
海 南	156238	29197	32626	50371	44044		
重 庆	3244879	717700	168354	519142	1839683		
四 川	4807235	935202	357117	1054662	2460254		
贵 州	956558	543332	92851	131104	189272		
云 南	2456483	528101	295082	534670	1098631		
西 藏	433881	249670	50162	81538	52511		
陕 西	2511736	449550	307085	1096933	651407	3512	3250
甘 肃	1147585	245735	195541	362500	343409	400	
青 海	490576	143498	53119	172771	120888	300	
宁 夏	504134	125465	28812	77794	271693	369	
新 疆	1260864	363250	70219	350165	477230		

4-15 各地区总承包建筑业企业收入情况

单位：万元

地 区	工程结算收入	工程结算成本	工程结算税金及附加	工程结算利润	经营费用	其他业务收入	#其他业务利润
全国总计	**656647263**	**588390308**	**22428571**	**42536335**	**3292050**	**7606209**	**1426334**
北 京	43242216	40069853	1129164	1991913	51285	646337	180389
天 津	16924889	15524193	491580	888528	20587	266264	28466
河 北	21683710	19431851	742090	1434165	75604	395433	58231
山 西	16951222	15552513	467568	876840	54301	120968	25867
内蒙古	8967565	7583450	313650	1045812	24653	86034	24261
辽 宁	26718027	23691227	889247	2069747	67806	158507	40919
吉 林	9692496	8555846	358612	696908	81130	106958	14738
黑龙江	11910098	10321753	673583	869299	45463	48658	10996
上 海	38278673	35119690	1102949	1967062	88972	401817	74639
江 苏	72196951	63433629	2560417	5571806	631099	1331966	147192
浙 江	75529888	68713362	2628063	3941844	246619	383627	98102
安 徽	21287207	19187599	743612	1236211	119785	181073	32519
福 建	18580907	16789307	778746	956222	56633	72450	17931
江 西	9999698	8818831	409804	697482	73581	56311	25485
山 东	37334426	32652208	1285972	3169413	226833	959854	92620
河 南	30429303	27068024	1071732	2070647	218900	208967	46014
湖 北	32490137	28947284	1016739	2265729	260384	484450	71852
湖 南	21505561	19150546	849968	1375359	129689	112137	30517
广 东	35798940	32184308	1184314	2270377	159941	378560	127835
广 西	8614302	7817885	294417	474483	27517	92672	13696
海 南	1495180	1366935	50037	72869	5340	1890	1406
重 庆	16944150	14857120	612524	1400618	73888	114651	37633
四 川	26344289	23550634	886444	1700293	206917	347665	68221
贵 州	4946579	4477343	174141	220122	74973	92763	13989
云 南	9500653	8402617	315542	694348	88147	98903	37025
西 藏	861749	620689	32093	201858	7108	6718	1172
陕 西	22317313	20032884	805560	1382969	95900	168921	49378
甘 肃	4929604	4320527	183745	369331	56000	76300	9975
青 海	1713813	1516959	66902	124987	4965	32428	4422
宁 夏	2351837	2146236	77677	122862	5062	23767	5736
新 疆	7105884	6485007	231679	376232	12967	149162	35113

4-16 各地区总承包建筑业企业费用情况

单位：万元

地区	管理费用	#税金	#财产保险费	#差旅费	#工会经费	财务费用	#利息支出
全国总计	**18927616**	**1037823**	**138992**	**1107782**	**309835**	**3091615**	**2245387**
北京	1367085	28262	9256	66134	11591	90550	144227
天津	465814	17072	1929	20112	5762	88580	65396
河北	690638	36394	3417	25103	8101	89441	41682
山西	602636	16869	5745	25897	6842	75706	50975
内蒙古	284926	22425	1241	12231	3450	56645	42808
辽宁	883662	59782	6112	35558	14312	89574	57888
吉林	304493	24127	1133	13387	3042	54438	15325
黑龙江	396836	51138	1290	29243	9999	35741	23474
上海	1069003	23449	4768	47104	9885	105053	79697
江苏	2189121	111416	12313	133923	41000	378323	256215
浙江	1379499	73633	15968	102082	25948	393602	350385
安徽	577322	47488	3652	32850	10975	65819	40883
福建	423153	20211	1950	25886	4610	38835	26656
江西	279225	23709	1487	17008	5823	62580	28538
山东	1232681	96389	12357	70991	23487	266682	201334
河南	921113	72393	8642	76307	24923	146371	87312
湖北	997509	47414	7701	67772	20985	245387	183235
湖南	563333	35885	12366	38214	15088	109588	64670
广东	1021129	56198	4145	52029	13766	136839	95743
广西	282290	11021	1054	12298	2736	32030	20375
海南	24070	831	28	1411	252	323	94
重庆	412607	30089	4042	29488	8796	88014	65029
四川	817166	41817	5244	51555	15356	152725	110227
贵州	149157	5614	600	9173	2421	24729	21025
云南	333241	15838	1606	18961	3157	61074	43726
西藏	80046	6097	124	1207	154	2452	761
陕西	574876	28457	5330	54680	10093	110117	64698
甘肃	199490	17062	2176	17569	1882	43118	18284
青海	81995	2214	471	4209	908	11537	11544
宁夏	65974	3071	402	2843	1087	11166	10241
新疆	257526	11458	2444	12557	3406	24576	22943

4-17 各地区总承包建筑业企业利润及税金情况

单位：万元

地 区	利润总额	#应交所得税	税金总额	工程结算税金及附加	管理费用中的税金
全国总计	**22690336**	**4492203**	**23466393**	**22428571**	**1037823**
北 京	1581585	180088	1157426	1129164	28262
天 津	398408	98969	508652	491580	17072
河 北	638198	132384	778484	742090	36394
山 西	251250	47416	484436	467568	16869
内蒙古	712941	142626	336076	313650	22425
辽 宁	966948	252444	949029	889247	59782
吉 林	321553	63995	382739	358612	24127
黑龙江	487011	70288	724721	673583	51138
上 海	1072857	209595	1126398	1102949	23449
江 苏	3248789	685416	2671833	2560417	111416
浙 江	2315775	524025	2701697	2628063	73633
安 徽	576956	117831	791100	743612	47488
福 建	501740	169918	798957	778746	20211
江 西	354316	56508	433513	409804	23709
山 东	1668460	346831	1382361	1285972	96389
河 南	985578	206696	1144124	1071732	72393
湖 北	1123942	203676	1064154	1016739	47414
湖 南	758389	134041	885852	849968	35885
广 东	1304963	261609	1240512	1184314	56198
广 西	173936	37776	305438	294417	11021
海 南	50097	4229	50868	50037	831
重 庆	845128	132769	642613	612524	30089
四 川	803233	157824	928262	886444	41817
贵 州	56725	15136	179755	174141	5614
云 南	321796	65041	331380	315542	15838
西 藏	119392	11425	38190	32093	6097
陕 西	710677	86452	834017	805560	28457
甘 肃	118640	23092	200808	183745	17062
青 海	36463	5292	69116	66902	2214
宁 夏	47125	12860	80748	77677	3071
新 疆	137466	35953	243138	231679	11458

4-18 各地区总承包建筑业企业应收工程款及企业亏损情况

地　区	应收工程款(万元)	#竣工工程	企业个数(个)	#亏损企业个数	亏损企业的比重(%)
全国总计	**97382213**	**43897918**	**38375**	**3790**	**9.9**
北　京	9828637	2554316	869	194	22.3
天　津	3120331	1124975	314	50	15.9
河　北	4269939	2113763	1461	159	10.9
山　西	3407931	1367991	793	131	16.5
内蒙古	1503385	875243	625	25	4.0
辽　宁	3924212	1728791	1678	224	13.3
吉　林	1450305	705279	582	57	9.8
黑龙江	1474221	839338	1197	174	14.5
上　海	6199296	2377237	1358	200	14.7
江　苏	10457645	5009292	3867	118	3.1
浙　江	6450505	3733729	2651	165	6.2
安　徽	3258105	1725796	1294	105	8.1
福　建	1306667	657823	1123	128	11.4
江　西	900402	450420	914	45	4.9
山　东	8936149	4821572	3808	315	8.3
河　南	2206129	676913	2015	129	6.4
湖　北	4006796	1639029	1507	78	5.2
湖　南	2712912	1203882	1335	80	6.0
广　东	5008805	1894078	2340	320	13.7
广　西	991658	437791	713	118	16.5
海　南	95899	33750	103	8	7.8
重　庆	2414537	1105289	1434	83	5.8
四　川	3609378	1920164	2163	207	9.6
贵　州	782146	304540	442	97	21.9
云　南	2128402	1130880	1225	167	13.6
西　藏	116477	49006	152	7	4.6
陕　西	3431463	1412890	807	85	10.5
甘　肃	1093033	655295	576	75	13.0
青　海	231644	90970	245	84	34.3
宁　夏	642367	416264	291	52	17.9
新　疆	1422840	841614	493	110	22.3

4-19 各地区总承包建筑业企业主要经济效益指标

地　区	产值利润率 (%)	产值利税率 (%)	资本利润率 (%)	资本利税率 (%)	人均利润 (元/人)	人均利税 (元/人)	资产负债率 (%)
全国总计	**3.3**	**6.8**	**21.1**	**42.8**	**6200**	**12613**	**67.0**
北　京	4.6	8.0	15.4	26.6	12234	21186	61.4
天　津	2.5	5.8	16.7	38.0	8350	19011	79.8
河　北	2.7	6.1	18.7	41.5	5328	11828	69.0
山　西	1.5	4.5	12.1	35.5	3384	9909	80.3
内蒙古	7.8	11.5	45.6	67.1	10176	14974	60.0
辽　宁	3.4	6.7	25.5	50.6	5587	11070	67.5
吉　林	3.1	6.9	16.9	37.1	5197	11382	63.6
黑龙江	3.9	9.8	18.1	45.0	5982	14884	69.0
上　海	3.3	6.8	20.5	42.1	10831	22203	75.6
江　苏	3.6	6.6	31.9	58.1	6944	12655	63.1
浙　江	2.6	5.7	25.2	54.5	5170	11202	61.3
安　徽	2.9	7.0	20.0	47.5	4599	10905	69.6
福　建	2.6	6.7	14.0	36.3	3627	9402	58.9
江　西	3.0	6.6	18.0	39.9	4869	10825	59.3
山　东	4.1	7.5	22.7	41.6	6145	11236	67.9
河　南	3.1	6.6	18.3	39.4	5085	10989	63.1
湖　北	3.7	7.2	24.9	48.5	9039	17598	71.6
湖　南	3.3	7.1	22.9	49.7	5583	12103	62.4
广　东	4.4	8.5	19.7	38.4	9058	17668	69.9
广　西	2.0	5.5	12.3	34.0	3660	10088	67.7
海　南	3.7	7.4	32.1	64.6	5423	10930	68.5
重　庆	4.8	8.5	26.0	45.8	7645	13459	62.5
四　川	2.8	6.0	16.7	36.0	3871	8344	65.8
贵　州	1.1	4.7	5.9	24.7	1848	7702	72.1
云　南	3.0	6.1	13.1	26.6	5029	10209	65.3
西　藏	13.1	17.3	27.5	36.3	26137	34497	26.9
陕　西	3.2	7.0	28.3	61.5	7735	16812	77.4
甘　肃	2.3	6.1	10.3	27.8	2636	7099	63.1
青　海	2.0	5.7	7.4	21.5	3398	9839	66.9
宁　夏	2.0	5.5	9.3	25.4	2570	6975	69.1
新　疆	1.9	5.2	10.9	30.2	3337	9239	70.4

4-20 各地区按资质等级划分的总承包建筑业企业单位数

单位：个

地　区	合计	特级	一级	二级	三级及以下
全国总计	**38375**	**341**	**3867**	**12812**	**21355**
北　京	869	34	230	265	340
天　津	314	6	88	109	111
河　北	1461	9	164	525	763
山　西	793	5	74	213	501
内蒙古	625	1	52	145	427
辽　宁	1678	21	167	420	1070
吉　林	582	5	47	151	379
黑龙江	1197	3	97	446	651
上　海	1358	14	145	472	727
江　苏	3867	32	346	1146	2343
浙　江	2651	40	367	999	1245
安　徽	1294	4	115	410	765
福　建	1123	3	122	470	528
江　西	914	1	77	298	538
山　东	3808	15	252	1129	2412
河　南	2015	17	175	734	1089
湖　北	1507	11	152	621	723
湖　南	1335	11	150	385	789
广　东	2340	53	334	549	1404
广　西	713	2	45	181	485
海　南	103	6	16	48	33
重　庆	1434	2	164	597	671
四　川	2163	8	152	960	1043
贵　州	442	1	39	119	283
云　南	1225	7	56	375	787
西　藏	152	5	9	93	45
陕　西	807	14	104	393	296
甘　肃	576	9	48	215	304
青　海	245	1	13	91	140
宁　夏	291		12	68	211
新　疆	493	1	55	185	252

4-21 各地区按资质等级划分的总承包建筑业企业从业人员

单位：人

地区	合计	特级	一级	二级	三级及以下
全国总计	**32633706**	**4241455**	**10992903**	**10299824**	**7099524**
北京	403346	116890	216913	41913	27630
天津	310306	60749	151273	73477	24807
河北	1076202	78136	298841	444808	254417
山西	593510	91839	273027	114011	114633
内蒙古	468608	4728	169380	147565	146935
辽宁	1069839	98250	296555	320193	354841
吉林	317286	60265	63871	110588	82562
黑龙江	617530	65767	197724	245489	108550
上海	728468	129376	264887	221817	112388
江苏	4544727	811548	1331678	1293904	1107597
浙江	4557121	1125645	1767858	1156140	507478
安徽	1256169	57954	445841	429900	322474
福建	1327706	79264	695037	411865	141540
江西	706788	13367	279427	204222	209772
山东	2458861	219779	637027	804986	797069
河南	1972261	359850	450975	662686	498750
湖北	1244632	188297	355704	465032	235599
湖南	1338590	195859	442161	380915	319655
广东	1429996	116833	533886	408694	370583
广西	509461	42185	199654	152859	114763
海南	97285	1859	50444	36085	8897
重庆	1095802	21385	434940	411331	228146
四川	1949530	54490	548518	882612	463910
贵州	318881	22485	164006	73021	59369
云南	623498	35799	172544	240399	174756
西藏	36485	1478	2749	24551	7707
陕西	841847	149986	353387	236595	101879
甘肃	416014	25566	88675	172869	128904
青海	82100	9637	8427	43727	20309
宁夏	57171		14024	22577	20570
新疆	183686	2189	83470	64993	33034

4-22 各地区按资质等级划分的总承包建筑业总产值

单位：万元

地 区	合计	特级	一级	二级	三级及以下
全国总计	**679645884**	**136282283**	**288739526**	**157403793**	**97220282**
北 京	34297216	13735777	17571314	1861495	1128629
天 津	15641917	4054122	8270239	2710874	606682
河 北	23328055	2915524	11735614	5623060	3053858
山 西	16501463	4316958	9011922	1873963	1298620
内蒙古	9129264	367703	3228072	2953145	2580344
辽 宁	28557785	3241162	12053901	6710154	6552569
吉 林	10241235	2536936	2577512	2495297	2631490
黑龙江	12351015	1801310	5056336	3357522	2135848
上 海	32476545	10879549	12208641	6395176	2993180
江 苏	89289353	21598674	29616677	21325298	16748705
浙 江	88614109	24947672	37383182	18895965	7387290
安 徽	19598071	1931108	9339664	5027938	3299361
福 建	19415838	1037872	10451313	6065581	1861072
江 西	11853294	139222	6258799	3048929	2406345
山 东	40516317	4724482	16497592	10517648	8776595
河 南	32201197	8118500	10441632	8224775	5416290
湖 北	30468409	9965717	11037560	6691988	2773145
湖 南	23234734	4727511	10038298	4595873	3873052
广 东	29806043	4411596	14800490	5880203	4713754
广 西	8758730	806360	4192743	2219382	1540245
海 南	1366053	19558	779800	472103	94592
重 庆	17524046	328157	8503043	5809950	2882896
四 川	29003710	2169725	11733179	10025922	5074884
贵 州	5060158	347586	3371816	845992	494764
云 南	10774227	1022922	4077869	3495028	2178408
西 藏	910274	13350	162343	580479	154102
陕 西	22052762	4909302	11840621	4001374	1301465
甘 肃	5243473	476560	2018407	1654319	1094187
青 海	1848156	588295	344601	727637	187623
宁 夏	2323586		897445	714898	711243
新 疆	7258850	149073	3238903	2601828	1269046

4-23 各地区按资质等级划分的总承包建筑业企业签订的合同额

单位：万元

地区	合计	特级	一级	二级	三级及以下
全国总计	**1219577395**	**321779066**	**546540179**	**230248966**	**121009184**
北京	84767157	42008750	37894269	2877210	1986929
天津	33862533	10794440	17411213	4939565	717315
河北	38727117	4945141	22901220	7177768	3702989
山西	34177079	9868993	20131321	2545452	1631314
内蒙古	12737385	718009	5079413	3897197	3042766
辽宁	43275720	5828878	21476015	8668158	7302669
吉林	16546689	5364005	4284205	3850274	3048204
黑龙江	17490673	3469872	6275962	5415756	2329083
上海	66788697	28741477	24779695	9501066	3766459
江苏	123054733	32928132	44282483	27111873	18732246
浙江	151666526	46498045	64530920	30348526	10289035
安徽	36130161	7836944	16529139	7664732	4099346
福建	35971508	1809648	20917986	10495725	2748148
江西	19662155	316437	12013017	4324168	3008534
山东	61819373	9866249	27606474	13609608	10737042
河南	51304832	14031712	19940969	10728597	6603553
湖北	65887638	33289295	20503697	8789211	3305434
湖南	47801844	14216202	21043488	7504800	5037355
广东	74655493	17856629	38302033	11274006	7222825
广西	17195277	2258327	9167470	3600213	2169267
海南	2425256	24312	1396457	865574	138912
重庆	31195115	1202148	17135896	9096256	3760815
四川	51071264	6136387	23871731	14819588	6243558
贵州	10309237	582284	7315223	1651332	760397
云南	18309987	2418310	8395871	4669462	2826344
西藏	1154458	15605	151665	826781	160406
陕西	43984981	16221914	20327254	5996178	1439634
甘肃	8670184	572191	4508088	2222221	1367684
青海	3791159	1813260	508620	1230729	238550
宁夏	3452529		1462684	981379	1008466
新疆	11690637	145472	6395700	3565560	1583904

4-24 各地区按资质等级划分的总承包建筑业企业竣工产值

单位：万元

地 区	合计	特级	一级	二级	三级及以下
全国总计	**412947214**	**70576414**	**158218918**	**110273831**	**73878051**
北 京	16832205	4989763	9694697	1434462	713283
天 津	8125272	1852152	4470037	1326464	476618
河 北	12672710	1317459	5158714	3879384	2317152
山 西	5681190	815250	2725501	1176821	963618
内蒙古	6256652	266244	1599264	2198779	2192365
辽 宁	17214108	1575235	5593731	4839275	5205867
吉 林	7644596	2099614	1635242	1693496	2216244
黑龙江	6939689	1063897	1985492	2025568	1864732
上 海	18760051	5845848	7240069	3760692	1913441
江 苏	71262012	16927141	22913593	17539904	13881374
浙 江	58216412	15071489	23332047	14175325	5637551
安 徽	10543476	495743	3933109	3521546	2593078
福 建	12355336	642834	6217053	4265063	1230386
江 西	7237263	116514	3106508	2104092	1910150
山 东	23230952	1592084	8822485	6783398	6032984
河 南	18241581	2274676	5996186	5967701	4003019
湖 北	16574253	4800287	4566357	5042730	2164879
湖 南	14660602	2858255	5277127	3534992	2990227
广 东	17999789	2613905	8183529	3777854	3424501
广 西	5650273	382015	2567573	1580072	1120613
海 南	705439	11990	353722	262052	77676
重 庆	10609782	98953	4557921	3908126	2044783
四 川	16898792	800496	5797981	6657305	3643010
贵 州	1973215		1137928	494022	341266
云 南	6549563	413697	2126245	2436589	1573032
西 藏	736308	9814	149212	435794	141489
陕 西	8423756	1094347	4839519	1769398	720493
甘 肃	3353840	306103	1251916	987033	808788
青 海	764790	154931	156308	337029	116522
宁 夏	1763957		622644	584437	556875
新 疆	5069352	85678	2207211	1774429	1002035

4-25 各地区按资质等级划分的总承包建筑业企业房屋施工面积

单位：万平方米

地 区	合计	特级	一级	二级	三级及以下
全国总计	**576834.4**	**110434.4**	**217345.6**	**152268.0**	**96786.4**
北 京	22613.0	9589.1	11633.8	1056.8	333.3
天 津	6288.5	1103.5	3674.5	1241.8	268.7
河 北	17060.8	1687.8	6274.9	5890.6	3207.5
山 西	6482.0	298.6	3359.0	1660.6	1163.8
内蒙古	5677.8	134.3	1535.9	1842.7	2164.9
辽 宁	18238.7	2858.0	4910.8	5524.7	4945.3
吉 林	5110.5	620.7	1042.0	1481.1	1966.7
黑龙江	4911.6	365.3	1316.7	1786.7	1443.0
上 海	18561.2	6417.6	6335.8	4160.3	1647.6
江 苏	98871.6	29106.0	29541.2	22891.5	17332.9
浙 江	103923.4	32349.4	43528.8	20534.9	7510.3
安 徽	18131.3	665.1	7680.2	5917.7	3868.2
福 建	21455.3	1127.5	11290.7	7208.4	1828.7
江 西	11577.3	207.8	5064.7	3056.7	3248.2
山 东	37733.4	4456.0	12595.3	10720.8	9961.3
河 南	23964.0	3524.4	6896.8	7814.1	5728.8
湖 北	19196.2	3832.1	6549.0	6117.3	2697.8
湖 南	22104.5	4541.4	7131.3	5801.0	4630.8
广 东	29690.4	4889.7	12008.5	6785.2	6007.1
广 西	9024.6	643.1	3699.8	2756.8	1924.9
海 南	1220.5	19.5	661.9	456.5	82.6
重 庆	16177.6	59.2	7601.0	5745.6	2771.8
四 川	25410.0	651.5	8760.9	10674.3	5323.2
贵 州	4912.2		3093.3	991.9	827.0
云 南	7605.8	311.6	2963.3	2648.4	1682.5
西 藏	270.9	9.4	23.9	206.0	31.6
陕 西	8854.1	439.0	4417.8	2855.9	1141.3
甘 肃	4100.2	373.0	1422.1	1361.1	944.0
青 海	480.1		95.1	275.5	109.5
宁 夏	2093.0		618.7	676.9	797.4
新 疆	5093.7	153.9	1617.9	2126.1	1195.8

4-26 各地区按资质等级划分的总承包建筑业企业房屋竣工面积

单位：万平方米

地　区	合计	特级	一级	二级	三级及以下
全国总计	**239830.6**	**34859.3**	**75602.7**	**73212.4**	**56156.1**
北　京	5198.4	1865.7	2845.8	338.3	148.5
天　津	2112.9	207.4	1203.1	516.9	185.6
河　北	7507.5	529.0	1973.5	3052.2	1952.9
山　西	2253.1	111.2	860.8	630.0	651.2
内蒙古	3046.4	28.6	513.5	1036.6	1467.7
辽　宁	8913.9	910.5	1793.2	2976.5	3233.7
吉　林	3748.9	339.1	664.2	1158.2	1587.4
黑龙江	3398.1	365.3	685.1	1167.0	1180.8
上　海	5568.9	1458.8	1840.6	1479.1	790.4
江　苏	42963.2	10160.1	12365.3	10791.0	9646.8
浙　江	39711.0	10084.4	15780.0	9871.8	3974.8
安　徽	8456.3	168.7	2606.5	3086.8	2594.4
福　建	7304.5	520.0	3397.5	2639.2	747.8
江　西	5590.8	93.1	1477.1	1839.6	2181.0
山　东	15960.9	1359.4	4279.5	4944.2	5377.8
河　南	11679.9	1146.8	2580.8	4284.0	3668.3
湖　北	9677.9	1607.2	2586.7	3700.2	1783.9
湖　南	9912.9	1506.3	2658.3	2812.5	2935.7
广　东	10981.7	1484.2	4152.1	2530.5	2814.9
广　西	3608.9	176.9	1186.0	1184.9	1061.3
海　南	390.5	13.7	203.7	125.1	48.0
重　庆	7346.0	21.9	2664.6	3020.4	1639.0
四　川	11023.7	261.0	2985.5	4777.7	2999.6
贵　州	1242.4		533.4	347.2	361.8
云　南	3690.7	136.9	1104.6	1499.3	949.8
西　藏	173.2	7.0	22.8	122.3	21.1
陕　西	3053.7	114.8	1253.9	1148.0	537.0
甘　肃	1694.2	129.0	469.1	607.5	488.7
青　海	203.1		25.0	113.3	64.7
宁　夏	929.0		217.8	337.9	373.3
新　疆	2488.1	52.6	672.8	1074.3	688.3

4-27 各地区按资质等级划分的总承包建筑业企业自有施工机械设备台数

单位：台

地区	合计	特级	一级	二级	三级及以下
全国总计	**8173405**	**722639**	**2518461**	**2813812**	**2118493**
北京	109014	12337	71162	16906	8609
天津	68996	7776	32239	18946	10035
河北	438274	30871	127753	197752	81898
山西	172893	8967	48177	55287	60462
内蒙古	83356	2586	21850	26708	32212
辽宁	301886	19671	89302	81999	110914
吉林	89037	6357	24794	18639	39247
黑龙江	139050	26170	33738	50131	29011
上海	120083	18431	35996	43283	22373
江苏	1061371	182464	308650	316441	253816
浙江	707412	84020	261054	254322	108016
安徽	323285	7623	85844	107518	122300
福建	219785	6206	73361	92883	47335
江西	149735	1	55819	42469	51446
山东	629769	19809	154591	240291	215078
河南	537119	61306	115368	212377	148068
湖北	471777	107359	87254	183581	93583
湖南	427965	35637	99069	133282	159977
广东	602228	15479	305766	134695	146288
广西	197877	2759	42651	83701	68766
海南	13504	284	3765	5587	3868
重庆	168470	13159	58537	63503	33271
四川	367793	16847	149478	136142	65326
贵州	60067	2715	24306	12472	20574
云南	138275	5192	20064	63065	49954
西藏	4627	65	153	3796	613
陕西	265371	19113	122400	93396	30462
甘肃	146115	2645	24397	64125	54948
青海	29456	5833	4572	10080	8971
宁夏	32745		6441	10221	16083
新疆	96070	957	29910	40214	24989

4-28 各地区按资质等级划分的总承包建筑业企业自有施工机械设备总功率

单位：万千瓦

地区	合计	特级	一级	二级	三级及以下
全国总计	**16429.0**	**2353.5**	**5377.5**	**5470.5**	**3227.5**
北京	423.9	89.2	285.4	33.4	16.0
天津	335.8	54.0	212.6	51.8	17.5
河北	748.5	60.8	318.4	248.7	120.6
山西	427.5	93.7	163.9	88.9	81.0
内蒙古	191.9	4.5	67.3	60.4	59.6
辽宁	721.3	60.5	283.2	195.2	182.4
吉林	147.5	21.9	62.1	29.3	34.2
黑龙江	325.4	69.8	85.9	101.9	67.9
上海	316.7	83.5	131.1	73.9	28.1
江苏	2201.1	492.6	550.9	647.8	509.9
浙江	1228.2	137.8	458.7	451.9	179.8
安徽	507.9	42.9	180.0	160.6	124.4
福建	458.4	9.3	145.3	204.2	99.5
江西	223.1		93.9	64.5	64.8
山东	1191.8	56.1	363.2	390.2	382.2
河南	1050.1	224.9	289.1	356.8	179.3
湖北	1082.9	421.3	202.8	330.3	128.5
湖南	711.3	104.1	217.4	190.5	199.3
广东	722.0	39.1	315.8	187.9	179.2
广西	277.7	8.1	76.3	116.3	76.9
海南	40.8	0.4	12.2	10.9	17.3
重庆	317.5	6.0	116.5	136.7	58.2
四川	630.3	52.4	275.6	200.1	102.1
贵州	109.9	11.0	42.6	32.7	23.5
云南	264.5	20.8	70.7	92.0	81.0
西藏	13.4	0.2	0.6	10.7	1.9
陕西	573.3	133.9	178.4	210.4	50.6
甘肃	805.6	8.7	55.8	659.5	81.6
青海	92.6	42.2	10.7	26.4	13.3
宁夏	70.4		14.7	24.6	31.2
新疆	217.7	3.7	96.3	82.0	35.6

4-29 各地区按资质等级划分的总承包建筑业企业实收资本

单位：万元

地　区	合计	特级	一级	二级	三级及以下
全国总计	**107719895**	**16094179**	**33263795**	**35277021**	**23084900**
北　京	10288070	5217850	3313324	814938	941958
天　津	2389287	548079	1178256	436659	226293
河　北	3414885	170620	1250654	1260679	732933
山　西	2072917	413682	598394	579456	481385
内蒙古	1562572	68329	341942	628172	524129
辽　宁	3786556	296258	1231303	1172308	1086687
吉　林	1897080	169981	855551	397984	473564
黑龙江	2694470	271448	649209	1145096	628717
上　海	5222741	965782	2006078	1471994	778888
江　苏	10191365	1157935	2713361	3382271	2937798
浙　江	9198243	1338031	3076228	3160923	1623061
安　徽	2881835	258896	763107	1059419	800414
福　建	3587531	113990	1375032	1416788	681720
江　西	1972397	71485	646088	729071	525753
山　东	7342316	511196	2143718	2630766	2056635
河　南	5399476	914427	1334441	2025939	1124669
湖　北	4507368	1074242	957829	1717654	757643
湖　南	3308613	407591	1051488	1011946	837588
广　东	6623433	807179	2686592	1744930	1384731
广　西	1408574	40333	489671	452318	426251
海　南	156238	4842	32625	82712	36060
重　庆	3244879	193928	1017422	1424524	609005
四　川	4807235	345936	1132218	2294517	1034563
贵　州	956558	38000	338980	350942	228636
云　南	2456483	108858	495358	1020656	831612
西　藏	433881	7261	16942	363957	45721
陕　西	2511736	464677	611368	1102396	333295
甘　肃	1147585	75242	289904	496048	286390
青　海	490576	30100	104666	231401	124410
宁　夏	504134		106069	173515	224549
新　疆	1260864	8000	455979	497044	299841

4-30 各地区按资质等级划分的总承包建筑业企业资产

单位：万元

地区	合计	特级	一级	二级	三级及以下
全国总计	**534846971**	**127670781**	**216054134**	**122392496**	**68729560**
北京	62679577	34922236	22956024	2822096	1979221
天津	14878847	4160987	8007566	2130805	579489
河北	16942876	1388777	10029712	3614567	1909820
山西	14340717	4304010	7190873	1571600	1274235
内蒙古	7012952	402262	2687495	2294872	1628323
辽宁	18860455	1700293	9255902	4142786	3761474
吉林	5327693	715070	1702772	1557234	1352617
黑龙江	9475145	1856809	2846136	3419278	1352922
上海	35870708	11407523	13470278	7105668	3887239
江苏	50861411	8086818	17553010	14599462	10622121
浙江	42360731	9324184	16563348	11298573	5174626
安徽	14404288	2819988	5836301	3607175	2140825
福建	12107743	945580	5386045	4023302	1752816
江西	6935380	171754	3617428	1831167	1315031
山东	34932817	4001680	14949504	9152297	6829335
河南	20273269	5821795	6535785	5339369	2576321
湖北	27736599	14512134	7148620	4233578	1842268
湖南	13136447	3360684	5218601	2673115	1884048
广东	35761969	5503736	18333338	6478913	5445982
广西	6230790	416337	3007772	1636877	1169805
海南	809671	9057	334940	378913	86761
重庆	13368557	1263998	6233781	4225075	1645703
四川	21135532	3524129	8028482	7014635	2568285
贵州	4401511	179373	2596454	1004209	621475
云南	9735003	980236	3719186	2978455	2057126
西藏	733138	20613	36374	608815	67336
陕西	20679571	4823200	6806410	8330793	719168
甘肃	4254746	354627	2114369	1133098	652653
青海	1705370	552560	294368	603322	255121
宁夏	2102527		701304	700492	700732
新疆	5790933	140333	2891957	1881957	876687

4-31 各地区按资质等级划分的总承包建筑业企业所有者权益

单位：万元

地区	合计	特级	一级	二级	三级及以下
全国总计	**176305702**	**39092910**	**54136093**	**51609330**	**31467369**
北京	24181632	17844334	4741077	1011429	584792
天津	3008811	667774	1523398	568136	249503
河北	5253934	301436	2026055	1877930	1048513
山西	2831115	595848	916514	717947	600807
内蒙古	2807904	85117	796703	1090291	835794
辽宁	6138144	719511	2294432	1686754	1437448
吉林	1937578	207435	480229	619737	630177
黑龙江	2936794	228311	776328	1214444	717711
上海	8764227	2200621	3267801	2120708	1175097
江苏	18770930	2794418	5497961	5756592	4721959
浙江	16414751	3257159	5855985	4932663	2368944
安徽	4375659	455999	1326775	1562727	1030159
福建	4978273	322746	1915963	1879285	860279
江西	2822012	73050	1031814	987553	729596
山东	11206719	863910	3515477	3854098	2973234
河南	7485251	1299996	1853785	2807658	1523812
湖北	7864238	2817544	1685323	2342682	1018688
湖南	4937097	654046	1766029	1434697	1082326
广东	10759862	1326888	4825375	2582755	2024844
广西	2009645	110086	710231	625471	563857
海南	255439	5833	59084	141118	49404
重庆	5009814	364989	1750953	2023210	870662
四川	7237043	754268	1828204	3264578	1389993
贵州	1230157	38602	502374	424919	264262
云南	3379551	177547	707385	1415126	1079493
西藏	535870	7316	25995	443974	58585
陕西	4675291	700697	1134019	2450127	390449
甘肃	1568541	122059	439708	636095	370679
青海	564826	74515	100166	246819	143326
宁夏	649195		121510	260764	266921
新疆	1715398	20859	659438	629044	406057

4-32 各地区按资质等级划分的总承包建筑业企业负债

单位：万元

地 区	合计	特级	一级	二级	三级及以下
全国总计	**358541269**	**88577871**	**161918041**	**70783167**	**37262191**
北 京	38497945	17077902	18214947	1810667	1394430
天 津	11870036	3493213	6484168	1562670	329985
河 北	11688941	1087341	8003657	1736637	861307
山 西	11509602	3708162	6274359	853653	673428
内蒙古	4205048	317146	1890792	1204581	792529
辽 宁	12722311	980783	6961470	2456032	2324026
吉 林	3390115	507635	1222542	937497	722441
黑龙江	6538351	1628498	2069809	2204833	635211
上 海	27106481	9206903	10202477	4984960	2712141
江 苏	32090481	5292400	12055049	8842870	5900162
浙 江	25945980	6067025	10707363	6365911	2805682
安 徽	10028629	2363989	4509526	2044448	1110666
福 建	7129470	622834	3470083	2144017	892536
江 西	4113368	98704	2585614	843615	585435
山 东	23726097	3137770	11434027	5298199	3856101
河 南	12788019	4521799	4682000	2531711	1052509
湖 北	19872361	11694589	5463298	1890895	823579
湖 南	8199350	2706638	3452572	1238418	801722
广 东	25002106	4176848	13507963	3896158	3421138
广 西	4221145	306251	2297541	1011406	605948
海 南	554232	3224	275856	237795	37357
重 庆	8358744	899009	4482828	2201865	775041
四 川	13898489	2769861	6200279	3750057	1178292
贵 州	3171355	140771	2094080	579291	357213
云 南	6355452	802689	3011801	1563330	977633
西 藏	197268	13297	10379	164841	8751
陕 西	16004280	4122504	5672391	5880667	328719
甘 肃	2686204	232568	1674660	497002	281974
青 海	1140545	478045	194202	356503	111795
宁 夏	1453332		579794	439728	433810
新 疆	4075535	119474	2232519	1252913	470631

4-33 各地区按资质等级划分的总承包建筑业企业总收入

单位：万元

地区	合计	特级	一级	二级	三级及以下
全国总计	**664253473**	**145056652**	**283890072**	**147121160**	**88185589**
北京	43888553	19236607	21091300	2193623	1367023
天津	17191153	4578866	9359565	2666107	586615
河北	22079143	2645963	11559111	5102355	2771714
山西	17072189	4938726	9112775	1863221	1157468
内蒙古	9053598	404147	3231129	2894665	2523658
辽宁	26876533	2932772	11360195	6352036	6231531
吉林	9799454	2568797	2289639	2417394	2523623
黑龙江	11958756	2225703	4351803	3241547	2139703
上海	38680490	13645767	14760019	7029045	3245659
江苏	73528917	16991231	25379154	17782323	13376208
浙江	75913515	19833526	31376341	17630541	7073107
安徽	21468280	3925255	9834676	4677576	3030775
福建	18653357	1402755	9758301	5724174	1768128
江西	10056009	114880	5525779	2411260	2004090
山东	38294279	4659992	16817520	9110692	7706074
河南	30638269	8072107	10061647	7673150	4831366
湖北	32974587	13702458	10736800	6066797	2468532
湖南	21617699	4732317	9283588	4106718	3495075
广东	36177500	5527902	18633821	6852067	5163709
广西	8706973	861512	4397247	2105277	1342937
海南	1497070	10935	874121	529664	82351
重庆	17058801	671768	8354382	5433600	2599050
四川	26691953	2519834	11436151	8728916	4007052
贵州	5039342	350263	3329406	885168	474505
云南	9599557	1122245	3777157	2859089	1841066
西藏	868467	14037	167067	537615	149748
陕西	22486234	6121457	10288109	5016659	1060009
甘肃	5005904	482378	2188014	1317399	1018114
青海	1746241	627922	321458	610728	186133
宁夏	2375604		899515	744792	731297
新疆	7255046	134531	3334282	2556959	1229274

4-34 各地区按资质等级划分的总承包建筑业企业利税总额

单位：万元

地　区	合计	特级	一级	二级	三级及以下
全国总计	**46156729**	**8922390**	**17080459**	**11670324**	**8483557**
北　京	2739011	1479191	1076967	109820	73033
天　津	907060	233887	493427	152823	26924
河　北	1416682	134482	645463	382920	253817
山　西	735686	145826	396170	113471	80219
内蒙古	1049016	17863	311827	396694	322633
辽　宁	1915977	226257	685487	545181	459052
吉　林	704292	132951	83319	207428	280594
黑龙江	1211732	177528	537627	245445	251132
上　海	2199255	787987	720647	429827	260794
江　苏	5920621	1249284	1824317	1444978	1402043
浙　江	5017472	1168417	1967532	1330127	551396
安　徽	1368056	207790	579903	349923	230439
福　建	1300697	154802	551348	441966	152581
江　西	787829	4691	299972	237964	245202
山　东	3050820	247346	983346	890603	929525
河　南	2129702	407883	578601	633089	510129
湖　北	2188095	850546	597792	498269	241489
湖　南	1644242	235530	671075	381793	355843
广　东	2545475	316499	1186419	571578	470980
广　西	479375	33073	192247	131627	122428
海　南	100965	1025	56415	34591	8934
重　庆	1487741	45063	638035	482057	322587
四　川	1731495	128295	584906	672191	346103
贵　州	236480	12752	140478	48413	34837
云　南	653176	70639	182636	224630	175271
西　藏	157582	1220	44155	83988	28219
陕　西	1544693	380605	757049	280656	126382
甘　肃	319448	19913	79876	129107	90551
青　海	105580	44161	14168	33432	13818
宁　夏	127873		35501	48860	43513
新　疆	380604	6885	163755	136874	73090

4-35 各地区按资质等级划分的总承包建筑业企业利润总额

单位：万元

地 区	合计	特级	一级	二级	三级及以下
全国总计	**22690336**	**4340278**	**7450069**	**6155429**	**4744561**
北 京	1581585	1018576	492821	40238	29949
天 津	398408	111561	213118	66161	7568
河 北	638198	48853	255385	193594	140367
山 西	251250	57184	113386	43699	36981
内蒙古	712941	5282	199095	296760	211803
辽 宁	966948	131121	296370	315709	223748
吉 林	321553	13990	14544	122559	170460
黑龙江	487011	9033	227228	110550	140201
上 海	1072857	371531	317565	219557	164204
江 苏	3248789	619078	963823	800507	865381
浙 江	2315775	483285	859326	685095	288068
安 徽	576956	68606	231409	170210	106731
福 建	501740	27692	204883	197826	71339
江 西	354316	937	104213	124023	125143
山 东	1668460	103640	428800	528594	607427
河 南	985578	148489	240814	312674	283602
湖 北	1123942	509660	227428	260525	126328
湖 南	758389	102920	298274	190894	166300
广 东	1304963	165719	576040	310648	252556
广 西	173936	5795	56454	54433	57253
海 南	50097	347	29001	16512	4238
重 庆	845128	33586	348308	264717	198517
四 川	803233	53661	240488	341813	167271
贵 州	56725	1043	29293	15028	11362
云 南	321796	38794	66172	120674	96156
西 藏	119392	500	36532	61036	21324
陕 西	710677	186313	291982	151546	80836
甘 肃	118640	1774	16120	60727	40019
青 海	36463	19198	4180	9268	3817
宁 夏	47125		5100	25172	16853
新 疆	137466	2109	61917	44681	28760

4-36 各地区按资质等级划分的总承包建筑业企业工程结算利润

单位：万元

地 区	合计	特级	一级	二级	三级及以下
全国总计	**42536335**	**7003887**	**15627411**	**11340064**	**8564973**
北 京	1991913	717715	1016346	145799	112053
天 津	888528	208237	503084	146726	30482
河 北	1434165	86198	703650	381013	263305
山 西	876840	199471	449403	128410	99556
内蒙古	1045812	16438	312787	391545	325042
辽 宁	2069747	229339	820837	526105	493466
吉 林	696908	109615	102669	203603	281022
黑龙江	869299	12361	370032	262224	224681
上 海	1967062	705726	611069	376317	273950
江 苏	5571806	1039151	1675208	1451594	1405854
浙 江	3941844	721172	1494640	1160362	565671
安 徽	1236211	151323	507634	334891	242363
福 建	956222	46928	412149	357751	139393
江 西	697482	2098	271339	206040	218005
山 东	3169413	269027	1013350	917805	969231
河 南	2070647	367310	556770	635476	511092
湖 北	2265729	900952	567287	533929	263561
湖 南	1375359	235543	521811	333099	284907
广 东	2270377	249429	1078000	485562	457386
广 西	474483	28336	210282	125409	110456
海 南	72869	474	37996	26947	7452
重 庆	1400618	38166	555779	491334	315340
四 川	1700293	138462	536777	677975	347079
贵 州	220122	8078	129896	47746	34401
云 南	694348	79208	199398	247090	168652
西 藏	201858	793	52483	105164	43418
陕 西	1382969	350820	580808	309852	141489
甘 肃	369331	28222	98140	130958	112011
青 海	124987	56753	17107	37214	13912
宁 夏	122862		27879	51667	43315
新 疆	376232	6542	192802	110456	66431

4-37 各地区按资质等级划分的总承包建筑业企业税金总额

单位：万元

地 区	合计	特级	一级	二级	三级及以下
全国总计	**23466393**	**4582112**	**9630390**	**5514896**	**3738996**
北 京	1157426	460614	584147	69582	43083
天 津	508652	122325	280309	86662	19356
河 北	778484	85630	390079	189326	113450
山 西	484436	88642	282784	69772	43238
内蒙古	336076	12581	112731	99934	110830
辽 宁	949029	95136	389117	229472	235304
吉 林	382739	118960	68775	84870	110134
黑龙江	724721	168495	310399	134896	110931
上 海	1126398	416456	403082	210270	96590
江 苏	2671833	630205	860494	644471	536662
浙 江	2701697	685132	1108205	645032	263328
安 徽	791100	139185	348494	179713	123708
福 建	798957	127110	346464	244140	81242
江 西	433513	3755	195760	113941	120058
山 东	1382361	143706	554546	362010	322099
河 南	1144124	259395	337787	320415	226527
湖 北	1064154	340886	370363	237744	115161
湖 南	885852	132610	372800	190899	189543
广 东	1240512	150779	610379	260930	218424
广 西	305438	27278	135792	77193	65175
海 南	50868	678	27414	18080	4696
重 庆	642613	11477	289727	217339	124070
四 川	928262	74634	344418	330379	178832
贵 州	179755	11709	111185	33386	23475
云 南	331380	31845	116464	103956	79115
西 藏	38190	720	7623	22952	6895
陕 西	834017	194292	465068	129111	45546
甘 肃	200808	18140	63756	68380	50533
青 海	69116	24963	9988	24164	10001
宁 夏	80748		30401	23688	26660
新 疆	243138	4776	101838	92193	44330

4-38 各地区按资质等级划分的总承包建筑业企业工程结算收入

单位：万元

地区	合计	特级	一级	二级	三级及以下
全国总计	**656647263**	**143123199**	**279989675**	**145969825**	**87564565**
北京	43242216	18963298	20789580	2161569	1327770
天津	16924889	4552862	9154135	2637264	580628
河北	21683710	2589078	11239714	5092357	2762561
山西	16951222	4914544	9057064	1835113	1144500
内蒙古	8967565	366479	3213140	2875364	2512582
辽宁	26718027	2918555	11299144	6297239	6203089
吉林	9692496	2478246	2280703	2413879	2519668
黑龙江	11910098	2222054	4340546	3223057	2124441
上海	38278673	13627767	14482707	6973038	3195161
江苏	72196951	16666785	24561700	17689596	13278871
浙江	75529888	19764552	31254352	17502730	7008254
安徽	21287207	3902453	9714042	4650719	3019993
福建	18580907	1402726	9702671	5711927	1763584
江西	9999698	113690	5495746	2403004	1987259
山东	37334426	4324523	16337113	9022120	7650669
河南	30429303	8010330	9994419	7612695	4811860
湖北	32490137	13363979	10651667	6025534	2448957
湖南	21505561	4708302	9217815	4093146	3486298
广东	35798940	5434768	18517292	6714646	5132235
广西	8614302	858994	4363591	2054176	1337540
海南	1495180	10935	873467	528626	82153
重庆	16944150	667835	8285178	5398422	2592716
四川	26344289	2460920	11245421	8668752	3969196
贵州	4946579	347586	3253569	878314	467110
云南	9500653	1115529	3744795	2830381	1809949
西藏	861749	13604	163342	535117	149685
陕西	22317313	6106401	10160299	4993839	1056774
甘肃	4929604	479079	2126539	1311313	1012673
青海	1713813	611228	316601	603155	182829
宁夏	2351837		888554	734685	728598
新疆	7105884	126101	3264770	2498050	1216963

4-39 各地区按资质等级划分的总承包建筑业企业管理费用

单位：万元

地 区	合计	特级	一级	二级	三级及以下
全国总计	**18927616**	**3318721**	**7458768**	**4774996**	**3375132**
北 京	1367085	476545	676341	122238	91961
天 津	465814	93780	260243	88489	23302
河 北	690638	39918	406101	150933	93686
山 西	602636	160546	308860	76190	57041
内蒙古	284926	11226	98773	79806	95122
辽 宁	883662	57138	398960	197550	230014
吉 林	304493	81547	74976	71972	75999
黑龙江	396836	52041	131880	139408	73507
上 海	1069003	382923	332836	226134	127111
江 苏	2189121	400717	644072	591747	552585
浙 江	1379499	208401	511111	420010	239976
安 徽	577322	86003	236622	133973	120724
福 建	423153	17992	191677	148174	65310
江 西	279225	2404	137799	66332	72691
山 东	1232681	130354	472743	332811	296774
河 南	921113	197776	275670	268239	179428
湖 北	997509	343324	302246	241689	110250
湖 南	563333	119199	207501	131697	104937
广 东	1021129	128603	460180	230609	201738
广 西	282290	15733	135937	79690	50930
海 南	24070	90	9084	11811	3085
重 庆	412607	6537	152473	164747	88850
四 川	817166	68172	299601	298036	151356
贵 州	149157	4273	89474	34557	20854
云 南	333241	33763	124997	103773	70707
西 藏	80046	549	15580	42543	21374
陕 西	574876	135943	259186	141648	38100
甘 肃	199490	20205	76729	56002	46554
青 海	81995	37815	11849	22892	9439
宁 夏	65974		19933	23515	22526
新 疆	257526	5204	135338	77784	39201

4-40 各地区按资质等级划分的总承包建筑业企业财务费用

单位：万元

地　区	合计	特级	一级	二级	三级及以下
全国总计	**3091615**	**602967**	**1386690**	**670547**	**431411**
北　京	90550	-40071	133074	85	-2537
天　津	88580	29275	53464	5246	595
河　北	89441	5082	50674	20579	13106
山　西	75706	14100	48362	7146	6098
内蒙古	56645	2668	23437	18297	12242
辽　宁	89574	10289	44913	14941	19432
吉　林	54438	22399	11569	7349	13122
黑龙江	35741	3767	6379	16905	8690
上　海	105053	46296	36512	14548	7698
江　苏	378323	75347	141897	103876	57204
浙　江	393602	79684	190897	90648	32373
安　徽	65819	-10916	44747	18813	13175
福　建	38835	1341	22146	12112	3236
江　西	62580	-295	40298	11334	11244
山　东	266682	26942	124780	60437	54523
河　南	146371	38864	40282	35718	31507
湖　北	245387	157458	34861	34819	18248
湖　南	109588	32583	35552	18477	22977
广　东	136839	13513	79858	20646	22823
广　西	32030	7627	13501	5653	5249
海　南	323	7	78	-19	258
重　庆	88014	4049	39195	31188	13582
四　川	152725	24586	52707	52022	23410
贵　州	24729	2357	18300	2307	1764
云　南	61074	8743	22382	16930	13020
西　藏	2452	4	203	1564	681
陕　西	110117	31046	48486	24190	6396
甘　肃	43118	7572	7328	11380	16838
青　海	11537	7913	566	2771	287
宁　夏	11166		1976	6582	2607
新　疆	24576	739	18269	4005	1563

4-41 各地区按资质等级划分的总承包建筑业企业应收工程款

单位：万元

地　区	合计	特级	一级	二级	三级及以下
全国总计	**97382213**	**21285511**	**45036547**	**18895641**	**12164514**
北　京	9828637	4967657	4454889	244199	161893
天　津	3120331	694963	2022591	301209	101568
河　北	4269939	620904	2439241	871384	338411
山　西	3407931	654532	2080450	387205	285743
内蒙古	1503385	103502	739294	289515	371074
辽　宁	3924212	496883	2001425	596046	829857
吉　林	1450305	123422	541231	455371	330280
黑龙江	1474221	83702	780533	418730	191256
上　海	6199296	2755527	2226451	794809	422510
江　苏	10457645	1834745	4296687	2426938	1899275
浙　江	6450505	1456837	2481291	1511526	1000851
安　徽	3258105	891140	1303470	681559	381936
福　建	1306667	34523	667473	387692	216979
江　西	900402	12212	607147	140012	141031
山　东	8936149	1196678	4130425	2046269	1562777
河　南	2206129	672011	1042589	312763	178766
湖　北	4006796	1464761	1314045	873095	354895
湖　南	2712912	664768	1168224	467170	412751
广　东	5008805	906074	2626814	799831	676087
广　西	991658	45446	457752	299129	189330
海　南	95899	165	28381	55590	11763
重　庆	2414537	150047	1276920	709113	278456
四　川	3609378	323951	1538806	1251090	495531
贵　州	782146		548209	164564	69373
云　南	2128402	160777	975797	582110	409719
西　藏	116477	690	3476	98868	13443
陕　西	3431463	691845	1813402	709164	217052
甘　肃	1093033	119433	542932	242453	188215
青　海	231644	79649	36324	80303	35369
宁　夏	642367		234031	226229	182107
新　疆	1422840	78669	656250	471706	216216

4-42 各地区专业承包建筑业企业签订合同情况

单位：万元

地 区	合同总额	上年结转合同额	本年新签合同额
全国总计	**115712922**	**29471575**	**86241347**
北 京	7888482	2452505	5435977
天 津	5617788	1168133	4449656
河 北	2474196	646104	1828092
山 西	2332273	541819	1790454
内蒙古	647348	121860	525488
辽 宁	6194830	974684	5220145
吉 林	1392865	134557	1258309
黑龙江	1134659	139833	994826
上 海	8057103	2483376	5573727
江 苏	13969354	2789080	11180274
浙 江	10303880	3214321	7089559
安 徽	3532287	814045	2718242
福 建	3684569	933401	2751168
江 西	1704626	443141	1261484
山 东	6157354	1066162	5091192
河 南	4540890	943998	3596892
湖 北	4803784	1386544	3417240
湖 南	2531300	624882	1906419
广 东	12920448	3813418	9107030
广 西	768143	206364	561779
海 南	136147	52314	83833
重 庆	2732681	850240	1882441
四 川	7007711	2393706	4614005
贵 州	205058	46478	158580
云 南	1395567	294555	1101012
西 藏	52097	5482	46615
陕 西	1239022	293961	945061
甘 肃	880702	384318	496385
青 海	280937	24655	256282
宁 夏	343804	55773	288032
新 疆	783018	171868	611151

4-43 各地区专业承包建筑业企业承包工程完成情况

单位：万元

地区	直接从建设单位承揽工程完成的产值	自行完成施工产值	分包出去工程的产值	从建设单位以外承揽工程完成的产值
全国总计	**82225927**	**80173493**	**2052433**	**8258039**
北京	5242138	5015190	226948	1284618
天津	3585251	3095318	489933	377518
河北	1847523	1833882	13642	88524
山西	1614932	1587518	27414	172059
内蒙古	517632	517584	48	407
辽宁	5216538	5204845	11693	83846
吉林	1184029	1183396	633	3788
黑龙江	1056495	1056034	461	16807
上海	5208401	4927155	281247	901739
江苏	11075662	10980779	94884	2380965
浙江	6632899	6518630	114269	754474
安徽	2782716	2707667	75048	89990
福建	2312429	2264135	48294	361293
江西	1315772	1304552	11221	74582
山东	5089926	5046942	42983	228279
河南	3527895	3510409	17486	253261
湖北	3625921	3533960	91961	216558
湖南	1758055	1733941	24114	105345
广东	8227093	7816749	410344	470175
广西	521393	519055	2337	65971
海南	71402	70582	820	2807
重庆	1573922	1560098	13825	68352
四川	4250730	4238602	12129	132158
贵州	169960	169960		8951
云南	1133263	1132391	872	55586
西藏	39047	39047		
陕西	1025920	992453	33468	46210
甘肃	548650	546930	1720	8457
青海	194803	194292	511	971
宁夏	268604	266577	2026	2083
新疆	606925	604822	2103	2269

4-44 各地区专业承包建筑业总产值和竣工产值

单位：万元

地　区	建筑业总产值	#装饰装修产　值	#在外省完成的产值	按构成分组 建筑工程产　值	安装工程产　值	其他产值	竣工产值
全国总计	**88431533**	**22756139**	**19020503**	**56168756**	**26059403**	**6203373**	**59710824**
北　京	6299808	2583093	2214534	5941930	324728	33150	3802533
天　津	3472836	426737	248741	1372552	1327209	773075	2500031
河　北	1922406	303550	459771	777060	790296	355051	1528918
山　西	1759577	221229	353358	991149	474912	293516	896279
内蒙古	517991	27681	21235	288271	154084	75635	418363
辽　宁	5288691	911053	498513	2640445	2397782	250463	3901441
吉　林	1187184	91245	15451	695276	427136	64772	869676
黑龙江	1072841	136056	145117	384012	600669	88160	723441
上　海	5828894	2134868	941906	3534778	1821982	472134	3135617
江　苏	13361744	4012134	3291443	10241046	3052872	67826	10400720
浙　江	7273105	2482276	1771240	4541299	2501468	230338	5328460
安　徽	2797657	480438	376239	1660439	892407	244811	2205665
福　建	2625428	681056	903304	1775358	752920	97150	1522430
江　西	1379134	184350	354276	1011193	283902	84038	1048265
山　东	5275222	986339	605146	2510310	2232149	532763	3604499
河　南	3763670	702172	862884	2136879	1158284	468508	2488831
湖　北	3750518	600158	832104	2379193	759521	611804	2333014
湖　南	1839286	289219	451040	1002222	570480	266584	1285606
广　东	8286924	4239834	2605745	5869529	2143873	273522	5732188
广　西	585026	68007	85471	307400	204779	72847	402129
海　南	73389	11805	6575	27220	35381	10787	39367
重　庆	1628449	322278	136456	774116	704122	150211	993610
四　川	4370759	435885	1546835	3107337	970340	293083	2001780
贵　州	178911	31547	1712	101132	66632	11148	83034
云　南	1187977	145755	37558	614904	476339	96735	883511
西　藏	39047	2922		36210	290	2547	36573
陕　西	1038662	94689	111483	581813	365506	91344	557677
甘　肃	555387	57838	32407	342839	166845	45702	250497
青　海	195263	12675	64798	55417	33204	106642	67194
宁　夏	268661	34263	29222	226044	38477	4140	242326
新　疆	607091	44988	15942	241386	330816	34889	427154

4-45 各地区专业承包建筑业企业房屋建筑面积

地区	房屋建筑施工面积(万平方米)	#本年新开工	#实行投标承包面积	#本年新开工	房屋建筑竣工面积(万平方米)	房屋建筑面积竣工率(%)
全国总计	**11759.5**	**7751.0**	**7411.9**	**4870.5**	**5571.1**	**47.4**
北京	107.6	33.9	70.2	15.2	27.1	25.2
天津	284.2	159.8	74.9	48.6	127.2	44.7
河北	474.7	309.1	314.9	194.6	243.6	51.3
山西	62.1	40.0	33.5	30.9	32.6	52.5
内蒙古	145.6	91.8	143.0	91.6	94.1	64.7
辽宁	521.8	378.7	376.5	301.4	314.5	60.3
吉林	242.2	220.1	218.5	200.1	197.4	81.5
黑龙江	89.7	64.0	21.0	17.3	22.0	24.5
上海	508.7	209.7	344.8	159.5	151.1	29.7
江苏	788.3	495.5	448.8	298.4	344.3	43.7
浙江	1684.1	1106.1	976.1	227.0	528.7	31.4
安徽	559.6	446.3	371.8	303.7	356.1	63.6
福建	235.7	201.0	103.9	88.9	130.6	55.4
江西	438.4	236.9	278.7	192.9	353.3	80.6
山东	1212.6	851.2	670.1	538.9	686.0	56.6
河南	632.0	457.6	354.0	285.6	314.4	49.7
湖北	1303.1	994.5	1141.5	917.6	602.8	46.3
湖南	337.8	151.5	247.7	134.8	160.9	47.6
广东	436.5	231.1	145.0	76.6	134.0	30.7
广西	28.3	15.7	24.8	15.7	5.0	17.5
海南	0.5	0.5				
重庆	298.2	180.7	183.2	135.5	127.1	42.6
四川	810.8	496.7	487.4	324.1	369.8	45.6
贵州	41.1	24.6	1.3	0.7	1.7	4.1
云南	141.8	84.6	100.4	59.2	80.6	56.8
西藏	12.7	8.7	2.9		4.2	33.2
陕西	192.2	129.9	138.7	108.3	74.5	38.7
甘肃	78.0	71.6	56.2	52.4	30.2	38.7
青海	10.9	8.8	8.0	6.4	8.6	78.9
宁夏	20.6	20.6	15.2	15.2	19.0	92.4
新疆	59.8	29.6	59.2	29.6	29.7	49.7

4-46 各地区按主要用途分的专业承包建筑业企业房屋建筑竣工面积

单位：万平方米

地　区	合计	厂房、仓库	住宅	办公用房	批发和零售用　房	住宿和餐饮用　房
全国总计	**5571.1**	**2709.6**	**1978.8**	**341.7**	**33.4**	**52.1**
北　京	27.1	12.7	9.9	2.2	0.1	0.1
天　津	127.2	90.5	10.1	22.4	0.1	0.5
河　北	243.6	50.3	91.8	47.6	2.8	5.2
山　西	32.6	13.4	10.2	2.7		0.6
内蒙古	94.1	1.1	78.3	0.4	0.6	
辽　宁	314.5	116.2	173.6	4.5		2.0
吉　林	197.4	18.1	160.4	10.7	0.6	
黑龙江	22.0	2.1	18.9	0.3		
上　海	151.1	124.0	9.9	7.5	1.7	1.2
江　苏	344.3	183.3	102.8	24.3	7.3	2.3
浙　江	528.7	434.0	14.3	17.6	3.1	2.1
安　徽	356.1	250.0	56.1	15.3	1.1	3.5
福　建	130.6	121.9	1.4	4.0		
江　西	353.3	214.8	92.1	10.2	2.0	1.4
山　东	686.0	466.7	169.4	21.9	4.2	10.0
河　南	314.4	184.5	81.6	29.3	0.7	4.1
湖　北	602.8	155.7	332.4	53.7	1.7	4.6
湖　南	160.9	42.2	77.5	20.3	2.3	1.9
广　东	134.0	47.8	67.2	9.4	0.5	2.5
广　西	5.0	1.5		2.1		
海　南						
重　庆	127.1	42.7	68.1	3.1	1.0	
四　川	369.8	82.7	215.5	15.8	1.4	7.8
贵　州	1.7		0.2	0.6		
云　南	80.6	22.8	31.1	3.4	1.1	
西　藏	4.2		1.9	2.2		
陕　西	74.5	16.6	54.4	1.0		
甘　肃	30.2	0.6	19.8	4.3	0.7	1.9
青　海	8.6	0.7	3.3	1.8		
宁　夏	19.0	10.5	7.3			
新　疆	29.7	2.4	19.1	3.3	0.5	0.2

4-46 续表

单位：万平方米

地区	居民服务业用房	教育用房	文化、体育和娱乐用房	卫生医疗用房	科研用房	其他用房
全国总计	**20.6**	**93.6**	**57.5**	**41.5**	**4.0**	**238.3**
北京		0.1				1.9
天津	0.2	0.2	0.1	2.1	0.1	0.9
河北		0.6	0.9			44.3
山西		4.8				0.9
内蒙古		0.5	0.6			12.7
辽宁		2.1	0.8			15.3
吉林	0.4	1.9		1.6		3.5
黑龙江						0.6
上海	0.9	3.7		0.3	0.3	1.5
江苏	2.7	4.3	3.2	4.4	1.7	8.1
浙江	0.2	1.4	38.8	0.3		16.9
安徽	2.2	8.7	3.1	1.1		15.1
福建	0.2	0.1	1.9			1.1
江西	1.1	3.9	0.5	1.1	0.3	26.0
山东	1.5	1.4		0.4		10.6
河南	0.2	2.8	0.6	1.3		9.4
湖北	0.5	13.8	0.7	6.0		33.7
湖南	0.4	2.7		4.5		9.2
广东	0.4	3.4	0.9	0.4		1.5
广西						1.4
海南						
重庆	4.7	5.1		0.1		2.3
四川	4.7	20.2	1.9	12.3		7.3
贵州		0.3		0.2		0.4
云南		4.8	1.7	2.7		13.0
西藏					0.1	
陕西	0.2	1.7	0.2	0.2		0.2
甘肃	0.1	2.6		0.1		
青海		0.6		2.0		0.2
宁夏		1.0		0.3		
新疆		0.9	1.5		1.5	0.3

4-47 各地区按主要用途分的专业承包建筑业企业房屋建筑竣工价值

单位：万元

地 区	合计	厂房、仓库	住宅	办公用房	批发和零售用 房	住宿和餐饮用 房
全国总计	**4279680**	**1591742**	**1810163**	**336105**	**34458**	**57067**
北 京	35592	8379	20655	2991	85	49
天 津	67894	53038	5414	7230	25	751
河 北	189826	38507	93007	28352	2066	11782
山 西	28092	6351	13144	2484		1074
内蒙古	91015	2220	74723	535	1722	
辽 宁	291379	87144	174060	4215		2700
吉 林	224275	12627	181680	17754	773	
黑龙江	20094	684	18292	565		
上 海	103516	74899	6579	7991	1299	2148
江 苏	300329	132450	98254	29044	9081	984
浙 江	365841	238159	16256	27571	3003	2578
安 徽	223940	125985	47820	14973	1374	2827
福 建	76813	69411	1126	3669		
江 西	197470	121953	48286	7228	1500	1016
山 东	453963	257197	142932	26340	4140	8600
河 南	178826	79907	53628	27294	408	4634
湖 北	491311	82888	302576	40073	1371	5488
湖 南	103063	20902	48310	18068	4000	1049
广 东	113739	39989	56397	6626	534	2500
广 西	4146	1469		1950		
海 南						
重 庆	113783	34678	64448	2966	798	
四 川	316095	60296	196551	10798	1240	6518
贵 州	1665		358	801		
云 南	87532	15189	35569	4156	257	
西 藏	33327		2250	31042		
陕 西	85320	20837	60458	928		
甘 肃	29484	489	18029	5539	274	1788
青 海	7858	452	3215	1876		
宁 夏	13195	4326	6872			
新 疆	30298	1314	19273	3046	509	580

4-47 续表 单位：万元

地　区	居民服务业用　房	教育用房	文化、体育和娱乐用房	卫生医疗用　房	科研用房	其他用房
全国总计	**15763**	**99661**	**68412**	**38216**	**4337**	**223758**
北　京		260	25	187		2961
天　津	95	251	25	525	25	515
河　北		533	2275			13304
山　西		4596				442
内蒙古		595	983			10236
辽　宁		3332	833			19096
吉　林	408	3480		2572		4980
黑龙江						553
上　海	1359	6296		607	607	1730
江　苏	2242	4905	2390	3228	1686	16066
浙　江	282	1200	47195	214		29384
安　徽	1666	8382	2464	966		17482
福　建	152	45	1535	70	20	786
江　西	1003	2702	378	691	161	12551
山　东	930	1001		296		12526
河　南	216	1694	573	1063		9409
湖　北	440	10054	1991	4780		41649
湖　南	290	2064		4033		4348
广　东	444	4342	834	498		1575
广　西						727
海　南						
重　庆	4106	5019		90		1677
四　川	1700	20816	2287	9733		6156
贵　州		142		191		172
云　南		10030	1590	5911		14830
西　藏					35	
陕　西	216	1720	800	211		150
甘　肃	215	3075		75		
青　海		499		1630		186
宁　夏		1351		645		
新　疆		1275	2234		1804	263

4-48 各地区专业承包建筑业企业施工机械设备情况

地 区	年末自有施工机械设备总台数(台)	年末自有施工机械设备总功率(千瓦)	年末自有施工机械设备净值(万元)	技术装备率(元/人)	动力装备率(千瓦/人)
全国总计	**1561505**	**25935145**	**5153041**	**12593**	**6.3**
北 京	92730	791483	174375	11291	5.1
天 津	47662	1048042	699817	66016	9.9
河 北	31220	943596	127252	12513	9.3
山 西	40894	743980	166901	17720	7.9
内蒙古	4540	81034	29955	10467	2.8
辽 宁	84379	1611467	324085	12776	6.4
吉 林	9649	225742	56473	9087	3.6
黑龙江	20760	335187	60205	10497	5.8
上 海	38642	450011	139019	8858	2.9
江 苏	312020	6262030	968602	15061	9.7
浙 江	138453	1302637	335516	10513	4.1
安 徽	59038	833860	170503	9532	4.7
福 建	60666	711737	128555	7678	4.3
江 西	20466	314510	51792	8103	4.9
山 东	98355	1881636	348124	11389	6.2
河 南	113195	1544545	214582	7947	5.7
湖 北	81666	1321926	249380	12446	6.6
湖 南	40804	574352	96072	8775	5.2
广 东	129852	1371761	265452	8929	4.6
广 西	11477	152966	19244	8248	6.6
海 南	3926	22425	4659	7676	3.7
重 庆	21508	1015181	85404	9281	11.0
四 川	42584	602573	180868	8485	2.8
贵 州	2056	33426	9813	8438	2.9
云 南	11688	245241	60817	10476	4.2
西 藏	148	6631	1114	7210	4.3
陕 西	12141	731187	36535	8679	17.4
甘 肃	14342	378802	53576	16492	11.7
青 海	4096	73212	14834	15196	7.5
宁 夏	5587	161556	28985	22678	12.6
新 疆	6961	162409	50532	27269	8.8

4-49 各地区专业承包建筑业企业主要生产效益指标

地　区	建筑业企业个数(个)	计算建筑业劳动生产率的平均人数(人)	按总产值计算的劳动生产率(元/人)	人均竣工产值(元/人)	人均施工面积(平方米/人)	人均竣工面积(平方米/人)
全国总计	**32442**	**4902216**	**180391**	**121804**	**24.0**	**11.4**
北　京	2357	331448	190069	114725	3.2	0.8
天　津	1051	116025	299318	215473	24.5	11.0
河　北	678	106535	180448	143513	44.6	22.9
山　西	903	114338	153893	78389	5.4	2.9
内蒙古	157	48034	107838	87097	30.3	19.6
辽　宁	2689	370055	142916	105429	14.1	8.5
吉　林	363	80410	147641	108155	30.1	24.6
黑龙江	722	104550	102615	69196	8.6	2.1
上　海	1599	235977	247011	132878	21.6	6.4
江　苏	4762	726142	184010	143233	10.9	4.7
浙　江	2121	350394	207569	152071	48.1	15.1
安　徽	1069	178904	156378	123288	31.3	19.9
福　建	963	176004	149169	86500	13.4	7.4
江　西	378	66620	207015	157350	65.8	53.0
山　东	2409	344242	153242	104708	35.2	19.9
河　南	2067	271834	138455	91557	23.3	11.6
湖　北	1353	216756	173029	107633	60.1	27.8
湖　南	508	114576	160530	112205	29.5	14.0
广　东	1915	314350	263621	182350	13.9	4.3
广　西	281	26865	217765	149685	10.5	1.8
海　南	36	6275	116954	62737	0.7	
重　庆	931	99167	164213	100196	30.1	12.8
四　川	1217	262123	166745	76368	30.9	14.1
贵　州	132	11865	150789	69982	34.6	1.4
云　南	702	68054	174564	129825	20.8	11.8
西　藏	13	4594	84995	79610	27.6	9.2
陕　西	178	47806	217266	116654	40.2	15.6
甘　肃	261	40661	136589	61606	19.2	7.4
青　海	138	12227	159698	54955	8.9	7.0
宁　夏	183	21262	126357	113971	9.7	8.9
新　疆	306	34123	177913	125181	17.5	8.7

4-50 各地区专业承包建筑业企业营业额

单位：万元

地 区	企业营业额	在境外完成的营业额	企业总产值	#建筑业总产值
全国总计	**94624260**	**598607**	**94025653**	**88431533**
北 京	6875082	59924	6815158	6299808
天 津	3754784	22260	3732524	3472836
河 北	2031637	46393	1985244	1922406
山 西	1816694	13497	1803197	1759577
内蒙古	586664		586664	517991
辽 宁	5429091	11225	5417865	5288691
吉 林	1195654	949	1194704	1187184
黑龙江	1096892	10288	1086604	1072841
上 海	6395447	55010	6340437	5828894
江 苏	14224011	27194	14196816	13361744
浙 江	7676012	32629	7643383	7273105
安 徽	2884633	3670	2880963	2797657
福 建	2726856	7965	2718891	2625428
江 西	1665040	56910	1608130	1379134
山 东	5479988	18781	5461207	5275222
河 南	3955361	45363	3909998	3763670
湖 北	3962345	64962	3897383	3750518
湖 南	1887939	1501	1886438	1839286
广 东	9557934	51942	9505992	8286924
广 西	612792	19936	592855	585026
海 南	79198	3517	75681	73389
重 庆	1812829	8302	1804527	1628449
四 川	4653571	24909	4628662	4370759
贵 州	183455		183455	178911
云 南	1214451	5958	1208493	1187977
西 藏	39047		39047	39047
陕 西	1058458	5094	1053363	1038662
甘 肃	640225		640225	555387
青 海	197206		197206	195263
宁 夏	291135	121	291014	268661
新 疆	639830	303	639527	607091

4-51 各地区专业承包建筑业企业资产构成

单位：万元

地　区	资产合计	#流动资产小计	#长期投资	#固定资产小计	#无形及递延资产
全国总计	**86796906**	**66546256**	**3625428**	**14811411**	**1419809**
北　京	7285790	6055419	326570	723444	102742
天　津	5007978	3420547	415824	1112973	49986
河　北	1906400	1438272	57928	356411	39844
山　西	2018035	1566540	43648	378473	23953
内蒙古	412096	300601	6297	95119	7341
辽　宁	5211546	3870543	187079	1038525	94030
吉　林	1011705	709394	22391	252438	25518
黑龙江	1354077	1041308	39125	249576	17706
上　海	5667585	4894162	152337	559382	38750
江　苏	11808429	8971862	442483	2143613	210749
浙　江	6540334	5194184	324258	890450	118806
安　徽	2619807	1930757	112871	524992	43390
福　建	2502255	2010641	114303	345770	27989
江　西	1179163	880849	32244	226339	32411
山　东	5780443	4215277	246831	1166401	136196
河　南	3557429	2632263	83043	760254	71859
湖　北	3390396	2294204	70846	926982	80305
湖　南	1487654	1088569	73168	292196	28387
广　东	7627670	6263399	320841	904439	107129
广　西	659315	525561	32167	85559	9162
海　南	137831	113885	5229	16519	2059
重　庆	1802621	1337484	93638	320395	18263
四　川	3370133	2589187	138246	582199	43793
贵　州	230717	174620	18081	30526	7180
云　南	1529236	1123447	142225	222258	31926
西　藏	39727	25353	1655	12675	18
陕　西	740700	517306	27309	176132	16208
甘　肃	545887	373998	19092	146405	4612
青　海	256263	180692	11684	56418	6761
宁　夏	411639	289720	21643	91091	4751
新　疆	704048	516213	42373	123459	17990

4-52 各地区专业承包建筑业企业流动资产、无形及递延资产

单位：万元

地 区	流动资产	#存货	无形及递延资产	#无形资产
全国总计	**66546256**	**15817934**	**1419809**	**1134673**
北 京	6055419	1491579	102742	83998
天 津	3420547	1048594	49986	41013
河 北	1438272	355619	39844	34731
山 西	1566540	309958	23953	20699
内蒙古	300601	49674	7341	6483
辽 宁	3870543	726775	94030	75293
吉 林	709394	88363	25518	17948
黑龙江	1041308	181830	17706	15554
上 海	4894162	1292791	38750	29775
江 苏	8971862	2177760	210749	165210
浙 江	5194184	1281164	118806	103295
安 徽	1930757	439059	43390	34707
福 建	2010641	577715	27989	23847
江 西	880849	178022	32411	26521
山 东	4215277	1026285	136196	101448
河 南	2632263	573922	71859	49814
湖 北	2294204	690610	80305	58783
湖 南	1088569	216555	28387	24444
广 东	6263399	1274830	107129	84586
广 西	525561	89946	9162	8823
海 南	113885	26155	2059	1127
重 庆	1337484	270099	18263	15118
四 川	2589187	855681	43793	32368
贵 州	174620	20256	7180	6942
云 南	1123447	233257	31926	29387
西 藏	25353	3268	18	18
陕 西	517306	136437	16208	14027
甘 肃	373998	66868	4612	2242
青 海	180692	24180	6761	6035
宁 夏	289720	58289	4751	3729
新 疆	516213	52395	17990	16712

4-53 各地区专业承包建筑业企业固定资产情况

单位：万元

地 区	固定资产小计	固定资产原价	#生产经营用	固定资产折旧	#本年折旧	在建工程
全国总计	**14811411**	**19262758**	**13814566**	**6782793**	**1319399**	**1477944**
北 京	723444	1030748	724264	419834	95447	83082
天 津	1112973	1208888	905716	439685	83266	322811
河 北	356411	465464	374365	169588	34034	39605
山 西	378473	514043	385434	174926	32136	26037
内蒙古	95119	133463	106382	46788	8917	3576
辽 宁	1038525	1436000	1097912	506599	103776	48203
吉 林	252438	261106	177911	72589	15225	14533
黑龙江	249576	378370	351362	144417	41551	7607
上 海	559382	881154	608859	362418	68898	34176
江 苏	2143613	2657065	2009429	875476	165617	199254
浙 江	890450	1191841	893702	408671	76197	88938
安 徽	524992	641626	450619	202359	33699	51836
福 建	345770	460625	328705	166751	34133	27157
江 西	226339	285161	180333	83839	16195	13164
山 东	1166401	1553260	1078866	526095	108382	64311
河 南	760254	918616	575352	268256	63600	63439
湖 北	926982	1088776	615757	316866	45054	108851
湖 南	292196	382871	284963	151687	31420	40343
广 东	904439	1267579	914115	519646	91153	83464
广 西	85559	116349	70823	45893	10470	2059
海 南	16519	20805	15215	7866	1220	542
重 庆	320395	380664	223146	130544	22595	36510
四 川	582199	822683	610502	314350	61634	57831
贵 州	30526	41381	29427	15813	2808	3549
云 南	222258	305756	197608	117772	20731	20550
西 藏	12675	17108	7427	4597	527	22
陕 西	176132	202197	148420	64702	10410	20458
甘 肃	146405	194524	134674	73012	14232	2452
青 海	56418	85241	46467	30948	4261	507
宁 夏	91091	134912	116873	49889	10277	5575
新 疆	123459	184484	149940	70921	11535	7503

4-54 各地区专业承包建筑业企业负债及所有者权益

单位：万元

地 区	负债合计	流动负债	长期负债	所有者权益	#实收资本
全国总计	**50615616**	**48581299**	**2034316**	**36181291**	**25122981**
北 京	4858957	4736609	122348	2426833	1986616
天 津	2990981	2630080	360901	2016997	1244794
河 北	1073748	1044354	29393	832652	549410
山 西	1169857	1144255	25602	848178	701288
内蒙古	214734	212279	2456	197361	122458
辽 宁	2954526	2855729	98797	2257020	1576865
吉 林	462651	428583	34068	549054	388054
黑龙江	595207	592557	2650	758870	537860
上 海	3590030	3502365	87665	2077554	1398872
江 苏	6551928	6401726	150202	5256501	3285175
浙 江	4048353	3953879	94474	2491981	1604964
安 徽	1501119	1455372	45746	1118689	768432
福 建	1301640	1271077	30563	1200615	856395
江 西	739944	710073	29870	439220	349134
山 东	3312394	3192761	119633	2468049	1749683
河 南	1671912	1624295	47617	1885517	1339860
湖 北	1888449	1711718	176731	1501948	1110906
湖 南	910198	868772	41426	577456	437447
广 东	4703602	4458914	244689	2924068	1875654
广 西	425035	405263	19772	234280	181636
海 南	79334	79242	92	58497	36410
重 庆	946037	908909	37129	856584	567672
四 川	2149644	2066813	82830	1220490	883915
贵 州	138251	122868	15383	92466	78736
云 南	860575	793679	66896	668661	515140
西 藏	16921	16921		22806	20901
陕 西	386087	366383	19704	354613	289041
甘 肃	310612	300234	10379	235275	188763
青 海	126822	120544	6278	129441	102421
宁 夏	201122	190557	10565	210517	149058
新 疆	434946	414490	20456	269102	225422

4-55 各地区专业承包建筑业企业实收资本

单位：万元

地　区	合计	国家资本	集体资本	法人资本	个人资本	港澳台资本	外商资本
全国总计	**25122981**	**2618236**	**1571078**	**7051301**	**13248558**	**347954**	**285855**
北　京	1986616	49778	60644	839554	966692	38587	31362
天　津	1244794	101084	47670	448065	624737	14492	8746
河　北	549410	99674	25135	139012	282471	2203	915
山　西	701288	131190	35567	152969	371763	6021	3778
内蒙古	122458	20100	22891	13646	65821		
辽　宁	1576865	193703	119815	355080	858666	14161	35440
吉　林	388054	14317	19083	111189	241600	1865	
黑龙江	537860	59362	47336	119637	308529	1815	1181
上　海	1398872	145881	145554	319654	688882	53318	45584
江　苏	3285175	195923	137951	846405	1960364	59699	84833
浙　江	1604964	51569	64049	424621	1039058	16521	9146
安　徽	768432	103522	67304	226691	360155	5483	5278
福　建	856395	68133	37898	181767	542732	24019	1845
江　西	349134	90332	56319	99456	94450	6777	1800
山　东	1749683	179557	138737	579733	819980	11316	20360
河　南	1339860	81451	64192	327536	859573	1775	5333
湖　北	1110906	243874	80470	246365	524799	12703	2697
湖　南	437447	88241	42021	141460	156894	1653	7179
广　东	1875654	214748	124850	613473	854251	53199	15133
广　西	181636	27024	11853	41402	101112	245	
海　南	36410	3038		18001	15371		
重　庆	567672	80792	24455	130336	317794	13230	1066
四　川	883915	159289	60777	238132	420973	2530	2215
贵　州	78736	9775	5632	16578	45250		1500
云　南	515140	41047	47665	145141	277105	4169	13
西　藏	20901	465	765	3652	16018		
陕　西	289041	42839	26776	85564	131909	1953	
甘　肃	188763	39101	28933	63605	56966	100	59
青　海	102421	14229	4812	48237	34844		300
宁　夏	149058	38962	1196	23275	85565	60	
新　疆	225422	29239	20727	51066	124236	60	94

4-56 各地区专业承包建筑业企业收入情况

单位：万元

地区	工程结算收入	工程结算成本	工程结算税金及附加	工程结算利润	经营费用	其他业务收入	#其他业务利润
全国总计	**87663467**	**74051190**	**2817473**	**9642605**	**1152199**	**2865041**	**618962**
北京	7206925	6293438	221622	583351	108515	228627	57679
天津	4130072	3669482	86895	328977	44719	232919	43247
河北	1875850	1584589	61355	209662	20245	23430	6375
山西	1783829	1523743	53511	182323	24253	42277	7737
内蒙古	498623	419016	18238	60186	1183	14117	1473
辽宁	5115394	4305773	161616	607642	40362	143907	11229
吉林	1150598	965704	33550	130977	20367	119282	26026
黑龙江	1047637	866012	42373	125759	13492	72095	29631
上海	6253447	5373901	174285	647763	57499	210499	51339
江苏	12554339	10398455	420100	1500221	235564	333045	55237
浙江	6893366	5859291	208774	767955	57348	179673	37131
安徽	2688738	2252056	86301	321170	29211	55983	9182
福建	2693469	2222929	100754	329742	40044	53078	16694
江西	1220501	1033113	48575	126353	12461	12760	3488
山东	4851168	3892510	160649	721338	76670	347128	30717
河南	3590448	2898993	126143	495653	69658	55179	16738
湖北	3456833	2911561	118388	364168	62715	57111	7526
湖南	1704610	1427994	66372	185998	24246	11321	4578
广东	8760737	7461564	291202	906935	101037	287343	91994
广西	523041	429705	16827	71244	5265	12681	4326
海南	88554	73081	2713	11410	1350	449	407
重庆	1678332	1395595	54421	213064	15252	129377	39995
四川	3944354	3460896	126345	319217	37896	114172	22581
贵州	173771	141248	5847	20912	5764	4293	1917
云南	1068011	887840	35582	127598	16990	37506	15341
西藏	30486	27776	1371	1309	31		
陕西	884938	767152	26713	83180	7893	2385	1312
甘肃	607741	501839	29971	65715	10216	37271	14401
青海	231167	187129	7204	32010	4823	3521	2034
宁夏	323001	273779	10540	36842	1839	22094	4490
新疆	633488	545026	19239	63930	5293	21519	4137

4-57 各地区专业承包建筑业企业费用情况

单位：万元

地区	管理费用	#税金	#财产保险费	#差旅费	#工会经费	财务费用	#利息支出
全国总计	**5322809**	**252990**	**36014**	**344949**	**56500**	**395387**	**251500**
北京	482593	11512	2573	27097	2171	10884	6738
天津	212796	6759	616	4782	998	13615	6935
河北	98116	5294	509	5183	1378	6730	3809
山西	127060	3542	796	8459	1361	7391	4502
内蒙古	28679	1614	171	1195	156	1596	1147
辽宁	369030	20502	2070	19830	3078	21896	13165
吉林	63955	4307	428	4506	1059	7471	1183
黑龙江	79225	7410	358	7075	1995	4979	1069
上海	405987	8150	1466	17876	1353	14965	10265
江苏	739224	38234	3965	63711	10039	72116	46482
浙江	362932	19551	2966	26856	3708	46682	38932
安徽	147551	10562	1347	12231	2383	15018	9848
福建	190721	7012	912	11714	2323	9082	5680
江西	55825	4061	315	3809	741	5558	3545
山东	300435	18446	2731	18051	3281	39499	26303
河南	230833	20517	3892	24703	4502	20493	12948
湖北	204753	9370	893	13506	2509	14939	8841
湖南	101595	4525	1828	7361	1933	6698	2683
广东	527610	20189	3001	28092	4506	24921	15428
广西	43723	1068	144	1812	415	1433	746
海南	6419	143	13	370	221	110	51
重庆	109312	8828	623	8547	1427	8258	4722
四川	186135	7221	1180	11589	1952	19501	13008
贵州	13799	292	25	691	110	834	744
云南	71667	2617	612	4891	789	7265	4926
西藏	1195	36		128	1	32	2
陕西	36123	2771	1899	2603	963	4263	2200
甘肃	39973	5879	206	3635	459	3910	998
青海	15117	409	43	923	34	1203	1107
宁夏	23236	665	136	1299	312	1292	1029
新疆	47188	1508	298	2427	343	2754	2465

4-58 各地区专业承包建筑业企业利润及税金情况

单位：万元

地　区	利润总额	#应交所得税	税金总额	工程结算税金及附加	管理费用中的税金
全国总计	**4497216**	**908192**	**3070464**	**2817473**	**252990**
北　京	169828	44483	233133	221622	11512
天　津	143578	32876	93654	86895	6759
河　北	106556	19356	66648	61355	5294
山　西	54361	12395	57053	53511	3542
内蒙古	31084	5254	19852	18238	1614
辽　宁	221943	58300	182118	161616	20502
吉　林	65664	9221	37857	33550	4307
黑龙江	71191	13498	49783	42373	7410
上　海	301823	63779	182435	174285	8150
江　苏	756640	155476	458334	420100	38234
浙　江	428772	89738	228324	208774	19551
安　徽	167137	26242	96862	86301	10562
福　建	154997	35833	107766	100754	7012
江　西	66860	10126	52636	48575	4061
山　东	396656	75321	179095	160649	18446
河　南	201605	37291	146660	126143	20517
湖　北	141537	27612	127759	118388	9370
湖　南	87133	15295	70897	66372	4525
广　东	426685	94248	311390	291202	20189
广　西	23827	3737	17895	16827	1068
海　南	5135	789	2856	2713	143
重　庆	133840	20011	63249	54421	8828
四　川	147545	23559	133566	126345	7221
贵　州	9606	1393	6138	5847	292
云　南	64868	9851	38199	35582	2617
西　藏	1307	107	1407	1371	36
陕　西	28278	4931	29484	26713	2771
甘　肃	34449	5936	35849	29971	5879
青　海	17956	1586	7613	7204	409
宁　夏	16092	3585	11204	10540	665
新　疆	20261	6366	20747	19239	1508

4-59 各地区专业承包建筑业企业应收工程款及企业亏损情况

地区	应收工程款（万元）	#竣工工程	企业个数（个）	#亏损企业个数	亏损企业的比重（%）
全国总计	**13735404**	**8079576**	**32442**	**5433**	**16.7**
北 京	1175211	685987	2357	605	25.7
天 津	648793	397246	1051	200	19.0
河 北	272408	170004	678	111	16.4
山 西	468648	292362	903	209	23.1
内蒙古	45553	31324	157	12	7.6
辽 宁	745615	444203	2689	534	19.9
吉 林	217206	155622	363	28	7.7
黑龙江	168292	86399	722	219	30.3
上 海	795067	384780	1599	322	20.1
江 苏	2135797	1111940	4762	367	7.7
浙 江	931621	578897	2121	239	11.3
安 徽	350992	228406	1069	149	13.9
福 建	325870	217391	963	117	12.1
江 西	175054	101736	378	52	13.8
山 东	950602	666599	2409	279	11.6
河 南	397444	254482	2067	233	11.3
湖 北	455193	303538	1353	232	17.1
湖 南	316084	178199	508	73	14.4
广 东	1255094	751785	1915	394	20.6
广 西	102155	51781	281	72	25.6
海 南	24053	13949	36	4	11.1
重 庆	184569	117102	931	165	17.7
四 川	414842	287125	1217	220	18.1
贵 州	41895	29958	132	34	25.8
云 南	225750	138030	702	240	34.2
西 藏	29059	8536	13		
陕 西	516261	156227	178	24	13.5
甘 肃	96859	59071	261	68	26.1
青 海	53840	17396	138	56	40.6
宁 夏	81880	66010	183	50	27.3
新 疆	133696	93490	306	125	40.8

4-60 各地区专业承包建筑业企业主要经济效益指标

地 区	产值利润率 (%)	产值利税率 (%)	资本利润率 (%)	资本利税率 (%)	人均利润 (元/人)	人均利税 (元/人)	资产负债率 (%)
全国总计	**5.1**	**8.6**	**17.9**	**30.1**	**9174**	**15437**	**58.3**
北 京	2.7	6.4	8.5	20.3	5124	12158	66.7
天 津	4.1	6.8	11.5	19.1	12375	20447	59.7
河 北	5.5	9.0	19.4	31.5	10002	16258	56.3
山 西	3.1	6.3	7.8	15.9	4754	9744	58.0
内蒙古	6.0	9.8	25.4	41.6	6471	10604	52.1
辽 宁	4.2	7.6	14.1	25.6	5998	10919	56.7
吉 林	5.5	8.7	16.9	26.7	8166	12874	45.7
黑龙江	6.6	11.3	13.2	22.5	6809	11571	44.0
上 海	5.2	8.3	21.6	34.6	12790	20521	63.3
江 苏	5.7	9.1	23.0	37.0	10420	16732	55.5
浙 江	5.9	9.0	26.7	40.9	12237	18753	61.9
安 徽	6.0	9.4	21.8	34.4	9342	14756	57.3
福 建	5.9	10.0	18.1	30.7	8806	14929	52.0
江 西	4.8	8.7	19.2	34.2	10036	17937	62.8
山 东	7.5	10.9	22.7	32.9	11523	16725	57.3
河 南	5.4	9.3	15.0	26.0	7416	12812	47.0
湖 北	3.8	7.2	12.7	24.2	6530	12424	55.7
湖 南	4.7	8.6	19.9	36.1	7605	13793	61.2
广 东	5.1	8.9	22.7	39.4	13574	23479	61.7
广 西	4.1	7.1	13.1	23.0	8869	15530	64.5
海 南	7.0	10.9	14.1	21.9	8184	12735	57.6
重 庆	8.2	12.1	23.6	34.7	13496	19874	52.5
四 川	3.4	6.4	16.7	31.8	5629	10724	63.8
贵 州	5.4	8.8	12.2	20.0	8096	13270	59.9
云 南	5.5	8.7	12.6	20.0	9532	15145	56.3
西 藏	3.3	7.0	6.3	13.0	2846	5908	42.6
陕 西	2.7	5.6	9.8	20.0	5915	12082	52.1
甘 肃	6.2	12.7	18.3	37.2	8472	17289	56.9
青 海	9.2	13.1	17.5	25.0	14686	20912	49.5
宁 夏	6.0	10.2	10.8	18.3	7568	12838	48.9
新 疆	3.3	6.8	9.0	18.2	5938	12018	61.8

4-61 各地区按资质等级划分的专业承包建筑业企业单位数

单位：个

地　区	合计	一级	二级	三级及以下
全国总计	**32442**	**2857**	**8964**	**20621**
北　京	2357	334	555	1468
天　津	1051	76	237	738
河　北	678	72	212	394
山　西	903	46	286	571
内蒙古	157	11	48	98
辽　宁	2689	142	494	2053
吉　林	363	34	99	230
黑龙江	722	64	262	396
上　海	1599	196	433	970
江　苏	4762	301	992	3469
浙　江	2121	194	451	1476
安　徽	1069	74	275	720
福　建	963	120	403	440
江　西	378	36	133	209
山　东	2409	129	713	1567
河　南	2067	156	821	1090
湖　北	1353	154	536	663
湖　南	508	51	105	352
广　东	1915	300	474	1141
广　西	281	24	79	178
海　南	36	13	11	12
重　庆	931	102	282	547
四　川	1217	80	375	762
贵　州	132	11	67	54
云　南	702	51	256	395
西　藏	13	3	5	5
陕　西	178	33	71	74
甘　肃	261	24	104	133
青　海	138	1	47	90
宁　夏	183	5	69	109
新　疆	306	20	69	217

4-62 各地区按资质等级划分的专业承包建筑业企业从业人员

单位：人

地　区	合计	一级	二级	三级及以下
全国总计	**4091865**	**1183858**	**1354188**	**1553819**
北　京	154435	62554	34301	57580
天　津	106008	24314	28482	53212
河　北	101694	26137	43404	32153
山　西	94190	16368	37089	40733
内蒙古	28619	3915	12933	11771
辽　宁	253675	50908	65511	137256
吉　林	62145	9711	15802	36632
黑龙江	57354	15046	24563	17745
上　海	156945	51818	45179	59948
江　苏	643114	170949	196350	275815
浙　江	319156	122598	81192	115366
安　徽	178871	55535	65318	58018
福　建	167433	62448	63523	41462
江　西	63919	16444	26022	21453
山　东	305667	51040	120607	134020
河　南	270029	76035	104335	89659
湖　北	200365	51980	99094	49291
湖　南	109489	29054	36412	44023
广　东	297303	143705	62732	90866
广　西	23332	5115	8048	10169
海　南	6069	3742	1812	515
重　庆	92018	27312	29262	35444
四　川	213154	56717	86231	70206
贵　州	11629	1471	5797	4361
云　南	58053	14507	18061	25485
西　藏	1545	505	702	338
陕　西	42093	15868	17272	8953
甘　肃	32487	12240	6945	13302
青　海	9762	147	4296	5319
宁　夏	12781	1657	6901	4223
新　疆	18531	4018	6012	8501

4-63 各地区按资质等级划分的专业承包建筑业总产值

单位：万元

地区	合计	一级	二级	三级及以下
全国总计	**88431533**	**37248913**	**25202576**	**25980043**
北京	6299808	3824560	1129066	1346182
天津	3472836	1471988	825659	1175189
河北	1922406	822271	651968	448168
山西	1759577	611686	593789	554102
内蒙古	517991	120267	204975	192750
辽宁	5288691	1597240	1429326	2262125
吉林	1187184	131763	418146	637275
黑龙江	1072841	258850	442324	371666
上海	5828894	2856665	1420738	1551491
江苏	13361744	5077444	3879661	4404639
浙江	7273105	3257775	1691839	2323490
安徽	2797657	1019933	989351	788372
福建	2625428	1090711	965906	568810
江西	1379134	627518	425729	325887
山东	5275222	1399411	1885695	1990115
河南	3763670	1341662	1394673	1027335
湖北	3750518	1431280	1603698	715540
湖南	1839286	567250	601658	670378
广东	8286924	5298743	1288425	1699756
广西	585026	179095	189705	216226
海南	73389	44495	22087	6807
重庆	1628449	513432	544695	570322
四川	4370759	2396424	1167264	807071
贵州	178911	18971	78754	81186
云南	1187977	344402	419362	424213
西藏	39047	21415	13295	4337
陕西	1038662	473336	408949	156377
甘肃	555387	202737	106976	245673
青海	195263	14409	128522	52331
宁夏	268661	60494	94243	113924
新疆	607091	172687	186097	248307

4-64 各地区按资质等级划分的专业承包建筑业企业签订的合同额

单位：万元

地区	合计	一级	二级	三级及以下
全国总计	**115712922**	**54131708**	**30113627**	**31467587**
北京	7888482	5052034	1311995	1524453
天津	5617788	2895520	1010122	1712146
河北	2474196	1195771	804265	474160
山西	2332273	997603	708403	626267
内蒙古	647348	182440	266405	198503
辽宁	6194830	2046825	1621521	2526484
吉林	1392865	167669	451246	773950
黑龙江	1134659	253833	485541	395285
上海	8057103	4200929	1995633	1860541
江苏	13969354	5894926	3912926	4161502
浙江	10303880	4430207	2164951	3708722
安徽	3532287	1270606	1283401	978280
福建	3684569	1705661	1135082	843827
江西	1704626	817430	540401	346794
山东	6157354	1686489	2219895	2250970
河南	4540890	1803138	1609134	1128618
湖北	4803784	2012891	1951299	839594
湖南	2531300	1010139	771451	749711
广东	12920448	8444267	1666869	2809312
广西	768143	198469	269317	300356
海南	136147	83974	37770	14403
重庆	2732681	1440207	663315	629160
四川	7007711	4428786	1608143	970781
贵州	205058	22724	67376	114958
云南	1395567	413316	515133	467117
西藏	52097	21415	25348	5334
陕西	1239022	679229	375653	184140
甘肃	880702	376091	122901	381710
青海	280937	15640	202313	62984
宁夏	343804	98045	104047	141712
新疆	783018	285436	211771	285811

4-65 各地区按资质等级划分的专业承包建筑业企业竣工产值

单位：万元

地区	合计	一级	二级	三级及以下
全国总计	**59710824**	**23301678**	**17724798**	**18684348**
北京	3802533	1975806	838497	988229
天津	2500031	1345867	424283	729881
河北	1528918	741404	483462	304052
山西	896279	167755	357726	370798
内蒙古	418363	99168	174108	145087
辽宁	3901441	1110925	1088107	1702409
吉林	869676	89708	300297	479671
黑龙江	723441	156728	304829	261885
上海	3135617	1460098	754031	921488
江苏	10400720	3810071	3071102	3519547
浙江	5328460	2145508	1379169	1803783
安徽	2205665	863090	763602	578974
福建	1522430	576622	594669	351139
江西	1048265	547948	300770	199546
山东	3604499	873145	1299622	1431731
河南	2488831	773476	986760	728595
湖北	2333014	718566	1124073	490375
湖南	1285606	344111	395941	545553
广东	5732188	3707771	869799	1154618
广西	402129	79912	138131	184086
海南	39367	19143	14462	5762
重庆	993610	232499	383691	377420
四川	2001780	658999	840063	502718
贵州	83034	4531	36084	42419
云南	883511	256480	302198	324833
西藏	36573	33327	210	3036
陕西	557677	270889	182527	104261
甘肃	250497	84211	36007	130279
青海	67194	14409	34389	18396
宁夏	242326	58047	90909	93369
新疆	427154	81464	155281	190409

4-66 各地区按资质等级划分的专业承包建筑业企业房屋施工面积

单位：万平方米

地　区	合计	一级	二级	三级及以下
全国总计	**11759.5**	**4320.9**	**4207.0**	**3231.7**
北　京	107.6	31.0	14.4	62.3
天　津	284.2	149.3	56.7	78.2
河　北	474.7	154.7	260.9	59.0
山　西	62.1	17.8	9.0	35.4
内蒙古	145.6	3.5	100.2	41.8
辽　宁	521.8	140.8	135.9	245.0
吉　林	242.2	32.5	7.8	201.9
黑龙江	89.7	19.0	45.4	25.3
上　海	508.7	284.6	146.7	77.4
江　苏	788.3	215.9	216.8	355.6
浙　江	1684.1	1286.9	248.0	149.1
安　徽	559.6	130.8	314.2	114.6
福　建	235.7	112.7	96.8	26.2
江　西	438.4	92.0	200.0	146.4
山　东	1212.6	363.6	507.2	341.8
河　南	632.0	160.9	282.0	189.1
湖　北	1303.1	421.5	635.4	246.3
湖　南	337.8	100.5	35.6	201.7
广　东	436.5	96.7	163.5	176.3
广　西	28.3	10.8	14.4	3.1
海　南	0.5			0.5
重　庆	298.2	52.5	160.6	85.1
四　川	810.8	232.1	372.7	206.0
贵　州	41.1		14.4	26.7
云　南	141.8	60.1	28.8	52.9
西　藏	12.7	9.1	3.5	
陕　西	192.2	78.7	75.4	38.1
甘　肃	78.0	49.9	8.5	19.6
青　海	10.9		9.5	1.4
宁　夏	20.6		4.3	16.3
新　疆	59.8	13.1	38.2	8.6

4-67 各地区按资质等级划分的专业承包建筑业企业房屋竣工面积

单位：万平方米

地区	合计	一级	二级	三级及以下
全国总计	**5571.1**	**1758.6**	**2225.6**	**1586.8**
北京	27.1	8.0	4.1	15.0
天津	127.2	68.8	28.5	29.8
河北	243.6	67.1	157.4	19.1
山西	32.6	8.9	7.5	16.2
内蒙古	94.1	3.5	70.0	20.7
辽宁	314.5	124.3	78.7	111.4
吉林	197.4	30.9	1.8	164.7
黑龙江	22.0	1.2	11.3	9.5
上海	151.1	100.9	33.3	16.8
江苏	344.3	102.4	104.3	137.6
浙江	528.7	315.2	144.1	69.3
安徽	356.1	86.8	209.4	59.8
福建	130.6	66.1	48.2	16.3
江西	353.3	84.5	143.0	125.7
山东	686.0	212.4	304.6	169.0
河南	314.4	72.5	150.9	91.0
湖北	602.8	99.3	332.1	171.4
湖南	160.9	55.9	15.8	89.2
广东	134.0	23.0	54.4	56.6
广西	5.0	0.1	1.9	3.0
海南				
重庆	127.1	37.9	56.9	32.4
四川	369.8	99.2	188.9	81.7
贵州	1.7			1.7
云南	80.6	34.6	21.4	24.5
西藏	4.2	4.2		
陕西	74.5	34.2	22.7	17.5
甘肃	30.2	8.9	5.6	15.6
青海	8.6		8.0	0.6
宁夏	19.0		4.3	14.7
新疆	29.7	7.5	16.3	6.0

4-68 各地区按资质等级划分的专业承包建筑业企业自有施工机械设备台数

单位：台

地　区	合计	一级	二级	三级及以下
全国总计	**1561505**	**526836**	**494107**	**540562**
北　京	92730	64336	12084	16310
天　津	47662	19929	11500	16233
河　北	31220	11592	13784	5844
山　西	40894	7687	16489	16718
内蒙古	4540	846	2022	1672
辽　宁	84379	20787	24370	39222
吉　林	9649	1849	4140	3660
黑龙江	20760	7629	9104	4027
上　海	38642	15695	10155	12792
江　苏	312020	69575	87481	154964
浙　江	138453	44067	33424	60962
安　徽	59038	15426	26585	17027
福　建	60666	18947	27364	14355
江　西	20466	8231	6139	6096
山　东	98355	20410	34304	43641
河　南	113195	44415	40613	28167
湖　北	81666	21444	38876	21346
湖　南	40804	6324	19581	14899
广　东	129852	72822	30040	26990
广　西	11477	2648	6013	2816
海　南	3926	668	3120	138
重　庆	21508	9722	5893	5893
四　川	42584	23968	11338	7278
贵　州	2056	205	843	1008
云　南	11688	3927	3462	4299
西　藏	148	71	12	65
陕　西	12141	4991	4376	2774
甘　肃	14342	4980	4055	5307
青　海	4096	520	2517	1059
宁　夏	5587	722	2775	2090
新　疆	6961	2403	1648	2910

4-69 各地区按资质等级划分的专业承包建筑业企业自有施工机械设备总功率

单位：万千瓦

地区	合计	一级	二级	三级及以下
全国总计	**2593.5**	**911.6**	**742.2**	**939.7**
北京	79.1	31.0	27.8	20.4
天津	104.8	34.1	25.9	44.8
河北	94.4	51.5	28.8	14.1
山西	74.4	15.3	27.0	32.1
内蒙古	8.1	2.4	2.3	3.4
辽宁	161.1	30.6	42.5	88.1
吉林	22.6	6.6	8.0	8.0
黑龙江	33.5	11.0	13.9	8.6
上海	45.0	12.1	13.0	19.9
江苏	626.2	195.3	143.8	287.1
浙江	130.3	47.6	34.5	48.1
安徽	83.4	19.2	28.6	35.6
福建	71.2	23.2	26.4	21.6
江西	31.5	13.0	11.4	7.0
山东	188.2	48.7	58.3	81.1
河南	154.5	59.2	51.1	44.2
湖北	132.2	30.5	69.3	32.4
湖南	57.4	10.8	22.4	24.1
广东	137.2	64.6	29.7	43.0
广西	15.3	5.0	6.8	3.5
海南	2.2	1.2	0.6	0.4
重庆	101.5	75.8	13.3	12.3
四川	60.3	38.8	11.7	9.8
贵州	3.3	0.3	1.3	1.7
云南	24.5	8.7	7.4	8.4
西藏	0.7	0.2	0.1	0.4
陕西	73.1	50.7	14.2	8.3
甘肃	37.9	15.7	8.1	14.1
青海	7.3	0.4	4.5	2.4
宁夏	16.2	3.0	5.8	7.3
新疆	16.2	5.1	3.9	7.2

4-70 各地区按资质等级划分的专业承包建筑业企业实收资本

单位：万元

地　区	合计	一级	二级	三级及以下
全国总计	**25122981**	**6162541**	**8456208**	**10504232**
北　京	1986616	735036	541077	710503
天　津	1244794	486710	261829	496255
河　北	549410	136735	216115	196560
山　西	701288	101115	294310	305863
内蒙古	122458	28187	37544	56728
辽　宁	1576865	284424	443018	849423
吉　林	388054	66143	92244	229668
黑龙江	537860	93832	215484	228544
上　海	1398872	471973	386773	540126
江　苏	3285175	646304	964490	1674381
浙　江	1604964	433615	420795	750555
安　徽	768432	138054	319050	311329
福　建	856395	207974	364498	283923
江　西	349134	104717	132524	111893
山　东	1749683	248164	735717	765802
河　南	1339860	285032	594785	460043
湖　北	1110906	226592	537199	347115
湖　南	437447	81052	163870	192526
广　东	1875654	680241	466652	728760
广　西	181636	33067	72001	76569
海　南	36410	20051	9495	6865
重　庆	567672	130573	209654	227445
四　川	883915	192858	379959	311098
贵　州	78736	11296	40958	26482
云　南	515140	93828	196713	224599
西　藏	20901	11185	7325	2390
陕　西	289041	112018	96613	80410
甘　肃	188763	56301	64060	68402
青　海	102421	1800	54655	45966
宁　夏	149058	15848	56916	76294
新　疆	225422	27820	79886	117716

4-71 各地区按资质等级划分的专业承包建筑业企业资产

单位：万元

地 区	合计	一级	二级	三级及以下
全国总计	**86796906**	**28412082**	**26080687**	**32304138**
北 京	7285790	3533611	1707980	2044199
天 津	5007978	2127623	863109	2017246
河 北	1906400	717916	612299	576185
山 西	2018035	570558	700539	746938
内蒙古	412096	111079	138912	162105
辽 宁	5211546	1392899	1322388	2496259
吉 林	1011705	259232	277575	474898
黑龙江	1354077	222388	562645	569045
上 海	5667585	2300401	1444705	1922479
江 苏	11808429	3251852	3630644	4925933
浙 江	6540334	2109360	1499786	2931188
安 徽	2619807	828255	920944	870608
福 建	2502255	566312	1162160	773783
江 西	1179163	530742	346279	302143
山 东	5780443	930698	2452277	2397468
河 南	3557429	1165549	1412115	979766
湖 北	3390396	907882	1522797	959717
湖 南	1487654	408423	502663	576568
广 东	7627670	3254521	1560280	2812869
广 西	659315	159533	227735	272048
海 南	137831	86415	32734	18682
重 庆	1802621	573251	528333	701037
四 川	3370133	1385313	1041842	942978
贵 州	230717	23780	100312	106625
云 南	1529236	289318	563634	676284
西 藏	39727	17243	18534	3949
陕 西	740700	352051	210171	178478
甘 肃	545887	164396	140766	240725
青 海	256263	9662	147760	98840
宁 夏	411639	49167	186099	176373
新 疆	704048	112654	242672	348722

4-72 各地区按资质等级划分的专业承包建筑业企业所有者权益

单位：万元

地 区	合计	一级	二级	三级及以下
全国总计	**36181291**	**9734766**	**11708237**	**14738287**
北 京	2426833	978105	600255	848474
天 津	2016997	1036683	302284	678030
河 北	832652	227757	325035	279860
山 西	848178	116967	354552	376658
内蒙古	197361	41916	68899	86546
辽 宁	2257020	487489	622595	1146936
吉 林	549054	121659	142640	284755
黑龙江	758870	126693	288811	343366
上 海	2077554	622228	570682	884645
江 苏	5256501	1136061	1623722	2496718
浙 江	2491981	784410	618733	1088838
安 徽	1118689	252594	452316	413779
福 建	1200615	298175	506539	395901
江 西	439220	136807	171257	131155
山 东	2468049	365218	1036686	1066144
河 南	1885517	489702	823872	571943
湖 北	1501948	310056	740569	451322
湖 南	577456	113148	206722	257586
广 东	2924068	1100181	615980	1207906
广 西	234280	35317	98349	100614
海 南	58497	29891	20003	8603
重 庆	856584	220368	274617	361599
四 川	1220490	316663	452381	451446
贵 州	92466	9799	49510	33157
云 南	668661	104693	268771	295197
西 藏	22806	12463	7699	2644
陕 西	354613	129499	127042	98072
甘 肃	235275	65367	73471	96437
青 海	129441	2191	67486	59764
宁 夏	210517	18847	101770	89900
新 疆	269102	43820	94989	130293

4-73 各地区按资质等级划分的专业承包建筑业企业负债

单位：万元

地 区	合计	一级	二级	三级及以下
全国总计	**50615616**	**18677316**	**14372449**	**17565851**
北 京	4858957	2555506	1107725	1195725
天 津	2990981	1090940	560825	1339216
河 北	1073748	490159	287264	296325
山 西	1169857	453591	345987	370279
内蒙古	214734	69163	70013	75558
辽 宁	2954526	905411	699792	1349323
吉 林	462651	137573	134935	190144
黑龙江	595207	95695	273833	225679
上 海	3590030	1678173	874023	1037835
江 苏	6551928	2115792	2006921	2429215
浙 江	4048353	1324951	881053	1842350
安 徽	1501119	575661	468628	456830
福 建	1301640	268136	655621	377882
江 西	739944	393935	175021	170988
山 东	3312394	565479	1415591	1331324
河 南	1671912	675847	588243	407823
湖 北	1888449	597826	782228	508395
湖 南	910198	295275	295941	318982
广 东	4703602	2154340	944299	1604963
广 西	425035	124216	129386	171433
海 南	79334	56524	12731	10080
重 庆	946037	352883	253716	339439
四 川	2149644	1068650	589461	491532
贵 州	138251	13981	50802	73467
云 南	860575	184626	294863	381087
西 藏	16921	4780	10836	1306
陕 西	386087	222553	83129	80406
甘 肃	310612	99029	67295	144288
青 海	126822	7471	80275	39076
宁 夏	201122	30320	84329	86473
新 疆	434946	68833	147684	218429

4-74 各地区按资质等级划分的专业承包建筑业企业总收入

单位：万元

地区	合计	一级	二级	三级及以下
全国总计	**90528509**	**37844782**	**25106495**	**27577231**
北京	7435553	4470431	1196868	1768254
天津	4362991	2097119	909053	1356819
河北	1899280	821607	614416	463257
山西	1826106	640323	617022	568761
内蒙古	512739	122070	190299	200370
辽宁	5259301	1558361	1434342	2266598
吉林	1269881	291450	404467	573965
黑龙江	1119732	253858	471904	393970
上海	6463946	3136874	1595615	1731457
江苏	12887384	4807495	3608333	4471556
浙江	7073039	2922568	1628961	2521509
安徽	2744721	1024424	973111	747186
福建	2746547	1063269	1078008	605270
江西	1233262	613508	332330	287423
山东	5198295	1174920	1853251	2170124
河南	3645627	1343888	1296676	1005062
湖北	3513944	1312526	1543283	658136
湖南	1715932	561055	584355	570521
广东	9048080	5393272	1428406	2226402
广西	535722	147154	186854	201714
海南	89003	54805	26483	7715
重庆	1807709	611774	581419	614516
四川	4058526	2124127	1170662	763737
贵州	178064	19066	82207	76791
云南	1105517	292357	391809	421351
西藏	30486	12568	13622	4296
陕西	887324	458153	303260	125911
甘肃	645013	249010	80874	315129
青海	234687	14409	159800	60478
宁夏	345095	67145	140666	137284
新疆	655007	185198	208140	261669

4-75 各地区按资质等级划分的专业承包建筑业企业利税总额

单位：万元

地区	合计	一级	二级	三级及以下
全国总计	**7567679**	**2524122**	**2188869**	**2854689**
北京	402961	231132	70062	101767
天津	237232	101865	42378	92989
河北	173204	61804	61371	50029
山西	111414	35020	36741	39653
内蒙古	50936	10997	18717	21222
辽宁	404061	103296	126906	173859
吉林	103521	15766	26483	61272
黑龙江	120975	24008	44456	52511
上海	484257	174400	120061	189797
江苏	1214974	383060	339840	492074
浙江	657097	230072	130585	296440
安徽	264000	81090	97995	84915
福建	262763	86039	98172	78552
江西	119496	43819	40982	34695
山东	575750	86588	230819	258343
河南	348265	99993	135733	112538
湖北	269296	75813	135508	57974
湖南	158031	36175	54278	67578
广东	738075	350668	107035	280372
广西	41722	7216	17284	17222
海南	7991	4118	2610	1262
重庆	197089	72040	50921	74128
四川	281112	122817	79995	78299
贵州	15744	952	4204	10588
云南	103067	16551	39112	47405
西藏	2714	909	1394	411
陕西	57761	27448	20170	10143
甘肃	70299	24914	6713	38672
青海	25570	405	20963	4202
宁夏	27296	3665	14039	9592
新疆	41008	11481	13342	16185

4-76 各地区按资质等级划分的专业承包建筑业企业利润总额

单位：万元

地　区	合计	一级	二级	三级及以下
全国总计	**4497216**	**1314432**	**1298912**	**1883871**
北　京	169828	94916	30517	44394
天　津	143578	67808	18952	56818
河　北	106556	36079	38902	31575
山　西	54361	14951	17635	21775
内蒙古	31084	6083	10829	14173
辽　宁	221943	50629	78885	92429
吉　林	65664	8167	15135	42363
黑龙江	71191	9696	25110	36385
上　海	301823	91296	73260	137267
江　苏	756640	220115	209088	327436
浙　江	428772	136134	77417	215221
安　徽	167137	49725	59844	57569
福　建	154997	44078	54726	56193
江　西	66860	23033	23226	20601
山　东	396656	51192	159665	185799
河　南	201605	51507	83150	66948
湖　北	141537	31729	77198	32610
湖　南	87133	15794	30872	40467
广　东	426685	157997	58771	209917
广　西	23827	2315	11301	10211
海　南	5135	2419	1743	973
重　庆	133840	50499	31328	52013
四　川	147545	57555	38574	51417
贵　州	9606	277	1204	8126
云　南	64868	6507	25753	32608
西　藏	1307	200	898	210
陕　西	28278	12533	10525	5220
甘　肃	34449	13676	2773	18001
青　海	17956	73	15844	2039
宁　夏	16092	1623	9249	5220
新　疆	20261	5826	6540	7896

4-77 各地区按资质等级划分的专业承包建筑业企业工程结算利润

单位：万元

地　区	合计	一级	二级	三级及以下
全国总计	**9642605**	**2930321**	**2953209**	**3759076**
北　京	583351	253399	133090	196863
天　津	328977	99548	64180	165250
河　北	209662	75941	71201	62519
山　西	182323	49069	69914	63339
内蒙古	60186	13405	21599	25182
辽　宁	607642	167468	178891	261283
吉　林	130977	18966	39109	72903
黑龙江	125759	24610	57367	43782
上　海	647763	200155	173298	274310
江　苏	1500221	406013	440630	653578
浙　江	767955	245878	170374	351703
安　徽	321170	106340	106601	108229
福　建	329742	97300	139269	93173
江　西	126353	44144	45023	37186
山　东	721338	126773	287581	306984
河　南	495653	162142	187103	146408
湖　北	364168	96335	183085	84748
湖　南	185998	37635	68417	79946
广　东	906935	398027	153162	355746
广　西	71244	8441	33753	29050
海　南	11410	5706	4108	1596
重　庆	213064	59282	65501	88281
四　川	319217	118302	97026	103890
贵　州	20912	1950	6532	12430
云　南	127598	24306	48064	55228
西　藏	1309	553	278	479
陕　西	83180	34592	32751	15838
甘　肃	65715	31884	9915	23916
青　海	32010	560	24153	7297
宁　夏	36842	4492	20999	11351
新　疆	63930	17106	20236	26589

4-78 各地区按资质等级划分的专业承包建筑业企业税金总额

单位：万元

地　区	合计	一级	二级	三级及以下
全国总计	**3070464**	**1209690**	**889956**	**970817**
北　京	233133	136215	39545	57374
天　津	93654	34057	23426	36171
河　北	66648	25725	22469	18454
山　西	57053	20069	19106	17878
内蒙古	19852	4915	7888	7049
辽　宁	182118	52667	48021	81430
吉　林	37857	7599	11349	18910
黑龙江	49783	14312	19346	16125
上　海	182435	83105	46800	52530
江　苏	458334	162945	130752	164638
浙　江	228324	93938	53168	81219
安　徽	96862	31365	38151	27346
福　建	107766	41961	43446	22359
江　西	52636	20785	17756	14094
山　东	179095	35397	71154	72544
河　南	146660	48486	52583	45590
湖　北	127759	44084	58310	25365
湖　南	70897	20381	23405	27111
广　东	311390	192671	48264	70455
广　西	17895	4901	5982	7011
海　南	2856	1699	868	289
重　庆	63249	21541	19593	22114
四　川	133566	65262	41422	26883
贵　州	6138	676	3001	2462
云　南	38199	10043	13358	14798
西　藏	1407	710	496	202
陕　西	29484	14916	9645	4923
甘　肃	35849	11238	3941	20671
青　海	7613	332	5119	2163
宁　夏	11204	2043	4790	4372
新　疆	20747	5655	6803	8290

4-79 各地区按资质等级划分的专业承包建筑业企业工程结算收入

单位：万元

地区	合计	一级	二级	三级及以下
全国总计	**87663467**	**36955309**	**24458279**	**26249880**
北京	7206925	4308031	1169034	1729861
天津	4130072	2035259	846920	1247893
河北	1875850	816226	602054	457569
山西	1783829	638413	600639	544776
内蒙古	498623	121848	189350	187425
辽宁	5115394	1516084	1395114	2204195
吉林	1150598	200927	380901	568771
黑龙江	1047637	247691	460489	339457
上海	6253447	3053366	1556979	1643102
江苏	12554339	4691945	3541024	4321370
浙江	6893366	2895620	1599612	2398135
安徽	2688738	996545	955740	736453
福建	2693469	1048362	1060693	584415
江西	1220501	612673	325632	282197
山东	4851168	1167925	1792125	1891117
河南	3590448	1337400	1263432	989616
湖北	3456833	1286598	1521698	648537
湖南	1704610	558789	582096	563726
广东	8760737	5319259	1370217	2071261
广西	523041	145516	179735	197791
海南	88554	54440	26447	7667
重庆	1678332	529810	567046	581475
四川	3944354	2085558	1140158	718638
贵州	173771	19054	78640	76077
云南	1068011	291158	373421	403432
西藏	30486	12568	13622	4296
陕西	884938	457466	302106	125366
甘肃	607741	243502	78672	285568
青海	231167	14409	157550	59208
宁夏	323001	67083	126359	129559
新疆	633488	181784	200775	250929

4-80 各地区按资质等级划分的专业承包建筑业企业管理费用

单位：万元

地 区	合计	一级	二级	三级及以下
全国总计	**5322809**	**1600629**	**1645116**	**2077063**
北 京	482593	196841	119583	166169
天 津	212796	47479	49857	115461
河 北	98116	39356	29598	29162
山 西	127060	34222	50823	42015
内蒙古	28679	6773	10950	10956
辽 宁	369030	105274	96649	167108
吉 林	63955	11602	23336	29017
黑龙江	79225	14695	31296	33234
上 海	405987	124942	116335	164709
江 苏	739224	181277	223218	334729
浙 江	362932	95990	89007	177936
安 徽	147551	49521	48546	49485
福 建	190721	50418	87887	52416
江 西	55825	19684	19795	16345
山 东	300435	65749	115560	119126
河 南	230833	64972	95057	70804
湖 北	204753	62089	94445	48219
湖 南	101595	24266	38365	38964
广 东	527610	237031	95026	195553
广 西	43723	7128	15726	20868
海 南	6419	3533	2261	625
重 庆	109312	30176	36135	43001
四 川	186135	62760	65000	58375
贵 州	13799	1441	6697	5661
云 南	71667	16664	26279	28724
西 藏	1195	308	571	317
陕 西	36123	16174	12010	7939
甘 肃	39973	16899	7202	15873
青 海	15117	510	8934	5673
宁 夏	23236	2212	13110	7915
新 疆	47188	10646	15857	20685

4-81 各地区按资质等级划分的专业承包建筑业企业财务费用

单位：万元

地区	合计	一级	二级	三级及以下
全国总计	**395387**	**141241**	**121242**	**132904**
北京	10884	7659	1682	1543
天津	13615	3760	3830	6025
河北	6730	2635	1879	2215
山西	7391	765	2413	4214
内蒙古	1596	639	421	536
辽宁	21896	9814	4628	7453
吉林	7471	2315	1573	3582
黑龙江	4979	475	1083	3422
上海	14965	4636	4073	6256
江苏	72116	23498	22270	26348
浙江	46682	20388	12653	13641
安徽	15018	6319	5334	3365
福建	9082	3450	4102	1530
江西	5558	2158	2304	1096
山东	39499	10162	13051	16287
河南	20493	6023	7636	6834
湖北	14939	3401	8334	3204
湖南	6698	872	1897	3929
广东	24921	12813	6053	6056
广西	1433	331	14	1088
海南	110	42	59	9
重庆	8258	5102	1871	1285
四川	19501	8050	6102	5349
贵州	834	236	189	410
云南	7265	1335	2973	2958
西藏	32	8	25	-1
陕西	4263	1615	2076	573
甘肃	3910	2294	391	1225
青海	1203	-2	1070	135
宁夏	1292	295	296	701
新疆	2754	156	960	1638

4-82 各地区按资质等级划分的专业承包建筑业企业应收工程款

单位：万元

地　区	合计	一级	二级	三级及以下
全国总计	**13735404**	**5606170**	**3932826**	**4196408**
北　京	1175211	627854	295923	251435
天　津	648793	330967	151923	165903
河　北	272408	131560	86767	54081
山　西	468648	140779	164878	162991
内蒙古	45553	15016	18793	11744
辽　宁	745615	214278	169745	361592
吉　林	217206	38332	74744	104131
黑龙江	168292	51925	53292	63074
上　海	795067	408202	181326	205540
江　苏	2135797	752491	562858	820448
浙　江	931621	379293	242327	310002
安　徽	350992	134315	119369	97309
福　建	325870	105435	133042	87393
江　西	175054	135253	16434	23368
山　东	950602	222650	385588	342364
河　南	397444	114464	165367	117614
湖　北	455193	146891	201830	106472
湖　南	316084	148608	70379	97097
广　东	1255094	700254	208278	346563
广　西	102155	29138	42901	30116
海　南	24053	12180	11285	588
重　庆	184569	63697	57169	63704
四　川	414842	137334	184212	93297
贵　州	41895	1571	19742	20582
云　南	225750	64472	87314	73964
西　藏	29059	18848	9613	598
陕　西	516261	408256	66113	41891
甘　肃	96859	23670	19287	53902
青　海	53840	656	41004	12180
宁　夏	81880	15278	39725	26877
新　疆	133696	32506	51601	49589

4-83 各地区劳务分包建筑业企业生产经营情况

单位：万元

地 区	建筑业总产值	营业收入	工程结算税金及附加	利润总额	从业人员劳动报酬	劳动、失业保险费
全国总计	**7867148**	**7428736**	**253119**	**205688**	**3920349**	**65267**
北 京	96253	105924	2499	548	25286	631
天 津	284913	298706	10839	3262	95298	736
河 北	107241	106536	2792	6476	74281	13707
山 西	51558	51208	1217	321	14958	270
内蒙古	18555	18785	844	1227	10170	283
辽 宁	147962	138221	5168	5266	43070	2012
吉 林	14609	15049	543	1134	4090	167
黑龙江	29671	29600	891	1180	5972	82
上 海	497634	508536	12468	7377	105630	2743
江 苏	1284994	1108654	39389	50467	454480	16145
浙 江	1572850	1509939	48136	11031	1038574	3812
安 徽	396505	356704	10883	14829	209103	2063
福 建	982435	951177	41413	4330	764480	1511
江 西	13786	12505	567	832	2698	66
山 东	219095	215342	7148	14556	56173	1856
河 南	553306	446987	17776	30545	206614	5659
湖 北	274073	239797	8964	15677	108869	2402
湖 南	284784	280845	13503	13084	104500	4140
广 东	175325	152125	3158	2165	115363	831
广 西	158512	151724	3928	124	109873	168
海 南						
重 庆	264848	259536	7611	10365	167124	2382
四 川	366171	398223	10363	9189	170785	2615
贵 州	1152	1152	39	-35	451	39
云 南	6401	6210	723	1082	1786	50
西 藏	976	1003	64	216	325	13
陕 西	1250	1199	47	63	530	4
甘 肃	6045	6907	288	203	1443	94
青 海	3609	3676	171	137	1225	33
宁 夏	4809	5056	106	-26	3026	38
新 疆	47827	47408	1582	63	24172	715

4-84 各地区劳务分包建筑业企业个数和人员情况

地区	企业个数（个）	计算劳动生产率的平均人数（人）	年末从业人数（人）	#管理人员	#工程技术人员	#现场施工工人
全国总计	**6756**	**2148020**	**2152904**	**94253**	**130100**	**1862706**
北京	136	14387	10183	791	851	7695
天津	282	65934	62777	3005	3355	55306
河北	184	48371	47696	5244	4058	41142
山西	77	10631	9268	749	897	7639
内蒙古	61	6422	4460	531	490	1708
辽宁	251	30798	27286	1659	1866	22124
吉林	62	3538	3030	273	171	2406
黑龙江	123	4291	8122	611	595	6570
上海	260	49939	40039	2471	2536	34063
江苏	1278	282084	282864	20480	22561	237889
浙江	497	479682	488575	7886	22358	453294
安徽	348	118700	123286	7674	8258	107915
福建	300	381386	333677	4370	9327	304749
江西	37	2198	2244	248	263	1568
山东	454	37143	34385	2888	3384	20371
河南	884	166627	174801	12539	16870	138601
湖北	297	76055	74480	4982	6950	62015
湖南	291	49113	69433	3827	7673	48540
广东	99	45843	63774	1252	1291	60064
广西	49	67778	65927	668	861	59364
海南						
重庆	256	84366	104170	4791	5347	91792
四川	325	107940	115309	6288	8971	93394
贵州	10	187	163	52	15	48
云南	22	955	1064	142	470	174
西藏	7	302	278	56	42	126
陕西	7	371	249	36	27	195
甘肃	18	1061	1014	164	130	661
青海	31	1067	1167	129	118	975
宁夏	22	1714	790	80	81	584
新疆	88	9137	2393	367	284	1734

五、各行业建筑业企业

5-1 各行业建筑业企业签订合同情况

单位：万元

行业	合同总额	上年结转合同额	本年新签合同额
总计	**1335290317**	**482805742**	**852484574**
房屋和土木工程建筑业	1200752942	446387073	754365869
房屋工程建筑	735077674	261634642	473443033
土木工程建筑	465675267	184752431	280922836
铁路道路隧道桥梁	319952281	125593722	194358559
水利和港口	74354177	35211448	39142729
工矿	34624905	13522020	21102885
架线和管道	25802680	7241994	18560685
其他	10941225	3183248	7757978
建筑安装业	86395198	26258999	60136199
建筑装饰业	34275923	6826315	27449608
其他建筑业	13866254	3333356	10532899

5-2 各行业建筑业企业承包工程完成情况

单位：万元

行业	直接从建设单位承揽工程完成的产值	自行完成施工产值	分包出去工程的产值	从建设单位以外承揽工程完成的产值
总计	**758794517**	**736165747**	**22628770**	**31911670**
房屋和土木工程建筑业	667175973	648614019	18561954	24069672
房屋工程建筑	438736073	430248676	8487397	12837975
土木工程建筑	228439901	218365344	10074557	11231697
铁路道路隧道桥梁	151108565	146627798	4480766	7147533
水利和港口	32087320	29160390	2926930	1961849
工矿	18885208	17358124	1527084	943561
架线和管道	18707588	17769029	938559	501006
其他	7651221	7450002	201219	677748
建筑安装业	56346399	53333016	3013383	4854398
建筑装饰业	25335336	24618138	717198	1593923
其他建筑业	9936809	9600574	336235	1393677

5-3 各行业建筑业总产值和竣工产值

单位：万元

行业	建筑业总产值	#装饰装修产值	#在外省完成的产值
总计	**768077416**	**43097821**	**229836317**
房屋和土木工程建筑业	672683691	19271610	209852665
房屋工程建筑	443086651	16951591	119409340
土木工程建筑	229597041	2320019	90443325
铁路道路隧道桥梁	153775332	1670758	65961491
水利和港口	31122239	100578	11781621
工矿	18301685	118765	7737866
架线和管道	18270035	171185	3578808
其他	8127750	258733	1383539
建筑安装业	58187414	1695036	12264267
建筑装饰业	26212061	21881054	6216784
其他建筑业	10994251	250121	1502601

5-3 续表

单位：万元

行业	按构成分组			竣工产值
	建筑工程产值	安装工程产值	其他产值	
总计	**672084181**	**73191440**	**22801796**	**472658038**
房屋和土木工程建筑业	619514637	37008175	16160879	408083359
房屋工程建筑	415239932	17962332	9884387	300130153
土木工程建筑	204274705	19045843	6276492	107953206
铁路道路隧道桥梁	147480749	2613340	3681243	65404197
水利和港口	29379418	1091848	650972	14991615
工矿	11683188	5797462	821035	9691229
架线和管道	8653542	9140861	475632	12613719
其他	7077808	402332	647609	5252446
建筑安装业	22368448	32914992	2903974	39037114
建筑装饰业	22286294	2101550	1824218	18368611
其他建筑业	7914803	1166723	1912725	7168954

5-4 各行业建筑业企业房屋建筑面积

行业	房屋建筑施工面积（万平方米）	#本年新开工	#实行投标承包面积*	#本年新开工	房屋建筑竣工面积（万平方米）	房屋建筑面积竣工率（%）
总计	**588593.9**	**300824.5**	**492144.1**	**260053.6**	**245401.6**	**41.7**
房屋和土木工程建筑业	572836.4	291250.6	480397.8	252958.9	238569.9	41.6
房屋工程建筑	554656.2	281966.4	466505.2	245238.1	231816.9	41.8
土木工程建筑	18180.2	9284.1	13892.6	7720.8	6753.0	37.1
铁路道路隧道桥梁	10181.7	5115.9	7384.2	4258.8	3786.2	37.2
水利和港口	1148.6	597.2	768.5	443.9	508.6	44.3
工矿	3829.0	1852.3	3456.4	1668.4	1149.2	30.0
架线和管道	723.7	479.4	493.3	350.7	290.9	40.2
其他	2297.1	1239.4	1790.3	999.0	1018.0	44.3
建筑安装业	13997.4	8469.4	10678.8	6337.7	5982.2	42.7
建筑装饰业	189.1	97.9	120.3	71.5	80.0	42.3
其他建筑业	1571.0	1006.6	947.2	685.4	769.5	49.0

5-5 各行业建筑业企业施工机械设备情况

行业	年末自有施工机械设备总台数（台）	年末自有施工机械设备总功率（千瓦）	年末自有施工机械设备净值（万元）	技术装备率（元/人）	动力装备率（千瓦/人）
总计	**9734910**	**190225552**	**37049784**	**10088**	**5.2**
房屋和土木工程建筑业	8107394	164402411	32254539	9953	5.1
房屋工程建筑	6009781	97696111	16331662	6495	3.9
土木工程建筑	2097613	66706300	15922878	21920	9.2
铁路道路隧道桥梁	1011985	37650541	9078341	19517	8.1
水利和港口	492278	15017208	4214245	44291	15.8
工矿	250097	6597611	1151624	17991	10.3
架线和管道	229783	4324448	926680	14619	6.8
其他	113470	3116492	551988	14259	8.1
建筑安装业	871932	14337509	2467177	9631	5.6
建筑装饰业	529928	6269568	1188107	10002	5.3
其他建筑业	225656	5216064	1139960	20087	9.2

5-6 按主要用途分的各行业建筑业企业房屋建筑竣工面积

单位：万平方米

行业	合计	厂房、仓库	住宅	办公用房	批发和零售用房	住宿和餐饮用房
总　计	**245401.6**	**41270.4**	**151881.3**	**18642.4**	**4892.2**	**3451.2**
房屋和土木工程建筑业	238569.9	39169.0	148377.6	18235.0	4845.7	3369.1
房屋工程建筑	231816.9	37405.7	144858.9	17636.3	4762.2	3274.3
土木工程建筑	6753.0	1763.3	3518.7	598.8	83.6	94.7
铁路道路隧道桥梁	3786.2	855.7	2155.6	300.1	58.3	56.5
水利和港口	508.6	103.6	273.7	56.2	1.8	1.7
工矿	1149.2	489.5	372.8	146.7	8.4	19.3
架线和管道	290.9	90.6	166.9	9.6		8.1
其他	1018.0	224.0	549.6	86.1	15.1	9.2
建筑安装业	5982.2	1754.0	3251.1	359.3	43.0	68.6
建筑装饰业	80.0	8.1	41.7	16.3	0.1	4.9
其他建筑业	769.5	339.3	210.9	31.7	3.4	8.6

5-6 续表

单位：万平方米

行业	居民服务业用房	教育用房	文化、体育和娱乐用房	卫生医疗用房	科研用房	其他用房
总　计	**2599.8**	**9103.8**	**2530.3**	**2580.7**	**758.8**	**7690.8**
房屋和土木工程建筑业	2544.0	8913.8	2491.6	2527.8	744.8	7351.3
房屋工程建筑	2510.3	8716.4	2375.9	2478.8	736.7	7061.4
土木工程建筑	33.7	197.4	115.7	49.0	8.1	289.9
铁路道路隧道桥梁	19.5	124.3	18.9	35.2	5.7	156.4
水利和港口	4.2	32.0	6.4	3.2		25.9
工矿	4.2	14.1	50.4	3.6	2.2	38.0
架线和管道	4.1	0.9	0.4	0.7		9.5
其他	1.8	26.0	39.6	6.2	0.2	60.1
建筑安装业	52.7	185.4	30.6	51.6	13.9	172.0
建筑装饰业	0.9	1.1	1.4	0.5		5.1
其他建筑业	2.2	3.5	6.7	0.8		162.4

5-7 按主要用途分的各行业建筑业企业房屋建筑竣工价值

单位：万元

行业	合计	厂房、仓库	住宅	办公用房	批发和零售用房	住宿和餐饮用房
总计	**260538538**	**40137733**	**155465555**	**23134259**	**5752885**	**4377298**
房屋和土木工程建筑业	254472285	38386015	152310813	22722717	5710000	4307247
房屋工程建筑	246818629	36352308	148601576	22016964	5596665	4136666
土木工程建筑	7653656	2033707	3709237	705753	113336	170581
铁路道路隧道桥梁	4175415	768202	2357927	374606	79368	129756
水利和港口	533185	128765	268333	57321	1774	3930
工矿	1648203	837581	409761	174699	14165	21343
架线和管道	294939	112011	149015	11605		5151
其他	1001914	187148	524200	87523	18028	10402
建筑安装业	5558574	1564726	2962566	372266	39878	59014
建筑装饰业	67016	6612	36420	13129	85	2806
其他建筑业	440663	180379	155757	26148	2921	8231

5-7 续表

单位：万元

行业	居民服务业用房	教育用房	文化、体育和娱乐用房	卫生医疗用房	科研用房	其他用房
总计	**3205716**	**10362817**	**4003833**	**3280478**	**1110366**	**9707597**
房屋和土木工程建筑业	3153835	10162411	3963595	3219458	1088908	9447287
房屋工程建筑	3113106	9924505	3779180	3172600	1078987	9046073
土木工程建筑	40729	237905	184415	46858	9922	401214
铁路道路隧道桥梁	28679	146345	21749	33275	7086	228422
水利和港口	2947	41276	4530	1611		22698
工矿	2368	22133	102140	5127	2639	56247
架线和管道	4896	1156	496	532		10077
其他	1838	26996	55500	6313	197	83770
建筑安装业	49532	196976	33133	59798	21457	199228
建筑装饰业	529	793	2367	456		3819
其他建筑业	1821	2638	4738	767		57264

5-8 各行业建筑业企业主要生产效益指标

行业	建筑业企业个数（个）	计算劳动生产率的平均人数（人）	按总产值计算的劳动生产率（元/人）	人均竣工产值（元/人）	人均施工面积（平方米/人）	人均竣工面积（平方米/人）
总计	**70817**	**41498131**	**185087**	**113899**	**141.8**	**59.1**
房屋和土木工程建筑业	40759	36421320	184695	112045	157.3	65.5
房屋工程建筑	28000	27567509	160728	108871	201.2	84.1
土木工程建筑	12759	8853811	259320	121929	20.5	7.6
铁路道路隧道桥梁	6098	5772877	266376	113296	17.6	6.6
水利和港口	1782	1088846	285828	137684	10.5	4.7
工矿	719	728306	251291	133065	52.6	15.8
架线和管道	2095	798170	228899	158033	9.1	3.6
其他	2065	465612	174561	112807	49.3	21.9
建筑安装业	12705	2984130	194990	130816	46.9	20.0
建筑装饰业	12787	1453845	180295	126345	1.3	0.6
其他建筑业	4566	638836	172098	112219	24.6	12.0

5-9 各行业建筑业企业营业额

单位：万元

行业	企业营业额	在境外完成的营业额	企业总产值	#建筑业总产值
总计	**847910571**	**21336811**	**826573760**	**768077416**
房屋和土木工程建筑业	745450778	20455351	724995427	672683691
房屋工程建筑	490381734	9536064	480845670	443086651
土木工程建筑	255069045	10919287	244149758	229597041
铁路道路隧道桥梁	163593630	4288953	159304678	153775332
水利和港口	39700640	3800751	35899889	31122239
工矿	22739385	2486640	20252745	18301685
架线和管道	20186769	256197	19930571	18270035
其他	8848621	86746	8761875	8127750
建筑安装业	62696167	686987	62009180	58187414
建筑装饰业	28064928	161088	27903840	26212061
其他建筑业	11698698	33386	11665312	10994251

5-10 各行业建筑业企业资产构成

单位：万元

行业	资产合计	#流动资产小计	#长期投资	#固定资产小计	#无形及递延资产
总计	**621643878**	**474789985**	**39296032**	**89183584**	**12924967**
房屋和土木工程建筑业	526116356	400168131	34871787	74765817	11334195
房屋工程建筑	299090407	234427441	16899401	40672806	5165420
土木工程建筑	227025949	165740690	17972386	34093011	6168776
铁路道路隧道桥梁	141022170	106530243	11637733	19034254	2436192
水利和港口	40420821	23938867	4064891	8391280	2814135
工矿	17121276	13267874	803485	2422087	409399
架线和管道	20385747	15772676	1228759	2827779	382085
其他	8075936	6231030	237519	1417612	126966
建筑安装业	61690228	48886225	2874895	8499233	1087776
建筑装饰业	22271881	17574078	1106362	3226447	286050
其他建筑业	11565413	8161552	442988	2692088	216946

5-11 各行业建筑业企业流动资产、无形及递延资产

单位：万元

行业	流动资产	#存货	#无形及递延资产	#无形资产
总计	**474789985**	**120614239**	**12924967**	**10698599**
房屋和土木工程建筑业	400168131	102728635	11334195	9458393
房屋工程建筑	234427441	63146273	5165420	4315442
土木工程建筑	165740690	39582362	6168776	5142950
铁路道路隧道桥梁	106530243	24558563	2436192	1892653
水利和港口	23938867	5956499	2814135	2511153
工矿	13267874	3167066	409399	305792
架线和管道	15772676	4301556	382085	316681
其他	6231030	1598678	126966	116670
建筑安装业	48886225	12162360	1087776	862330
建筑装饰业	17574078	3867889	286050	205316
其他建筑业	8161552	1855356	216946	172561

5-12 各行业建筑业企业固定资产情况

单位：万元

行业	固定资产小计	固定资产原价	#生产经营用	固定资产折旧	#本年折旧	在建工程
总计	**89183584**	**116313793**	**89856125**	**40394634**	**7563139**	**8370960**
房屋和土木工程建筑业	74765817	97614016	76370037	33807437	6307480	6842910
房屋工程建筑	40672806	49398378	37408898	15252425	2725115	3846285
土木工程建筑	34093011	48215638	38961139	18555012	3582365	2996625
铁路道路隧道桥梁	19034254	27237969	22168890	10396253	2153368	1382293
水利和港口	8391280	11277438	9077338	4374612	738698	1188803
工矿	2422087	3828797	3133982	1592567	307118	145356
架线和管道	2827779	4074977	3215693	1622054	267741	186700
其他	1417612	1796458	1365236	569527	115441	93473
建筑安装业	8499233	11257214	8103391	4041828	753179	824307
建筑装饰业	3226447	3879353	2747138	1299741	247788	472871
其他建筑业	2692088	3563210	2635559	1245629	254692	230873

5-13 各行业建筑业企业负债及所有者权益

单位：万元

行业	负债合计	流动负债	长期负债	所有者权益	#实收资本
总计	**409156885**	**383961096**	**25195789**	**212486993**	**132842877**
房屋和土木工程建筑业	351073506	327969472	23104034	175042850	107098768
房屋工程建筑	191329668	182144839	9184829	107760739	68183983
土木工程建筑	159743838	145824633	13919205	67282111	38914784
铁路道路隧道桥梁	99868260	92561265	7306995	41153910	21964650
水利和港口	27693941	22428147	5265794	12726880	7653120
工矿	13230649	12443095	787554	3890627	2855150
架线和管道	14170278	13794328	375950	6215469	3635159
其他	4780710	4597798	182912	3295226	2806704
建筑安装业	39743796	38498267	1245529	21946431	14766825
建筑装饰业	12011590	11476537	535053	10260291	7060732
其他建筑业	6327993	6016819	311173	5237420	3916552

5-14 各行业建筑业企业实收资本

单位：万元

行业	合计	国家资本	集体资本	法人资本	个人资本	港澳台资本	外商资本
总　计	**132842877**	**26521397**	**9732968**	**38143130**	**57195619**	**663364**	**586399**
房屋和土木工程建筑业	107098768	23458840	7997514	30598097	44468697	243687	331932
房屋工程建筑	68183983	8722195	6187225	18832236	34069602	136256	236471
土木工程建筑	38914784	14736645	1810290	11765861	10399095	107431	95462
铁路道路隧道桥梁	21964650	8141980	903605	6352775	6489667	42148	34475
水利和港口	7653120	4009583	200964	2377843	1057286	2575	4870
工矿	2855150	1209794	78526	1048041	471837	25935	21018
架线和管道	3635159	1014472	509757	902985	1161110	25673	21163
其他	2806704	360816	117438	1084217	1219195	11101	13937
建筑安装业	14766825	2244348	1376559	4284374	6530198	194611	136736
建筑装饰业	7060732	271696	206114	2208323	4119678	168981	85940
其他建筑业	3916552	546514	152780	1052337	2077046	56084	31791

5-15 各行业建筑业企业收入情况

单位：万元

行业	工程结算收入	工程结算成本	工程结算税金及附加	工程结算利润	经营费用	其他业务收入	#其他业务利润
总　计	**744310731**	**662441497**	**25246044**	**52178940**	**4444249**	**10471251**	**2045295**
房屋和土木工程建筑业	647971581	580309685	22139005	42186027	3336864	7812342	1418569
房屋工程建筑	404049369	362418390	14390753	24956288	2283939	4327847	734615
土木工程建筑	243922212	217891296	7748252	17229740	1052925	3484495	683953
铁路道路隧道桥梁	160383512	144955824	5208664	9672706	546318	1103580	287340
水利和港口	36055970	31743062	1054655	3101473	156781	804932	114415
工矿	20274222	18112773	650066	1426954	84429	543590	72630
架线和管道	19220434	16194151	564060	2270177	192045	715655	174296
其他	7988074	6885486	270807	758429	73352	316739	35273
建筑安装业	59259789	50519587	1887534	6225713	626956	2024973	466688
建筑装饰业	26288985	22581183	876467	2517975	313360	308113	96099
其他建筑业	10790375	9031042	343039	1249226	167069	325822	63940

5-16 各行业建筑业企业费用情况

单位：万元

行业	管理费用	#税金	#财产保险费	#差旅费	#工会经费	财务费用	#利息支出
总计	**24250424**	**1290813**	**175006**	**1452731**	**366335**	**3487002**	**2496887**
房屋和土木工程建筑业	18671135	1016060	137903	1107634	307654	3130808	2275828
房屋工程建筑	10171186	655544	81270	620554	184182	1834654	1308047
土木工程建筑	8499949	360516	56633	487080	123472	1296154	967781
铁路道路隧道桥梁	4490757	202734	31663	271357	64581	792851	593245
水利和港口	1399231	54997	11497	86454	20791	348542	268977
工矿	914135	33640	4309	51014	16498	79354	52594
架线和管道	1306308	49807	6338	51665	16853	35058	24513
其他	389519	19338	2825	26590	4749	40350	28452
建筑安装业	3529194	167641	23611	199672	40193	189140	115023
建筑装饰业	1392242	70498	8474	96714	10198	104691	68538
其他建筑业	657853	36614	5019	48711	8290	62363	37499

5-17 各行业建筑业企业利润及税金情况

单位：万元

行业	利润总额	#应交所得税	税金总额	工程结算税金及附加	管理费用中的税金
总计	**27187552**	**5400395**	**26536857**	**25246044**	**1290813**
房屋和土木工程建筑业	22394403	4425413	23155064	22139005	1016060
房屋工程建筑	13579588	2855431	15046297	14390753	655544
土木工程建筑	8814815	1569982	8108767	7748252	360516
铁路道路隧道桥梁	5081585	850182	5411398	5208664	202734
水利和港口	1651720	288079	1109652	1054655	54997
工矿	572432	118872	683705	650066	33640
架线和管道	1157566	239650	613867	564060	49807
其他	351512	73200	290145	270807	19338
建筑安装业	3145354	622371	2055175	1887534	167641
建筑装饰业	1092257	238529	946965	876467	70498
其他建筑业	555538	114082	379653	343039	36614

5-18 各行业总承包和专业承包企业应收工程款及企业亏损情况

行业	应收工程款（万元）	#竣工工程	企业个数（个）	#亏损企业个数	亏损企业的比重（%）
总计	**111117617**	**51977494**	**70817**	**9223**	**13.0**
房屋和土木工程建筑业	95215302	43397538	40759	4181	10.3
房屋工程建筑	58479007	29219335	28000	2610	9.3
土木工程建筑	36736295	14178202	12759	1571	12.3
铁路道路隧道桥梁	24095957	8795452	6098	675	11.1
水利和港口	5198305	1921080	1782	210	11.8
工矿	3609829	1454999	719	102	14.2
架线和管道	2625412	1364593	2095	257	12.3
其他	1206791	642078	2065	327	15.8
建筑安装业	10397420	5145023	12705	1943	15.3
建筑装饰业	3643743	2294901	12787	2368	18.5
其他建筑业	1861152	1140033	4566	731	16.0

5-19 各行业总承包和专业承包企业主要经济效益指标

行业	产值利润率（%）	产值利税率（%）	资本利润率（%）	资本利税率（%）	人均利润（元/人）	人均利税（元/人）	资产负债率（%）
总计	**3.5**	**7.0**	**20.5**	**40.4**	**6552**	**12946**	**65.8**
房屋和土木工程建筑业	3.3	6.8	20.9	42.5	6149	12506	66.7
房屋工程建筑	3.1	6.5	19.9	42.0	4926	10384	64.0
土木工程建筑	3.8	7.4	22.7	43.5	9956	19114	70.4
铁路道路隧道桥梁	3.3	6.8	23.1	47.8	8803	18176	70.8
水利和港口	5.3	8.9	21.6	36.1	15169	25361	68.5
工矿	3.1	6.9	20.0	44.0	7860	17247	77.3
架线和管道	6.3	9.7	31.8	48.7	14503	22194	69.5
其他	4.3	7.9	12.5	22.9	7549	13781	59.2
建筑安装业	5.4	8.9	21.3	35.2	10540	17427	64.4
建筑装饰业	4.2	7.8	15.5	28.9	7513	14026	53.9
其他建筑业	5.1	8.5	14.2	23.9	8696	14639	54.7

附录、《中国建筑业统计年鉴——2009》修正表

附录1 各地区总承包建筑业企业签订合同情况

单位：万元

地 区	合同总额	上年结转合同额	本年新签合同额
全国总计	**940543408**	**352915398**	**587628011**
北 京	55878842	25849396	30029446
天 津	25016548	8604160	16412389
河 北	28952997	9493916	19459081
山 西	24498836	10151042	14347794
内蒙古	9912559	2708321	7204238
辽 宁	34311673	11986986	22324687
吉 林	12982689	4734320	8248370
黑龙江	11662106	3200203	8461903
上 海	56766182	23023107	33743075
江 苏	102463557	32042243	70421314
浙 江	127335583	48308185	79027398
安 徽	26836640	9231800	17604840
福 建	28683033	12038193	16644840
江 西	14644979	4948628	9696351
山 东	47491188	15585043	31906146
河 南	39255417	13211734	26043683
湖 北	48911888	19979039	28932849
湖 南	42684635	16180605	26504030
广 东	56041168	26752539	29288630
广 西	12590249	4996718	7593531
海 南	2000563	755812	1244750
重 庆	22752039	8060002	14692037
四 川	38839181	14498772	24340409
贵 州	7454417	3334304	4120113
云 南	12773542	4852508	7921034
西 藏	726584	132615	593968
陕 西	28064258	11391182	16673075
甘 肃	6447198	2160696	4286502
青 海	2781599	1240454	1541145
宁 夏	2574343	679625	1894719
新 疆	9208916	2783249	6425667

注：1.本表对《中国建筑业统计年鉴—2009》中部分指标数据作了修正，以下各表同。
2.原表见《中国建筑业统计年鉴—2009》第231页，表4-1。

附录2　各地区总承包建筑业企业承包工程完成情况

单位：万元

地　区	直接从建设单位承揽工程完成的产值	自行完成施工产值	分包出去工程的产值	从建设单位以外承揽工程完成的产值
全国总计	**538432615**	**523497141**	**14935474**	**18770958**
北　京	26129333	22878816	3250517	2073494
天　津	11991278	10905020	1086259	603884
河　北	18070683	18006279	64404	316425
山　西	11853024	11788780	64244	97428
内蒙古	7396877	7387050	9826	100389
辽　宁	20397050	20304474	92576	190598
吉　林	8426082	8384029	42053	115403
黑龙江	9418345	9343783	74561	48262
上　海	27870873	24212012	3658861	2994016
江　苏	70807866	70325896	481969	4377460
浙　江	74040962	73269683	771278	1622263
安　徽	16230732	15984484	246248	247789
福　建	15406351	15314513	91839	647756
江　西	9123153	9078594	44560	167197
山　东	33324158	33074340	249818	545698
河　南	25076491	24930343	146149	264546
湖　北	22621281	22489503	131777	605365
湖　南	19210400	19104616	105785	554726
广　东	26506223	23607141	2899082	1370224
广　西	6901020	6730811	170209	287749
海　南	1006205	1003051	3154	3554
重　庆	13216632	12770101	446531	406452
四　川	22369802	22062889	306913	517073
贵　州	3759858	3748032	11825	27053
云　南	8072968	8053271	19698	74488
西　藏	582983	582983		3595
陕　西	15600599	15449100	151499	204222
甘　肃	4290097	4189854	100243	108608
青　海	1314091	1279715	34377	24465
宁　夏	1652476	1651700	775	13392
新　疆	5764726	5586278	178448	157385

注：原表见《中国建筑业统计年鉴—2009》第232页，表4-2。

附录3　各地区总承包建筑业总产值和竣工产值

单位：万元

地　区	建筑业总产值	#装饰装修产　值	#在外省完成的产值	按构成分组 建筑工程产　值	安装工程产　值	其他产值	竣工产值
全国总计	**542268100**	**16206063**	**161225117**	**488776639**	**39072053**	**14419407**	**340683922**
北　京	24952310	3052322	13264535	23993062	707305	251943	13805295
天　津	11508904	63353	4899717	10292079	807945	408881	6259984
河　北	18322704	334485	4542373	15973772	1553116	795815	12230514
山　西	11886208	204733	4983322	10772913	921879	191416	4568313
内蒙古	7487440	124082	661917	6747416	522620	217404	5427815
辽　宁	20495071	283785	2779422	18527745	1580696	386630	13141610
吉　林	8499433	90659	1726372	7686021	641715	171697	5828230
黑龙江	9392045	238507	1433095	7631238	1568134	192674	5743146
上　海	27206028	1081132	9056131	22877909	3440589	887530	14529853
江　苏	74703356	803343	27417292	70320300	3902886	480170	58667848
浙　江	74891946	3099514	35718909	68107010	4641947	2142990	50056408
安　徽	16232273	562171	3306929	14589396	1125259	517619	9520833
福　建	15962269	340568	5054142	14780419	850711	331138	10786396
江　西	9245791	315707	2066304	8224326	514633	506831	5692231
山　东	33620038	956935	4556568	28413220	3542273	1664545	20511068
河　南	25194889	705274	6253299	22576156	2037504	581229	14667091
湖　北	23094868	473921	7931248	20733245	1650681	710941	12690535
湖　南	19659342	739502	5718313	17201213	1172702	1285427	12650228
广　东	24977365	986165	3123893	22801069	1678314	497982	15069974
广　西	7018560	154891	581978	6178328	593183	247049	4564530
海　南	1006605	29039	28016	972531	29864	4210	543587
重　庆	13176553	360131	2190959	11993423	697319	485811	8466868
四　川	22579962	549758	5214017	20317032	1572137	690794	12985430
贵　州	3775085	31159	1000940	3273163	418701	83221	1759278
云　南	8127758	71072	615418	7457961	531700	138098	5308699
西　藏	586578	16057		567149	10829	8600	443161
陕　西	15653322	322958	5493215	14482149	953785	217388	5964473
甘　肃	4298462	123385	637886	3589894	610564	98004	2751000
青　海	1304180	2885	420188	1070656	139478	94046	566578
宁　夏	1665092	10294	156538	1527881	122479	14732	1341419
新　疆	5743663	78278	392181	5097966	531106	114592	4141532

注：原表见《中国建筑业统计年鉴—2009》第233页，表4-3。

附录4　各地区按主要用途分的总承包建筑业企业房屋建筑竣工价值

单位：万元

地　区	合计	厂房、仓库	住宅	办公用房	批发和零售用房	住宿和餐饮用房
全国总计	**213050929**	**36168064**	**123323089**	**19444581**	**4714068**	**3973261**
北　京	8742779	789035	3093734	2057961	249237	432183
天　津	2077266	654882	763519	235861	20905	8634
河　北	6528338	1099417	4075225	489853	106362	54210
山　西	2243801	229421	1446297	221918	21119	43676
内蒙古	3158000	169507	2130903	348553	97567	34764
辽　宁	6479855	1206932	4274026	326240	82855	80569
吉　林	2993183	268899	2113065	125265	83439	19161
黑龙江	2445345	268172	1600520	159758	26067	22449
上　海	7254638	2060352	3063318	686232	149547	195761
江　苏	41709500	7292981	25588960	3350701	864975	684399
浙　江	37182952	8949946	18407220	3840335	1340012	886206
安　徽	6018757	810410	3789573	549299	71974	72668
福　建	7392096	1473967	4492493	543414	178589	88324
江　西	3511507	365670	2249834	298257	58346	52848
山　东	13038524	2121824	8049930	1030888	298746	250212
河　南	8493916	1042107	5318969	873341	96643	102810
湖　北	7743011	1292219	4381006	669798	129846	95541
湖　南	7776170	929336	4691421	786808	173746	192084
广　东	10429713	2208699	5836393	697419	105174	207006
广　西	2649750	262466	1622745	292541	30876	21183
海　南	371221	18325	217787	23335	17732	15468
重　庆	5333232	545231	3938685	214595	92093	41095
四　川	7772784	839506	5205176	428496	187899	160323
贵　州	937751	116062	555353	99255	12259	13606
云　南	3041138	236099	1894548	264317	65807	58836
西　藏	152458	13636	73829	27998	491	2391
陕　西	2858954	343320	1757021	334110	41943	37115
甘　肃	1809830	280936	1038219	179890	29484	45099
青　海	179490	11442	98925	29159	1251	1134
宁　夏	700195	73226	342190	45042	38676	9751
新　疆	2024776	194041	1212208	213941	40411	43757

注：原表见《中国建筑业统计年鉴—2009》第237页，表4-6。

附录4 续表 单位：万元

地 区	居民服务业用 房	教育用房	文化、体育和娱乐用房	卫生医疗用房	科研用房	其他用房
全国总计	**2669459**	**8091141**	**3642624**	**2621672**	**960799**	**7442173**
北 京	127608	299982	832310	279246	131350	450134
天 津	35692	117157	14875	23413	15529	186799
河 北	57550	251020	92902	51734	14277	235789
山 西	26503	92549	48803	28170	6463	78883
内蒙古	42488	128364	35553	44500		125801
辽 宁	57185	155874	32810	44487	11600	207279
吉 林	29912	62884	88349	70455	27320	104435
黑龙江	48044	87854	27174	28934	1320	175053
上 海	140972	269690	163457	107221	22738	395351
江 苏	494688	1250596	538676	435693	224593	983238
浙 江	464942	1079639	532382	317765	221043	1143462
安 徽	52954	371011	41896	82715	7553	168704
福 建	62470	261871	77519	56035	18859	138553
江 西	48068	207334	45925	25504	9675	150046
山 东	217315	379557	122164	104086	19843	443960
河 南	94109	415326	76065	147158	28847	298541
湖 北	129158	429006	127724	150677	23514	314522
湖 南	114177	326579	92784	122507	36200	310528
广 东	167270	429130	241392	146069	41832	349329
广 西	13958	143355	43144	72588	23588	123305
海 南	1785	50352	2287	9212		14937
重 庆	83380	197419	22154	42530	4726	151323
四 川	54204	318872	81734	69223	38714	388638
贵 州	3422	76239	21877	17613	45	22021
云 南	19383	214775	70102	45990	8076	163207
西 藏	1298	19411	610	2362	188	10245
陕 西	29247	164679	57024	36553	3861	54080
甘 肃	19870	90998	19930	19475	1280	84651
青 海	2613	19856	1044	4699	931	8437
宁 夏	2812	51885	42588	5653	268	88103
新 疆	26383	127876	47370	29405	16567	72818

附录5　各地区总承包建筑业企业主要生产效益指标

地　区	建筑业企业个数（个）	计算建筑业劳动生产率的平均人数（人）	按总产值计算的劳动生产率（元/人）	人均竣工产　值（元/人）	人均施工面　积（平方米/人）	人均竣工面　积（平方米/人）
全国总计	**38212**	**33611659**	**161333**	**101359**	**154.4**	**64.8**
北　京	838	1055053	236503	130849	182.2	45.0
天　津	318	398207	289018	157204	144.8	38.1
河　北	1484	1248032	146813	97998	124.0	54.6
山　西	803	655204	181412	69724	84.0	34.5
内蒙古	606	661011	113273	82114	79.5	48.7
辽　宁	1560	1294680	158302	101505	109.7	50.1
吉　林	659	597258	142308	97583	85.2	52.8
黑龙江	1183	733164	128103	78334	73.9	32.7
上　海	1407	894033	304307	162520	196.7	61.3
江　苏	3682	4270955	174910	137365	209.5	94.4
浙　江	2503	3978396	188247	125821	230.4	92.3
安　徽	1262	1247694	130098	76307	130.1	61.0
福　建	1024	1229682	129808	87717	159.6	60.1
江　西	936	620732	148950	91702	165.9	79.9
山　东	3907	2644561	127129	77559	123.5	56.1
河　南	1919	1774982	141944	82632	121.0	57.2
湖　北	1555	1148611	201068	110486	151.3	75.3
湖　南	1378	1372308	143258	92182	155.0	65.3
广　东	2332	1405080	177765	107253	211.1	76.0
广　西	754	436010	160972	104689	193.8	71.4
海　南	112	77015	130702	70582	122.1	43.2
重　庆	1450	1069311	123225	79181	137.2	58.3
四　川	2300	1927217	117164	67379	118.8	48.6
贵　州	463	271914	138834	64700	155.1	44.4
云　南	1213	591694	137364	89720	110.5	55.0
西　藏	160	59088	99272	75000	39.8	21.2
陕　西	778	907909	172411	65695	83.8	32.6
甘　肃	592	426771	100721	64461	87.1	42.2
青　海	253	87468	149104	64775	44.9	20.8
宁　夏	290	152885	108911	87740	109.3	48.3
新　疆	491	374734	153273	110519	111.6	56.8

注：原表见《中国建筑业统计年鉴—2009》第240页，表4-8。

附录6 各地区总承包建筑业企业营业额

单位：万元

地 区	企业营业额	在境外完成的营业额	企业总产值	#建筑业总产值
全国总计	**589383264**	**12107420**	**577275844**	**542268100**
北 京	33333056	3763723	29569333	24952310
天 津	13346342	254230	13092111	11508904
河 北	19266783	424071	18842712	18322704
山 西	12558119	178166	12379952	11886208
内蒙古	7675244	2469	7672776	7487440
辽 宁	21023066	197839	20825227	20495071
吉 林	8683677	33715	8649963	8499433
黑龙江	10193834	399368	9794467	9392045
上 海	31255276	661049	30594227	27206028
江 苏	78180417	538337	77642080	74703356
浙 江	76730675	560048	76170628	74891946
安 徽	17302028	611676	16690352	16232273
福 建	16182663	108374	16074289	15962269
江 西	9969504	206703	9762801	9245791
山 东	36048821	489515	35559306	33620038
河 南	26184660	413336	25771324	25194889
湖 北	25133199	712800	24420398	23094868
湖 南	20212181	178752	20033429	19659342
广 东	26773635	219770	26553865	24977365
广 西	7827676	283816	7543860	7018560
海 南	1014404		1014404	1006605
重 庆	13555161	25593	13529569	13176553
四 川	31861868	528474	31333394	22579962
贵 州	3923518	21386	3902131	3775085
云 南	9184510	122996	9061514	8127758
西 藏	617096	192	616904	586578
陕 西	17423981	709498	16714483	15653322
甘 肃	4609396	144414	4464982	4298462
青 海	1504481	142563	1361919	1304180
宁 夏	1684861	4104	1680757	1665092
新 疆	6123133	170444	5952689	5743663

注：原表见《中国建筑业统计年鉴—2009》第241页，表4-9。

附录7　各地区总承包建筑业企业应收工程款及企业亏损情况

地　区	应收工程款（万元）	#竣工工程	企业个数（个）	#亏损企业个数	亏损企业的比重（%）
全国总计	**79475352**	**37830356**	**38212**	**4233**	**11.1**
北　京	6322175	2053242	838	218	26.0
天　津	2336569	813656	318	71	22.3
河　北	3321457	1769466	1484	176	11.9
山　西	2556540	1024731	803	137	17.1
内蒙古	1510247	853749	606	30	5.0
辽　宁	2650112	1112437	1560	264	16.9
吉　林	1534447	840033	659	80	12.1
黑龙江	1531483	909583	1183	163	13.8
上　海	5409158	1823514	1407	244	17.3
江　苏	8925302	4669798	3682	118	3.2
浙　江	5247658	2551936	2503	150	6.0
安　徽	2319846	1033342	1262	117	9.3
福　建	1247545	674931	1024	114	11.1
江　西	861668	445782	936	51	5.4
山　东	7732576	4516433	3907	351	9.0
河　南	1761947	655044	1919	151	7.9
湖　北	2956142	1571596	1555	97	6.2
湖　南	2529011	1290392	1378	77	5.6
广　东	4340887	1931897	2332	311	13.3
广　西	778453	372222	754	133	17.6
海　南	91465	66795	112	9	8.0
重　庆	2172380	1098291	1450	116	8.0
四　川	3311442	1756892	2300	315	13.7
贵　州	569535	235705	463	108	23.3
云　南	1980728	959037	1213	196	16.2
西　藏	87023	32550	160	11	6.9
陕　西	2424283	996864	778	69	8.9
甘　肃	969253	546177	592	74	12.5
青　海	156700	75043	253	92	36.4
宁　夏	520685	344546	290	63	21.7
新　疆	1318636	804674	491	127	25.9

注：原表见《中国建筑业统计年鉴—2009》第250页，表4-18。

附录8 各地区总承包建筑业企业主要经济效益指标

地区	产值利润率(%)	产值利税率(%)	资本利润率(%)	资本利税率(%)	人均利润(元/人)	人均利税(元/人)	资产负债率(%)
全国总计	**3.3**	**7.0**	**18.9**	**39.7**	**5365**	**11257**	**67.0**
北京	1.9	5.7	5.3	15.5	4612	13570	63.9
天津	2.5	5.8	15.1	34.7	7301	16796	81.2
河北	3.3	6.8	18.3	38.3	4814	10054	68.3
山西	1.5	4.7	9.6	29.6	2782	8561	79.0
内蒙古	6.9	11.6	38.9	64.7	7863	13098	59.8
辽宁	3.1	6.6	19.1	41.3	4852	10503	67.9
吉林	4.0	7.8	24.0	46.8	5691	11077	64.7
黑龙江	4.2	15.1	15.2	54.9	5348	19307	70.1
上海	3.4	6.8	18.1	36.7	10199	20709	74.7
江苏	3.8	6.9	33.3	59.7	6707	12016	64.8
浙江	2.4	5.5	23.3	53.1	4504	10280	62.9
安徽	3.2	6.8	20.4	43.7	4114	8831	68.9
福建	2.4	6.2	14.1	36.1	3158	8109	61.8
江西	3.6	8.1	17.7	39.8	5356	12046	57.2
山东	4.4	7.6	21.6	37.5	5601	9709	67.0
河南	3.2	6.6	17.0	35.6	4485	9391	61.3
湖北	3.5	7.1	20.2	41.2	7024	14333	69.5
湖南	5.1	9.3	32.4	59.7	7258	13369	60.5
广东	4.2	8.5	18.8	37.8	7530	15159	70.4
广西	1.9	5.7	9.5	27.9	3124	9162	65.8
海南	5.1	8.8	28.5	48.8	6688	11438	51.0
重庆	6.0	10.2	28.7	48.6	7423	12578	61.3
四川	2.7	6.1	13.6	31.2	3120	7164	63.8
贵州	1.6	5.3	7.5	24.6	2238	7369	72.0
云南	3.1	6.5	9.9	21.0	4196	8893	62.0
西藏	7.7	11.6	17.6	26.4	7638	11472	40.8
陕西	2.7	6.8	20.4	51.2	4676	11751	77.0
甘肃	3.0	7.3	11.4	27.8	2990	7309	64.1
青海	2.7	7.0	7.3	18.7	4050	10432	65.2
宁夏	1.5	4.9	5.4	18.2	1599	5363	68.3
新疆	1.8	5.1	9.0	25.6	2760	7818	70.6

注：原表见《中国建筑业统计年鉴—2009》第251页，表4-19。